하나님을 팝니다?

스카이 제서니 지음
이대은 옮김

죠이선교회는 예수님을 첫째로(Jesus First)
이웃을 둘째로(Others Second)
나 자신을 마지막으로(You Third) 둘 때
참 기쁨(JOY)이 있다는 죠이정신(JOY Spirit)을 토대로
하나님 나라의 확장을 위해 지역교회와 협력, 보완하는
선교단체로서 지상명령을 성취한다는 사명으로 일합니다.

죠이선교회출판부는 그리스도를 대신한 사신으로
문서를 통한 지상명령 성취와 하나님 나라 확장을 위해 노력합니다.

Originally published in the U.S.A. under the title : *The Divine Commodity*
Copyright © 2009 by Skye Jethani
Translation copyright © 2011 by Skye Jethani
Translated by Daeeun Lee
Published by permission of Zondervan, Grand Rapids, Michigan,
USA through arrangement of rMaeng2, Seoul, Republic of Korea

This Korean Edition Copyright © 2011 by JOY Mission Press, Seoul, Republic of Korea

이 한국어판의 저작권은 알맹2 에이전시를 통하여 Zondervan 과 독점 계약한 죠이선교회에 있습니다. 신 저작권법에 의하여 한국 내에서 보호받는 저작물이므로 무단 전재와 무단 복제를 금합니다.

The
Divine
Commodity

소비 중심 문화에서 지나치게 상업화되고 지극히 피상적이 되어버렸으며, 이런 사회에 대한 비판적 상상력을 완전히 상실해버린 오늘의 미국 교회를 매우 적절하게 분석하고 유례없이 신랄하게, 그리고 매우 적절하게 비판한 책이다. 그런 비판은 오히려 오늘의 한국 교회에 더 필요하지 않나 한다. 우리로 하여금 이 잘못된 상업문화의 껍데기를 벗어버리고 정직하고 순수한 마음으로 그리스도를 만나도록 강력하게 자극해 주고 있다.

손봉호 고신대 석좌교수

현대 교회가 소비지상주의에 물들었다는 지적은 어제 오늘의 이야기가 아니다. 한국 교회도 성장과 성공을 위해서라면 예수 그리스도께서 구속하신 우리의 영혼마저 팔 준비가 되어 있는 듯하다. 저자는 자신의 경험과 성경 이야기, 고흐의 그림과 글을 잘 버무려서 세상을 얻고자 하는 열망이 얼마나 헛된지를 아프게 드러내고 있다. 특히 고흐의 그림과 글에 대한 신선한 해석이 내 고민과 굉장히 일치하는 것을 보며 깜짝 놀라면서도 큰 위로가 되었다. 저자가 절절히 지적하고 있듯이 주의 몸 된 교회는 이제부터라도 애써 외면해 온 그 옛적 길을 새롭게 헤쳐가야 할 것이다.

안재경 「고흐의 하나님」(홍성사) 저자, 온생명교회 목사

우리는 더 이상 500년 전 성도들처럼 신앙 생활하지 않는다. 아니, 500년은 고사하고 30년 전 성도들과도 매우 다르다. 그들이 지금 우리 예배 모습을 본다면 아마도 심한 정신적 공황에 빠질지도 모른다. 그동안 세상이 바뀌어도 너무나 많이 바뀌었기 때문이다.

불변하는 진리를 믿는다는 우리, 그러나 바뀌는 세상을 따라 어쩌면 내 신앙은 겉모습뿐 아니라 속까지도 바뀌고 있는지 모른다. 현재 내 신앙이 이 세상에 의해 어떻게 바뀌었는지, 아니 지금 이 순간도 변하고 있지는 않은지 궁금하다면 당신은 이 책을 읽어야 한다. 좀 더 직설적으로 말한다면, 혹시 내가 하나님을 예배한다고 하면서 실상은 그 하나님을 상품처럼 "소비"하고 있지는 않은지 이 책을 통해 점검해야 한다. 소비가 미덕인 이 시대, 이 세상에 넘쳐나는 상품을 소비하는 것도 모자라 하나님마저도 소비하고 있지는 않은지, 내 몸 전체를 치장한 각종 브랜드도 부족해서 이제는 내 영혼까지도 브랜드화된 하나님을 찾고 있지는 않은지……. 이 힘든 질문을 이 책은 직설적으로, 그러나 고흐의 매혹적인 그림들 속에 숨은 이야기와 곁들여 내게 묻는다.

나는 아주 가끔 만난다. 내 돈을 들여서라도 많은 사람이 읽도록 하고 싶은 열정을 불러일으키는 책을. 그런데 이 책은 나로 하여금 이런 열정 말고도 또 다른 새로운 감정을 느끼도록 했다. 그것은 아마도 이제 내가 책을 만드는 사람이 되었기 때문일 것이다. 바로…… 부러움이다. 이런 책을, 이런 저자를 찾아내 책을 내는 출판사에 대한 부러움이다. 그러나 이 책을 읽은 사람들이 하나님을 소비하는 대신 하나님께 예배드리겠다는 열망에 불탈 수만 있다면 나의 이런 부러움 정도야 대수일까 싶다.

옥성호 「부족한 기독교」 시리즈(부흥과개혁사) 저자, 도서출판 은보 대표

그동안 나름의 사역을 해오면서 내가 좋아하면 하나님께서도 당연히 좋아하실 것이라는 착각을 해왔다. 그러나 그것은 교회를 제대로 섬기기 원한

다면 즉시 내다버려야 할 쓰레기와 같은 신념이었다. 이 책을 읽으면서 예수님이 오셔서 고난당하시고 십자가에 못 박히신 것은 인간의 신념에 기초한 소비지상주의에 매몰된 듯한 지상 교회가 보여주고 있는 모습 때문은 아니라는 생각을 할 수밖에 없었다. 이 책은 세상의 가치가 아닌 하늘의 가치를 반영하는 교회, 내가 꿈꾸는 교회가 아닌 하나님이 직접 택하신 그분의 동역자를 통해 이 땅에 세우고 싶어하신 그 교회가 어떤 교회인지를 확인하고 싶은 소명자라면 반드시 읽어야 할 책이다.

이상화 드림의교회 담임목사, 〈크리스채너티 투데이〉 한국판 편집인

스카이 제서니는 하나님이 상품화되는 비극을 보여준다. 그러나 그는 어둠을 비판하는 데서 그치지 않는다. 그 어둠을 거울삼아 우리 마음속에서 자라고 있는 종교 소비주의의 식민지를 찾아내도록 도와준다. 또한 위대한 성인과 거장에 비추어 개인이 종교적 "고객 만족"을 넘어 더 높고 깊고 넓은 무언가를 볼 수 있도록 우리의 시야를 넓혀준다.

브라이언 맥라렌 「기독교를 생각한다」(청림) 저자

스카이 제서니는 말 그대로 소비자지상주의라는 악마에게 영혼을 팔아넘기는 문화에서 어떻게 충실한 그리스도의 제자가 되는지를 우리에게 알려준다. 「하나님을 팝니다?」는 이 시대의 독을 머금은 영혼에게 탁월한 해독제가 될 것이다.

앨런 허쉬 「세상을 바꾸는 작은 예수들」(포이에마) 저자, shapevine.com 설립자

「유쾌한 유머로 가득하고 공감할 만한 일화, 고흐의 작품과 삶에 대한 통찰이 넘치는 이 책에서 스카이 제서니가 상상력 없는 교회를 비판하는 글은 이해하기 쉽고 우리의 마음을 사로잡을 만큼 굉장히 설득력이 있다.

필리스 티클 「The Great Emergence」 저자

스카이 제서니는 주목하지 않을 수 없는 책을 만들었다. 이 책은 그리스도인에게 소비자지상주의란 단순히 자신을 위해 많은 상품을 소비하는(실제로도 그렇긴 하지만) 차원의 문제가 아니라고 말한다. 소비자지상주의는 하나님 나라의 핵심 가치와 실천을 교묘하게 갉아먹는 끔찍한 암과 같다. 그리스도인이라면 누구나 이 책을 읽고, 토론하며, 완벽하게 이해해야 한다!

그레고리 A. 보이드 우드랜드힐즈교회 담임목사, 「하나님 탓인가?」(SFC) 저자

『하나님을 팝니다?』는 소비자지상주의의 장막이 미국 교회를 얼마나 단단히 둘러싸고 있는지를 면밀히 살펴본다. 그 장막은 교회의 목을 졸라 영적으로 죽음에 이르게 할 정도다. 제서니는 소비자 중심 기독교를 지지하는 많은 사람들을 비난하지 않고도 그 야수의 정체를 밝히고 있다. 또한 험한 말을 쓰지 않고도 그 야수를 떨쳐버릴 수 있는 방법을 우리에게 제시한다.

마크 갤리 〈크리스채너티 투데이〉 편집장, 「터프가이 예수」(예수전도단) 저자

교회가 하나님의 계시를 생생하게 반영하기보다는 시들시들한 문화를 본

때 살아 계신 하나님을 종교 상품으로 바꿔버리다니 얼마나 아이러니한가! 사람의 마음을 사로잡고 능수능란하며 열정에 넘쳐 눈을 뗄 수 없는 이 책은 뒤틀린 교회의 모습을 회복하고 예수 그리스도 안에 진정한 희망이 있다고 말씀하시는 하나님께 우리의 상상력을 다시 펼칠 수 있도록 도와줄 해결책이 될 것이다.

마크 래버튼 버클리 제일 장로교회 담임목사, 「껍데기 예배는 가라」(좋은씨앗) 저자

굉장히 매력적이고 온화해 보이지만 사실 소비 자본주의는 미국 복음주의를 목 졸라 죽이고 있다. 교회와 진정한 기독교는 다양한 모습으로 살아남을 것이다. 그러나 복음적인 상상력을 소생시키는 것만이 복음주의를 구할 수 있다. 고흐의 그림만큼이나 선명한 진리와 차분한 탁월함이 돋보이는 이 책은 다급하지만 정성을 다해 시행하는 심폐소생술과 같다. 이 책을 읽은 복음주의자는 다시 숨 쉬게 될 것이다.

로드니 클랩 「Border Crossing」 저자

스카이 제서니는 맥교회McChurch가 되어가는 미국 기독교의 모습을 탁월하게 보여준다. 그는 우리에게 이 시대의 소비문화에 맞춰 신념을 버리지 않아도 되는 대안적인 길을 담대하게 요청한다.

데이브 기본즈 「The Monkey and the Fish」 저자

미국 소비자지상주의를 탐색하는 작업은 학자적인 정신과 "문화 중독자"로서 관찰하는 기술이 필요하다. 스카이 제서니는 이 책에 두 가지 모두

를 잘 보여주고 있다. 신중하고 미묘한 문화적 지식과 신학적 감각을 지닌 그는 이 시대 기독교 제자도를 위협하는 소비자 운동이라는 미로를 거쳐 우리를 인도한다. 그런 의미에서 「하나님을 팝니다?」는 오늘날 인간의 삶을 지배하는 시장의 힘 속에서 새로운 그리스도의 신앙을 분별하도록 도와줄 훌륭한 지침서다.

데이비드 핏치 노던신학교 린드너 석좌교수, 「The Great Giveaway」 저자

이 책은 미국 교회를 괴롭히는 질병이 무엇인지를 훌륭하게 진단한다. 오늘날 무엇이 이 사회에 있는 긍정적 영향을 막고 있는지 알고 싶다면 반드시 이 책을 읽으라. 그러나 내일 아침 자리에서 일어나 늘 그래왔듯이 모든 것이 괜찮다고 믿고 싶다면, **절대 이 책을 읽지 말라!**

닐 콜 교회성장협회 대표, 「오가닉 처치」(가나북스) 저자

스카이 제서니는 날카로운 기지와 지혜, 겸손과 유머, 선지자적 통찰력으로 소비자 중심 교회와 소비자 중심 기독교를 보여준다. 그는 고흐와 같은 부적응자와 그의 작품을 예로 들면서, "가맹점" 교회의 이상을 어린아이 같은 믿음, 상상력이 넘치는 경이로움, 일반적인 관행을 따르지 않는 공동체와 견준다. 그는 단지 상상력을 말하고 있는 것이 아니다. 이 책 자체가 상상력으로 넘쳐나고 있다.

릭 리처드슨 휘튼대학 조교수, 「스타벅스 세대를 위한 전도」(IVP) 저자

생명, 웃음, 그리고 빛.
"확실히 하나님 나라는 이런 것이다."

차례. **Contents.**

서문 ·14

1장 잠들어버린 상상력 ·25
이 시대 문화의 인습적 굴레가 어떻게 하나님 백성의 거룩한 상상력을 사로잡았는가, 또한 어떻게 어린아이와 같은 믿음으로 그 상상력을 다시 자유롭게 할 것인가?

2장 침묵의 캔버스 ·54
우리는 어떻게 하나님을 통제할 수 있는 상품으로 축소시켜버렸는가, 또한 어떻게 침묵하는 힘으로 거룩한 경외감을 일깨울 것인가?

3장 마음을 브랜딩하다 ·83
쇼핑은 정체성을 형성하고 표출하는 영적인 힘을 지닌다. 그러나 그리스도의 백성으로서 지니는 우리의 정체성은 그런 얄팍한 의미를 넘어선다.

4장 영원의 문에서 ·119
외적인 체험에 집중하는 예배는 사람들에게 인기 있고 가끔 진심 어린 예배를 경험하게도 하지만 변화를 지속하지는 못한다. 그러나 하나님과 이루어지는 내적인 교제는 우리를 완전히 변화시킨다.

5장 병 속의 바람 ·152
현대 문화에서는 사람보다 조직체가 하나님의 능력을 담는 그릇인 양 비추어진다. 그러나 하나님의 영을 손에 넣고 조종하려는 시도는 모두 헛될 뿐이다.

6장 욕망의 땅 ·188

끝없이 즉각적인 만족을 추구하는 추세 때문에 현대 문화는 점차 미숙해지고 있다. 그러나 고난당하신 그리스도를 따를 때, 더 위대한 기쁨을 누릴 수 있다.

7장 많은 이들을 위한 피난처 ·218

선택과 주문생산을 부추기는 문화에서 동질적인 집단이 여러 개 생겨나는 것은 필연적인 결과다. 그러나 개인적인 편안함을 포기한다면 우리는 다시 하나 되는 공동체를 이룰 수 있다.

8장 식탁에 둘러서서 ·246

다른 사람을 소비할 수 있는 상품으로 볼 때 우리는 서로 비인간화되고 고립된다. 그러나 진정한 환대는 소비자지상주의가 낳은 상처를 치유할 수 있다.

9장 세상에 노래를 가르치다 ·277

세상의 마케팅 기법은 큰 영향력을 끼쳐야만 정당성이 확보된다고 우리를 속인다. 그러나 하나님 나라의 사명은 가장 작은 것들을 통해 이루어진다. 그 모든 결과는 하나님께 맡겨야 한다.

후기 ·308

묵상과 나눔을 돕는 질문 ·313

주 ·322

서문

종교(이 단어를 입에 올려도 될지 모르겠지만)가 간절할 때면,
나는 밖으로 나가 별을 그린다.
빈센트 반 고흐

얼마 전 매우 큰 교회에서 열린 목회 컨퍼런스에 참가했다. 그 교회는 모든 면에서 훌륭한 환경을 갖추고 있었다. 웅장한 강당에는 편안한 극장식 의자 수천 개가 하늘을 향해 솟아있고, 곳곳에 위치한 열두 개의 평면 화면이 시야를 꽉 채우고 있어서 어디를 봐도 발표자들이 웃는 모습을 고화질로 볼 수 있었다. 무대 역시 볼만했다. 마치 기계로 작동되는 야수처럼 생동감이 넘쳤다. 이 야수는 부드럽게 움직이며 연기를 내뿜을 뿐더러 카멜레온 피부처럼 다양한 빛깔의 레이저를 쏘아댔다. 예배팀원들은 야수의 이빨처럼 무대 여기저기에 흩어져 있었다. 특히 드럼 연주자는 마치 이교도의 제물처럼 천장에 위태롭게 매달려 있었다. 그렇지만 이 놀라운 장관은 나를 잡아두지 못했다. 사실 시간이 지날수록 그곳에서 탈출해야겠다는 욕구가 커져만 갔다.

솔직히 고백하면 예배 시간 내내 앉아 있는 일이 나는 언제나 힘들었다. 어렸을 때는 종종 엄마에게 화장실에 간다고 말하고서 예

배당을 살짝 빠져나가 능금나무 아래에 앉아 있었다. 어릴 때야 그렇게 행동해도 괜찮겠지만 문제는 나이가 든 지금도 여전히 그런다는 것이다. 게다가 나는 목사다! 예배 시간 내내 앉아 있는 것이 목사 안수를 받는 기본적인 필요조건이라는 것은 알지만 나는 아직도 가끔은 예배당을 몰래 빠져나와 나무 아래 앉아 있거나 유아실에 있는 아이들과 이야기하며 시간을 보낸다. 내가 좋은 본을 보이고 있다고는 생각하지 않는다. 물론 자주 그러는 것은 아니고 설교 시간에 맞추어 돌아가야 한다는 정도는 항상 의식하고 있으니 이해해 달라.

어쩌면 당신은 '이 사람, 주의력 결핍 장애군'이라고 생각할 것이다. 그렇지는 않다. 차라리 주의력 결핍 장애라면, 적어도 내 위신을 깎아내리지는 않을 그럴싸한 변명거리가 되겠지만 말이다. 나를 극장식 의자에서 일으켜 컨퍼런스에 참가한 다른 예배자들을 지나 밖으로 향하게 만드는 이유는 분명히 다른 데 있다. 그날도 나는 뒷문을 지나 이층 좌석을 가로질러 아무도 없는 발코니로 나갔다.

땅거미가 지고 있었다. 달은 지평선 위에 낮게 걸려 있고 저녁 별이 하나둘 나타나기 시작했다. 눈앞에는 아름다운 창조물이 펼쳐져 있고, 등 뒤에는 현란한 미국 기독교가 자리 잡고 있었다. 나는 곰곰이 생각했다. '과연 이 모습이 예수님이 바라신 것일까? 이 때문에 예수님이 오셔서 고난당하시고 돌아가신 것일까? 우리가 그분의 이름으로 다중 매체를 통한 호화로운 예배를 드리게 하려고 예수님이 사망과 악을 정복하신 것일까?' 발코니에 서서 시린 공기를 들이마시며 떠오르는 별들을 바라보면서 나는 침묵 가운데 하나님을 만났다. 내 질문만이 하나님과 나 사이의 간극을 메워나갔다.

백여 년 전, 교회를 떠나면서까지 별들 가운데서 하나님을 찾고자 몸부림 친 또 다른 그리스도인이 있었다. 우리 기억 속에 빈센트 반 고흐Vincent van Gogh는 자기 귀를 자르고 마침내 자살에 이른 정신이 불안정한 기인으로 남아 있다. 극심한 고통에 시달린 이 예술가는 기독교 신앙에 대해 헌신과 불신을 반복하며 불안정한 관계를 맺었다. 한 번은 신앙적 열정이 몹시 강해서 선교사가 되기도 했다. 그러나 후에는 "성직자들의 하나님은 내게는 완전히 죽은 하나님이다"[1]라고 말했으며, 스스로를 "현재의 기독교와는 전혀 친구가 아닌 사람"[2]이라고 칭했다. 우리는 고흐의 그림과 편지들에서 자신의 신앙과 근대적 사고를 통합하고자 씨름하는 한 인물을 만날 수 있다. 그러나 주목할 것은 그가 갈등하는 대상이 주로 제도권 교회지 그리스도는 아니라는 점이다. 말년에 정신병이 더욱 심각해졌을 때에도 고흐는 교회에 대해서 여전히 환멸을 느꼈지만 예수님에 대해서는 깊은 헌신의 마음을 드러냈다. 이 시기의 작품 가운데 가장 높이 평가받는 그림인 〈별이 빛나는 밤〉Starry Night은 이러한 심상이 잘 포착되어 있다(그림1).

고흐는 별이 소용돌이치는 듯한 밤하늘 아래 고요한 작은 마을을 그렸다. 이 장면은 그가 상상해낸 것이다. 그렇기에 〈별이 빛나는 밤〉은 프랑스 생레미의 전원 풍경이 아닌 고흐의 영혼이 지닌 풍경을 그려낸 것이라 할 수 있다. 고흐가 하늘에 색칠한 짙은 청색은 하나님의 무한한 실재를 상징하며, 천체들을 표현하는 데 사용한 노란색은 고흐에게 신성한 사랑을 의미한다. 별들이 뿜어내는 거룩한 빛은 아래에 자리한 마을에서 다시 한 번 빛난다. 집집마다 온기 어린 노란빛을 밝히고 있는 것이다. 하늘에서 느껴지는 하나님의 다정한 존재감은 고흐에게 이 땅에서도 살아 있었다.

그러나 고흐가 그려낸 이 마을에 빛이 없는, 즉 거룩한 실재가 존재하지 않는 건물이 하나 있다. 바로 교회다. 교회를 둘러싼 말없는 어둠은 제도적 교회가 "얼음 같은 냉담함"으로 가득 차 있다는 고흐의 비판을 대언한다. 오늘날 많은 사람처럼 고흐도 제도적이고 규격화된 종교의 굴레 안에서 하나님을 찾으려고 애썼다. 그러나 그는 존경받을 수 있는 교회의 경건한 자리보다는 농민과 매춘부와 교감하는 자리에 끌렸다. 또한 해바라기의 광채, 마디지고 뒤틀린 올리브 나무, 고요한 별들의 섭리와 같은 자연이 고흐에게 그리스도를 향한 헌신의 마음을 불러일으켰다. 고흐는 말한다. "종교(이 단어를 입에 올려도 될지 모르겠지만)가 간절할 때면 교회에 가기보다는 차라리 밖으로 나가 별을 그린다."[3] 만약 그가 살아 있어 이 목회 컨퍼런스에 참가했다면, 그를 교회 발코니에서 만나지 않았을까?

1세기 전 고흐가 느꼈듯이, 오늘날의 교회 역시 영감을 주는 능력을 서서히 잃어가고 있다고 생각하면 두려운 마음이 든다. 하나님의 경이로움이 소용돌이치는 창조세계는 상상력을 고무시켜 우리의 영혼이 하늘을 향하도록 하지만, 그 속에서도 제도화된 교회는 여전히 어두울 뿐이다. 팝아트 작가 론 잉글리시Ron English가 그린 최근 작품이 현대 교회의 상황을 여실히 보여준다. 고흐의 작품을 패러디한 〈난개발(亂開發)된 교외의 별이 빛나는 밤〉Starry Night Urban Sprawl에서 원작의 프랑스풍 마을은 소비자지상주의를 대표하는 건축물들(패스트푸드 식당과 할리우드 상징물)로 대체되었다. 교회 첨탑에 맥도날드의 황금색 아치가 덮여 있고 지붕에는 킹콩이 다리를 벌리고 올라서 있다(그림2).

고흐의 〈별이 빛나는 밤〉과 다르게 론 잉글리시의 작품에서 교회는 어둡지 않다. 창과 문마다 불빛이 퍼져 나오고 있기는 하지만, 하늘에서 빛나는 별들의 성스러운 빛깔은 아니다. 그 대신에 교회는 주변에 있는 가맹점과 식당에서 나오는 하얀 전구 빛을 받아 그대로 반사하고 있다. 이는 교회가 하늘의 가치가 아닌 세상적인 가치를 반영하고 있음을 나타낸다. 교회는 기업체며, 교회의 구제활동은 마케팅의 일환이고, 교회의 예배는 오락거리다. 최종적으로 교회의 하나님은 하나의 상품일 뿐이다. 이것이 바로 소비자 중심 기독교의 교회다.

전(前) 미 상원의회 목사인 리처드 핼버슨Richard Halverson은 다음과 같이 말했다.

> 처음에 교회는 살아 계신 그리스도를 중심에 둔 사람들의 교제 모임이었다. 그러나 그 후 교회는 그리스로 이동하여 철학이 되고, 로마로 옮겨가서는 제도가 되었다. 그 다음에는 유럽으로 넘어가서 문화가 되었다. 마침내 미국으로 왔을 때, 교회는 기업이 되었다.[4]

고흐와 잉글리시, 핼버슨은 나를 아무도 없는 교회 발코니로 내몰아간 바로 그 질문을 정확히 포착하고 있다. 소비문화의 이미지와 방법론에 지나치게 사로잡힌 나머지 현대 교회는 이 세상 문화에 대항하는 하나님 나라의 대리자라는 소명을 잃어버린 것이 아닌가? 만약 그렇다면 우리는 무엇을 해야 하는가?

역사적으로 문화와의 혼합주의는 교회의 고질적인 병폐가 되어 왔음을 우리는 알고 있다. 이에 대한 해결책은 크게 회귀와 회피 두 가지로 나뉜다. 몇몇 사람은 교회가 그 기원起源인 1세기로 회귀해야 한다고 주장한다. 그리스도인 사이에는 어쨌든 초기 교회는 완전했고 교부시대 이후가 되면서 하나님이 인간에게 계획하신 모든 것이 타락해버렸다는 편견이 존재한다. 그러나 회귀 개념은 두 가지 치명적인 오류를 지닌다. 우선, 불가능하다. 아무리 1세기 기독교를 체험하고 싶어도 시간은 앞으로 가지 뒤로 가지는 않는다. 둘째, 초기 교회 역시 지금 우리가 겪고 있는 것만큼이나 심각한 문제를 지니고 있었다. 사실 신약 성서의 서신서에 제기된 많은 문제는 우리가 겪는 것과 똑같은 문화 혼합주의에서 초래된 결과물이다. 초기 기독교 시대로 회귀하자는 주장은 낭만적으로 들릴지는 몰라도 결코 우리가 원하는 해결책이 될 수 없다.

문화에 지나치게 함몰된 교회에 대한 다른 일반적인 대안은 회피다. 지금의 교회 형태를 버리고 또 다른 (아마도 더 신실한) 공동체를 세우자는 주장이다. 사해문서를 기록한 에세네파는 그리스도 시기에 이러한 방법을 취한 사람들이다. 몇몇 수도원적인 방법론이 이 대안에서 기원하며, 기독교의 순수성을 추구한 많은 개신교 교파도 다른 교회와의 분립 과정에서 생겨났다. 그러나 회피 역시 소비자 중심 기독교에 대한 대응책으로 적절하지 않다. 도피는 교회가 부여받은 사명과 일치하지 않을 뿐더러 가능하지도 않기 때문이다. 우리는 소비 세계에서 살고, 움직이며, 존재한다. 세계 경제, 그리고 세계의 모든 시장과 자원 사이에 확립된 밀접한 상호 연계성을 통해 우리는 식사하고, 음악을 듣고, 옷을 입을 수 있다. 심지어 지금 이 책을 읽고 있다는 사실도 우리가 소비자로 존재한다는 것을 뜻한다.

그러나 소비 사회에서 살아가는 것과 소비자 중심적 세계관을 받아들이는 것은 서로 다른 문제다. 우리의 신실한 신앙 선배들은 로마 제국에서 살았지만 그들의 마음과 생각은 황제에게 속하지 않았다. 그들의 시민권은 로마에 있지 않았다. 마찬가지로 우리는 소비의 제국에서 살아가는 법을 배워야 하지만 우리 영혼을 그 제단에 바쳐서는 안 된다. 이는 단순한 행동양식 수준을 넘어서는 문제다.

소비자지상주의에 대해 기독교는 대부분 우상화의 위험(하나님보다 물질적 상품의 가치를 삶의 중심에 놓고자 하는 유혹)에 초점을 맞추어 비판한다. 물질만능주의의 해악이 아무리 타당하고 흔하다 하더라도 이에 집중하면 소비자지상주의가 야기하는 실질적인 위협을 깨닫지 못하는 결과를 초래한다. 상품을 소비하는 행위 자체는 본질적으로 잘못된 일이 아니다. 하나님은 우리를 그분 형상대로 만드시고 자원을 소비하여 번성하도록 하셨다. 따라서 이 책은 소비자지상주의를 행위 차원의 문제로 보기보다는 우리가 맹목적이며 무의식적으로 따르게 되는 일련의 전제로 보고 접근할 것이다. 소비자지상주의는 단지 하나의 경제 체제가 아닌 사고틀로서, 이를 통해 우리는 복음, 교회, 더 나아가 하나님까지 포함한 모든 것을 이해한다. 소비자지상주의는 북미 사람들을 지배하는 세계관이다. 그렇기에 이 세계관은 하나님 백성의 마음과 상상력을 놓고 하나님 나라와 경쟁한다.

나는 소비자지상주의와 기독교의 문제투성이 결합을 세 가지 방식으로 따져보려고 한다. 우선, 각 장에서 소비자로서 우리가 어떻게 신앙 원리들을 왜곡했는지 보이고자 한다. 예를 들어, 우리가 어떻게 하나님을 소비 가능한 상품으로 바꿔버렸는지, 시장에 의해 주도되는 개인주의가 어떻게 공동체를 와해시켰는지 살필 것이다. 논의를 더 진행하고자 한다면, 반드시 만연한 소비자지상주의의 악영향을 스스로 알고 비평할 수 있어야 한다.

둘째, 이 책은 대안적인 신앙에 대한 비전을 북돋고자 한다. 오늘날에는 소비자지상주의의 가치 때문에 종교인이든 비종교인이든 상상하는 능력을 잃어버렸다. 우리 마음이 그런 가치들에 매우 강하게 사로잡혀 있기 때문에 대안적인 사고를 하는 능력 자체를 잃어버린 것이다. 결국, 상상력은 하나님 나라와 소비자지상주의 왕국 간의 중대한 격전지가 되었다. 다르게 살기를 바랄 수 있으려면 먼저 우리 마음이 소비자지상주의의 손아귀에서 벗어나 그리스도께 다시 사로잡혀야 한다. 토마스 켈리가 강력하게 말했듯이 하나님께 완전히 순종하는 삶을 살려면, 반드시 먼저 그러한 삶을 향한 불타는 비전을 가져야 한다. 그리고 이러한 불타는 이미지는 직관적인 능력을 통해서만 우리에게 나타난다. "상상은 거룩하며, 우리 마음에 실재를 들여오는 문이다."[5]

나는 이러한 목적을 위해, 고흐의 작품을 감상하듯이 독자들이 이 책을 접하도록 각 장을 구성했다. 다른 후기인상파 작가들처럼 고흐도 작품에 아주 선명하면서도 대조되는 색을 사용했으며 짧고 날카로운 붓질을 선호했다. 그래서 가까이에서 그의 작품을 보면 무엇인지 알 수도 없고 형체도 없는 추상적인 색과 질감만 있을 뿐이다. 그러나 화폭에서 한 발짝 물러서 보면 다양한 색이 조화를 이루며 그 대상이 무엇인지도 알아볼 수 있다. 마찬가지로 머리말에 이어 계속될 이 책의 각 장도 형식상 인상주의적이다. 각 장은 얼핏 조화되지 않는 것처럼 보이는 짧은 개인사나 성경 강해, 문화 현상에 대한 논평으로 구성되어 있다. 그러나 거리를 두고 깊게 생각해 보면 이들은 마음의 눈에서 하나로 조화되어 인식할 수 있는 주제를 이루어낼 것이다. 내 집필 의도는 우리를 소비자로 고착화시키는 유전된 사고에서 벗어나게 할 대안적인 신앙의 비전을 제시하여 독자의 지적 능력뿐 아니라 상상하는 능력을 일깨우고 고양하는 것이다.

이 목적을 위해 이 책을 공동체에서 읽길 권한다. 나 자신을 돌아볼 때, 성장하는 데는 경건하게 대화하는 훈련이 필수적이라는 사실을 잘 알고 있다. 또한 각 장에서 다루는 주제를 다른 사람들과 나누다 보면 개인적인 생각이라는 희미한 불꽃으로는 결코 만들 수 없는 상상력의 큰 불이 일어날 것이다. 마찬가지로 이 책 내용은 독자가 아닌 내 경험과 내 상황에서 비롯되었다. 그렇기에 저자로서 이 책의 많은 부분이 독자에게 유용하길 바라지만, 독자들 역시 각 장에 담긴 내용이 자신의 삶과 어떠한 관련이 있는지를 씨름하며 찾아야 한다. 자기계발서를 읽는 것이 편안하게 식사 대접을 받는 것과 같다면 이 책을 읽는 것은 주방에 초대된 것과 같다. 주방에 들어가 찬장에서 식기를 꺼내 나름으로 음식을 만들듯, 이 책을 읽을 때에도 스스로의 방식으로 여기에 담긴 개념들을 자신에게 적용해야 한다. 그리고 잘 알다시피, 이런 창조적인 작업은 친구들과 함께하는 공동체에서 가장 잘 이루어진다.

물론, 나는 독자들이 처음부터 끝까지 완전히 혼자 힘으로 다 해내길 바라는 것은 아니다. 그래서 이 책은 소비자지상주의의 도전에 맞서는 셋째 방법으로 우리를 재구성할 수 있는 방법을 소개한다. 우리의 상상력이 소비자지상주의의 굴레에서 벗어났다고 하더라도 우리는 여전히 신앙을 실천할 방법, 즉 계몽된 우리 정신이 품고 있는 바를 세상 속에 분명하게 표현할 방법이 필요하다. 따라서 각 장마다 후기-소비자 중심 기독교를 살아가는 우리에게 개인적으로나 공동체적으로 도움을 줄 영적 훈련을 다룰 것이다.

소비자 중심 기독교는 즐거움을 주는 신앙을 통하여 우리의 영혼을 튼튼하게 해준다고 약속하지만 하나님, 신앙, 교회, 사역에 대해 병든 관점을 갖게 하여 오히려 우리에게 영양실조를 가져왔다. 고흐는 별을 그림으로써 그리스도를 찾았다. 이는 그 당시 제도권 종교에서 벗어나는 신성한 일탈이었다. 내가 행한 신성한 일탈은 능금나무 아래에 앉아 있거나, 아이들과 놀거나, 아무도 없는 발코니에서 별이 빛나는 하늘을 쳐다보며 서 있는 것이다. (후기에 그날 저녁 교회 발코니에서 일어난 사건이 어떻게 마무리되었는지, 그리고 내가 어떤 예상하지 못한 교훈을 얻었는지 나눌 것이다.) 이 책이 당신에게 신성한 일탈이 되기를 바란다. 그래서 잠자고 있던 당신의 상상력에 다시 불을 지펴 우리의 신앙이 꿈꿀 수 있는 모든 것을 다시 상상할 수 있기를.

1장
잠들어버린 상상력

너의 영감, 너의 상상력을 억누르지 말라. 네가 모델로 삼은 대상의 노예가 되지 말라.
빈센트 반 고흐

월토피아

중부 플로리다의 습지대 위로 마치 초록색 벨벳에 놓인 무지갯빛 진주처럼 스페이스십 어스Spaceship Earth가 높이 솟아올라 있다. 이 거대한 구형 물체는 디즈니 에프코트 센터Epcot Center의 심장이며 월트 디즈니Walt Disney의 원대한 꿈을 기리는 건축물이다. 역설적이게도, 이 은빛 구체球體의 숨 막히는 아름다움에 필적할 만한 것을 꼽으라면 오직 이 건축물에 숨겨진 엄청난 실패뿐일 것이다.

선구자적 삶을 살았던 월트 디즈니는 말년에 과학과 산업, 도시 계획의 진보된 기술을 총동원하여 세계의 도시들이 직면한 문제를 해결할 수 있는 이상적인 도시를 세우려고 했다. 캘리포니아에 디즈니랜드를 건설한 뒤 월트는 120평방킬로미터나 되는 플로리다의 황무지를 구매했다. 그곳에 서부 해안의 놀이공원을 하나 더 만들려고 한 것은 아니다. 순전히 기능적인 미래 도시를 건설하고자 한 것이다. 그는 그곳을 "에프코트"E.P.C.O.T., 즉 "실험적인 첫 미래 공동체"Experimental Prototype Community of Tomorrow라고 불렀다.

월트 디즈니는 그의 마지막 영화에서 학교와 근린 주거지역, 공원, 교회, 진보된 대중교통, 심지어 마천루와 원형 실내 경기장까지 포함한 도시 계획을 드러내보였다. 그에 따르면 에프코트는 하나의 본보기로서 "늘 형성되는 과정에 있는 도시다. 이곳은 거주자가 세계 어느 곳에서도 경험할 수 없는 삶을 실질적으로 영위하여 미래의 청사진으로 존재할 것이다."[1]

월트의 상상 속에는 이미 에프코트의 모든 세부사항이 실재했다. 심지어 쓰레기를 어떻게 수거할 것인지도 마음속에 그리고 있었다. 그러나 다른 사람들은 월트의 꿈이 지나치게 공상적이고 전통적인 방식과 관념을 넘어선 것이기에 현실화될 수 없다고 생각했다. 회사 경영자들은 월트가 없는 곳에서 그의 계획을 이야기할 때면, "존재하지 않는 장소"를 의미하는 그리스어 유토피아utopia와 월트를 조합해 만든 "월토피아"Waltopia라는 신조어를 사용했다.

1966년, 월트가 돌연사하자 후임자들은 에프코트 프로젝트를 어떻게 진행해야 할지 난감했다. 판에 박힌 기존 방식을 뛰어넘는 월트의 재능을 갖추지 못한 회사 중역들은 이 땅에 존재하지 않는 진일보한 도시를 세우기보다는 훨씬 더 진부한 관념으로 되돌아가는 길을 택했다. 당시 디즈니사의 신임 사장은 에프코트를 "경제학적, 사업적, 기술적, 그리고 시장 잠재력의 관점에서"[2] 재고하고 있다고 발표했다.

1982년 10월 1일, 마침내 모습을 드러낸 에프코트에 월트의 꿈은 거의 남아 있지 않았다. 직장 첫날을 맞아 일하러 가는 주민들 무리가 줄줄이 이어지는 대신, 기념품을 구매하거나 미리 조작된 체험을 소비하려는 거대한 관광객 무리만이 빛이 반사되어 반짝거리는 스페이스십 어스 아래를 지나가고 있을 뿐이었다. 웅장한 미래 도시는 월트의 상상 속에만 존재하는 것이 되었다. 대신에 에프코트는 이미 입증된 실용적 방안에 따라 디즈니사 경영자들이 실행할 만하고 주주들이 받아들일 만한 놀이동산으로 탈바꿈했다.

오늘날 에프코트는 디즈니월드에서 가장 인기 없는 놀이동산이다. 월트가 꿈꾼 대로 세계 시민에게 영감을 주는 도시가 되기는커녕 비웃음의 대상이 되어버렸다. 코미디언 P. J. 오루크O'Rourke는 이렇게 말한다. "디즈니사는 오늘날 이 세계에 도저히 있으리라고는 상상도 못한 것을 에프코트 센터에서 이루어냈다. 그곳은 일상생활보다 훨씬 형편없는 환상 세계다."[3]

중부 플로리다 황무지의 지평선 위에서 어슴푸레 빛나는 진주는 상상력이 인습이라는 강력한 적과 한창 전쟁하고 있다는 사실을 상기시킨다.

승리와 비극

2003년 7월, 은색 에프코트의 구체 그림자가 닿을 만큼 가까운 올랜도에서 만 명 가량의 기독교 소매상이 참석한 54회 기독교서점협회CBA, Christian Booksellers Association 연례모임이 개최되었다. 기독교서점협회는 성경, 서적, 풍선껌, 팔찌 등을 판매하여 42억 달러에 이르는 시장 규모를 갖게 된 기독교 산업을 대변하는 단체다. 기독교서점협회가 끼치는 경제적 영향력은 빠르게 성장하여 당시 미국 대통령인 조지 W. 부시George W. Bush조차 관심을 기울일 정도였다.

보수적인 복음주의자들의 도움으로 대통령에 당선된 부시는 2003년 기독교서점협회 연례모임에 영상으로 기조연설을 했다. "신앙의 힘이 삶을 변화시킬 수 있다는 사실을 우리 모두 잘 알고 있습니다. 여러분은 희망과 위안, 용기를 잃은 세계에 좋은 소식을 전하고 있습니다."[4] 흥미롭게도 부시는 그리스도의 빛을 퍼뜨리고 있는 공로를 교회가 아닌 기독교 소매상에게 돌렸다. 지구에서 가장 힘 있는 정계인사인 미국 대통령이 기독교 서적과 성탄트리 장식용 방울을 판매하는 사람들에게 연설했다는 사실만으로도 그리스도인 소비자가 지닌 경제적, 정치적 영향력을 알 수 있다.

2003년 기독교서점협회 연례모임에서 기억할 만한 또 다른 인물은 영화배우이자 제작자인 멜 깁슨Mel Gibson이다. 할리우드 영웅이자 독실한 천주교 신자인 그는 개봉을 앞둔 영화 〈패션 오브 크라이스트〉The Passion of the Christ의 시사회를 열었다. 깁슨의 영화는 기독교 소매상들이 부활절 연휴 특수를 기해 판촉활동을 할 수 있도록 기획되었다. 기독교서점협회 회장은 다음과 같이 말했다. "우리는 그리스도를 위한 축제일을 되찾아야 합니다. 우리가 그 역할을 기꺼이 담당할 것입니다. 사람들을 가게로 불러 모으고 구도자들이 교회를 찾게 만들 것입니다."[5] 당연하게도 〈패션 오브 크라이스트〉

는 전 세계에서 7억 달러에 육박하는 총이익을 내어 역사상 가장 수익을 많이 남긴 영화로 기록되었으며, 이를 계기로 미국에서는 친기독교적인 영화가 물밀듯 등장했다.

몇 년 전만 해도 기독교서점협회 연례모임에 정치 거물이나 대중문화의 유명 인사가 참석하는 것은 생각도 못할 일이다. 20세기 중반만 해도 이전에 누리던 영광의 초라한 껍데기만 두르고 있는 쇠퇴한 유럽 교회의 전철을 미국이 그대로 밟는 것이 아닌가 하는 두려움이 팽배했다. 이 두려움 때문에 복음주의 그리스도인들은 어떻게든 살아남기 위해 문화적, 정치적, 경제적인 영향력을 갈구하게 되었다. 2003년 기독교서점협회 연례모임은 그들의 문화적 혁명이 최고조에 이르렀음을 상징적으로 보여주었다. 에프코트의 아름다운 구체처럼 교회도 미국 문화 지평의 영역에 강력한 아이콘으로 떠오르게 된 것이다. 그러나 에프코트와 마찬가지로 교회의 엄청난 실패만이 바로 교회의 놀랄 만한 상승에 필적할 수 있다.

기독교 연구가 조지 바나 George Barna 는 다음과 같이 결론을 내린다. "20세기 중반 이후 미국 기독교는 전반적으로 쇠퇴하고 있다. 예수의 현대적 제자들이 예수처럼 행동하지 않기 때문이다."[6] 복음주의자들이 문화에 가장 큰 영향력을 끼친 바로 그 반세기 동안 교회는 대체로 삶을 변화시키는 힘과 그리스도가 힘써 싸운 가치들을 실천하도록 가르치는 능력을 잃어버렸다. 사회학자와 여론 조사원의 조사에 따르면 "복음주의 그리스도인들은 일반적으로 쾌락주의, 물질주의, 자기중심주의, 성적 방종과 같은 세상적인 삶의 양식을 모두 받아들이고 있다."[7] 워싱턴, 할리우드, 월스트리트를 넘나드는 예수 그리스도의 영향력에도, 미국 사람들의 가슴과 머리에는 예수의 능력이 거의 드러나지 않는다.

질적 차별성이 결여된 것과 더불어 교회는 양적으로도 그 기반을 잃고 있다. 수년간 지역 교회에 출석하는 미국인 비율이 계속해서 줄어들었다. 1990년에는 대략 인구의 20퍼센트가 매주 교회에 참석하였지만 2004년에는 17퍼센트로 떨어졌다. 이 추세라면, 2050년에는 미국인의 11퍼센트만이 교회에 출석할 것이다. 비록 몇몇 지역에서 대형 교회가 증가하고 있지만 미국 기독교는 정체할 뿐 성장하고 있지 않다는 사실을 숫자가 보여준다.[8]

세상과 나란히

오늘날 기독교가 맞닥뜨린 해결하기 어려운 문제는 동기나 자원 부족이 아닌 상상력의 부족이다.

월트 디즈니의 후임자들은 창설자의 꿈을 기리고자 했다. 이런 갸륵한 정성이 에프코트 프로젝트를 계속 유지시킨 원동력이 되었다. 그러나 문제는 동기가 아닌 상상력에 있었다. 디즈니처럼 관습적인 굴레를 극복하고 그 너머를 통찰하는 능력이 없었기 때문에 그들의 마음의 눈은 월트가 짓고자 한 도시를 볼 수가 없었던 것이다. 결국, 이들은 자신들이 가진 유일한 사고틀인 실용주의, 경제학, 시장 잠재력으로 에프코트를 재해석했다.

마찬가지로 기독교의 정치적, 경제적 영향력이 증대하면서 기이

하게도 기독교의 도덕적 영향력이 쇠퇴하는 경향은 악한 동기에서 비롯된 의도적인 산물이 아니다. 미국의 기독교 지도자들은 대부분 열정적으로 하나님을 사랑하고 순수하게 그리스도를 섬기고자 하는 존경할 만한 인물들이다. 그들 가운데 많은 사람이 시간과 수입, 정신적 힘을 소비해가며 그들이 가장 중요하게 생각하는 것, 즉 그리스도와 그분의 나라에 헌신하고 있다. 그리고 분명 우리에게 자원은 전혀 부족하지 않다. 실제로 기독교서점협회 자료에 따르면 우리는 역사상 그 어느 시대보다 교회를 갖추는 데 많은 돈을 들이고 있다.

우리에게 부족한 것은 동기나 돈이 아니라 상상력이다. 우리가 그리스도인답게 살아가거나 합력하여 교회를 이루는 능력을 갖지 못하는 이유는 그것이 가능하다고 믿지 않기 때문이다. 디즈니의 후임자들처럼 우리 역시 우리의 리더가 제시한 환상적인 사명을 어떻게 수행해야 할지 상상하지 못하는 것이다. 우리는 그리스도를 따르기 원하지만 그리스도가 지니신 상상력을 갖추지 못했기 때문에 소비 문화에서 전수받은 사고틀로만 교회의 사명을 재해석하려고 든다.

최근 몇 년간 미국 교회가 직면한 위기를 다룬 책이 많이 출간되었다. 선한 의도에서 나온 이러한 책들은 대부분 새로운 교회 모델, 문화에 참여하는 신선한 방법, 참신한 사역 전략을 제시한다. 분명 모델이나 방법, 전략도 필요하다. 그러나 이러한 해결책들을 실행할 수 있으려면 반드시 그 전에 상상의 과정을 거쳐야 한다. 상상의 과정을 거치지 않은 해답은 어느 것도 진정한 해답이 될 수 없다. 우리가 문제를 해결하기 위해 초월해야만 하는 바로 그 체제 속에 근원을 두고 있기 때문이다. 교도소 담벼락 밖에 다른 세상이 존재하는 것을 믿지 않는다면 죄수가 어떻게 탈옥 계획을 짤 수 있겠는가? 실제로 탈옥하기 이전에 죄수는 먼저 자유롭게 상상할 수 있어야 한다. 앨버트 아인슈타인Albert Einstein이 말했듯이, "문제란 그 문제를 만들어낸 의식구조 안에서는 풀리지 않는 법이다." 월터 브루그먼Walter Brueggemann은 말한다. "비전을 마음에 그릴 수 있기 전까지는 비전을 실행할 수 있는지 묻는 것이 아무 의미가 없다. 비전을 실행하기 전에 상상이 있어야 한다. 우리 문화는 거의 무엇이든 실행해내지만 동시에 거의 아무것도 상상하지 못한다."[9]

모든 면에서 세속문화와 비슷한 모습으로 등장한 기독교 하위문화는 우리의 상상력이 얼마나 갇혀 있는지를 드러낸다. 기독교 소매상들은 말 그대로 하룻밤 사이에 중국 암시장만이 필적할 수 있는 속도로 모든 세속적인 현상을 복제한 싸구려 모조품을 만들어낸다. 새로운 음악 장르, 다이어트 프로그램, 최신 유행, 그 무엇이든 간에 우리는 세속문화와 똑같은 상품이 성탄절 특수에 맞추어 예수님 버전으로 출시되어 있는 것을 동네 기독교 백화점에서 발견할 수 있다. (최근에 포커칩을 하나 받았는데 이렇게 쓰여 있었다. "예수님은 당신을 위해 모든 칩을 다 거셨습니다. 그러니 당신도 모두 거셔서 예수님께 당신의 마음을 드리십시오.") 모방이라는 행위가 내가 닮고자 하는 대상을 향한 최고의 찬사라고 한다면, 그리스도인은 가장 열렬한 대중문화 숭배자다.

이렇듯 기묘하게 "세상과 나란히 하는" 원칙은 자질구레한 싸구려 기독교용품에만 적용되는 것이 아니다. 우리는 기업 경영자들이 개발한 세속적 비즈니스 원리와 방법론을 재포장해서 교회를 운영하고 있다. 한 유명한 목사가 그의 지도력에서 두드러지는 영적인 측면이 무엇이냐는 질문에 이렇게 대답했다. "뚜렷하게 영적인 것은 없습니다. …… 제가 종종 접하는 비판이 '당신 교회는 마치 기업 같습니다'라는 말인데요, 그러면 저는 말합니다. '네, 당신 말이 맞아요. 그런데 그게 왜 나쁘다는 겁니까?'" 그 목사는 세속적 비즈니스 모델을 사용하는 것을 정당화하며 말한다. "원리는 원리일 뿐입니다. 게다가 그 모든 원리를 만드신 분은 하나님입니다."[10]

굳이 그를 옹호하자면, 수십 년 동안 목회자들이 여러 서적, 컨퍼런스, 신학교 교육과정을 통해 세속 기업이 성공한 방식을 숭배하도록 길들여졌다는 사실을 이야기해야 할 것이다. 홈디포Home Depot나 스타벅스Starbucks가 소비자의 욕구에 따라 반응한 방식을 당연히 교회도 따라야 한다고 여기게 된 것이다. 크라이슬러Chryslers 자동차를 팔든, 코카콜라Coca-Cola 음료수를 팔든, 그리스도를 팔든 마케팅과 설득의 원리는 동일하게 적용된다. 그렇다면 가장 큰 것, 가장 좋은 것, 가장 성공한 것에서 배우지 못할 이유가 무엇인가? 인기 있는 교회 컨설턴트 라일 쉘러Lyle Schaller는 말한다. "누군가가 소비자지상주의가 팽배해지는 것에 찬성하거나 반대한다는 것은 더 이상 중요한 문제가 아닙니다. 더 중차대한 것은 소비자지상주의가 이제 피할 수 없는 현실이라는 사실입니다."[11] 자신이 쓴 「아주 큰 교회」 The Very Large Church라는 책에서 그는 더 나아가 목회자가 영적인 소비자에게 어떻게 호소해야 하는지 가르치고 있다. 그러나 그는 교회가 이러한 문화적 가치들을 초월하거나 변형해야 한다고는 전혀 생각하지 않는다. 이렇게 체념하듯 소비문화를 받아들이는 태도 자체가 이미 우리의 상상력이 완전히 갇혀버렸다는 사실을 여실히 보여준다.

사회학자들이 보기에는 더 이상 그리스도인과 비그리스도인의 삶, 교회와 기업체의 행동양식이 구별되지 않는다. 교회 지도자와 평신도 모두 열심히 인습을 지켜내려고 하기 때문이다. 우리는 상상하는 능력을 상실했다. 우리는 기독교가 대안이라는 비전을 폐기처분했다. 우리 삶이, 우리 가정이, 우리 교회가 우리를 둘러싼 세상과 다르게 움직이는 것을 볼 수가 없다. 브루그먼이 말했듯이 "우리 모두를 사로잡고 있는 치명적인 이상 징후는 바로 상상하는 능력이 줄어들었다는 것이다. 그 결과 우리는 진지한 상상이 필요한 작업을 할 수 없을 정도로 그리스도인의 감각을 상실했고, 세상적인 가치에 완전히 탐닉하며 동화되었다."[12] 우리의 영적 상상력은 소비문화의 안락한 침대 위에서 잠들어버렸다. 그렇기 때문에 교회에 어떠한 처방을 내리기에 앞서 잠들어 있는 상상력을 깨워야 한다.

아이가 어른을 인도하다

"이리 와. 그렇지, 착하다. 이리 와." 노트북 화면 너머를 슬쩍 쳐다봤다. 거실에는 나랑 네 살 된 딸 조밖에 없는데 누구한테 말을 걸고 있는지 궁금해졌다. 내가 이메일을 살펴보는 동안 아이는 혼자 인형이며 종이며 크레파스를 어지럽게 흩어놓고 놀고 있었다. "이리 와, 거의 다 왔어." 다시 딸의 말소리가 들렸다.

"조, 누구한테 말하는 거야?" 아이는 등 뒤로 한 손을 내밀어 무언가를 잡는 시늉을 하며 천천히 거실을 가로질러 갔다.

"샌디요." 바닥에 놓여 있는 인형들을 죽 훑어 봤다. 곰돌이 인형, 강아지 인형, 양배추머리 인형, 그리고 조가 가장 좋아하는 인형인 "너도" 아기 인형이 있었다. (아내와 내가 항상 "너도 아기 좋아?"라고 물었더니 인형 이름이 "너도"인 줄 안다.) 그렇지만 샌디로 보이는 새 인형은 없었다.

"샌디가 누구니?"

"아빠도 참……. 샌디는 내 말이잖아요." 마치 10대 아이들이 그것도 모르냐며 생색낼 때처럼 딸아이는 한숨을 쉬며 눈을 흘겼다. 눈에 보이지는 않지만 거실 한가운데 엄연히 존재하는 암망아지를 향해 몸짓을 하며 아빠를 이해 못하겠다는 듯이 "쯧쯧" 혀를 찼다.

"샌디한테 점심 먹이러 외양간 데려갈 거예요."

"뭘 먹일 건데?" 나는 기꺼이 맞장구를 쳐줬다.

조는 질렸다는 듯 머리를 흔들며 말했다. "아빠, 말은 풀을 먹잖아요." 조의 공상 세계에서조차 내 질문은 완전히 어리석어보일 만큼 그 사실은 몹시 뻔한 것이었다. 딸아이는 주방 겸 외양간으로 가서 샌디에게 맛있는 점심을 만들어주었다.

짧게나마 딸아이의 상상 세계에 들어가 있자니 잊고 있던 추억이 떠올랐다. 마음속 사진첩이 열리면서 오래전 완다와 함께한 즐거운 장면들이 서서히 뚜렷해졌다. 완다와 나는 그네와 미끄럼틀을 같이 타기도 하고 어항을 빤히 쳐다보기도 했다. 당연히 레고 블록을 가지고 함께 재미있게 놀기도 했다. 전혀 질리지 않았다! 완다는 내 상상 속 친구였다. 네 살 때, 나는 그 여자아이를 "토론토에서 온 완다"라고 불렀다(내가 아는 한 나는 토론토에 가본 적이 없고, 지금까지도 도시 출신 친구는 완다뿐이다). 완다가 가족 모임이나 저녁 만찬회에 불쑥 나타나기라도 하면 꼭 문제가 생겼다. 큰 형과 사촌들은 나를 놀리기에 바빴지만 나는 어떻게든 순수한 우정을 지켜냈다. 그게 바로 친구니까.

샌디가 주방 겸 외양간에서 식사하는 동안 조는 샌디의 갈기를 빗겨주었다. 그 모습을 보며 이제는 아득해진 어릴 적 상상 속의 즐거운 순간을 가만히 떠올려 봤다. '그러고서 완다가 어떻게 되었더라?' 꽤 오래전에 토론토로 돌아간 완다는 다시 나를 찾아오지 않았다. 아마 내가 더 이상 완다를 환영하지 않으리라는 것을 알아차린 듯하다. 예수님에게서 아이들을 멀리 떨어뜨려놓으려고 하던 제자들처럼 나도 나이가 들고 나서는 상상력을 억누르는 데 대부분의 시간을 사용해 왔다. '그런 것들은 매우 유치해서 진중한 그리스도인의 삶에는 어울리지 않아'라고 생각했다. 상상력이 넘쳐나는 때는 잠시 한때일 뿐, 계속해서 상상만 하면서 살 수는 없는 법이다. 사도 바울도 말하지 않았던가. "내가 어렸을 때에는 말하는 것이 어린아이와 같고 깨닫는 것이 어린아이와 같고 생각하는 것이 어린아이와 같다가 장성한 사람이 되어서는 어린아이의 일을 버렸노라"(고전 13:11).

상상하는 것이 그리스도인의 삶에 적절하지 않다고 여기게 만든 여러 주장이 있다. "상상은 뉴에이지 영성을 위한 것이다." "상상은 죄다." "상상은 이단으로 이끈다." "우리는 성경이 있으므로 상상하지 않아도 된다." 그러나 나는 예수님이 아이들을 불러들이신 것을 기억한다. "어린아이들을 용납하고 내게 오는 것을 금하지 말라"(마 19:14). 나는 예수님이 내 모든 것, 심지어 유치함까지도 용납해 주시는 분임을 아주 쉽게 잊는다. 누가 더 큰 자인지를 놓고 다투던 제자들 앞에 예수님이 아이를 세우셨을 때 그 아이는 어떤 생각을 했을까? 예수님이 아이의 어깨에 손을 얹으시고 "진실로 너희에게 이르노니 너희가 돌이켜 어린아이들과 같이 되지 아니하면 결단코 천국에 들어가지 못하리라"(마 18:3)라고 말씀하셨을 때 아이는 어떤 생각을 했을까?

예수님의 나이 많은 제자들은 고질적인 상상력 부족으로 무척 고생했다. 그들의 마음은 인습의 족쇄를 차고 있었다. 바다에서 폭풍우가 몰아치자 그들은 공포에 질렸다. 예수님은 말 한마디로 바람과 파도를 잠잠케 하시고 제자들의 믿음 없음을 꾸짖으셨다. 예수님이 떡 일곱 개와 작은 생선 두어 마리로 사천 명을 먹이시는 것을 목격한 뒤에도 그들은 새로이 길을 떠나는데 음식이 없다고 수군거렸다. 이에 예수님은 "아직도 알지 못하며 깨닫지 못하느냐. …… 너희가 눈이 있어도 보지 못하며 귀가 있어도 듣지 못하느냐"(막 8:17-18) 하시며 꾸짖으셨다. 그리고 제자들이 천국에서 누가 가장 큰 자가 될지를 놓고 언쟁할 때 예수님은 어린아이를 불러 그들 가운데 세우시고 말씀하셨다. "누구든지 이 어린아이와 같이 자기를 낮추는 사람이 천국에서 큰 자니라"(마 18:4).

어린 여종 로데를 생각해 보자. 예루살렘에 있는 그리스도인들은 마리아의 집에 모여 베드로를 헤롯의 손에서 구해 달라고 열렬하게 간구하고 있었다. 믿는 자들이 기도하고 있던 그날 밤, 천사가 나타나 처형당하기 불과 몇 시간 전에 베드로를 감옥에서 탈출시켰다. 그러나 천사를 따라 거리를 지나다니면서도 베드로는 모든 일이 환상이라고 생각했다. 그가 마리아 집에 당도해서 문을 두드렸을 때, 로데는 매우 기뻐하며 아마도 계속 기도하고 있었을 어른들에게 베드로가 대문 밖에 와 있다고 알렸다. (로데는 매우 놀라 베드로를 집에 들이는 것조차 깜빡했다.) 어른들은 말했다. "네가 미쳤구나!" 베드로가 정말로 와 있다고 아무리 말해도 그들은 로데를 믿지 않았다. 이 우스운 이야기에서 어른은 단 한 명도 하나님이 실제로 간섭하셔서 베드로를 구하시리라고는 상상도 하지 못했다. 베드로 자신조차도 말이다! 순종하는 마음으로 기도하기는 했지만 그들의 상상력은 이에 미치지 못했다. 오직 어린 여자아이 로데만이 믿기지 않는 사실을 믿는 능력을 소유했다.

하나님 나라에서 아이는 소중하다. 아이의 상상력은 아직 잠에 취하지 않았기 때문이다. 아직은 문화적 인습이 아이에게서 믿는 능력을 빼앗지 못한 것이다. 어린아이에게 세상은 아직 신비로움과 가능성으로 가득 차 있다. 한마디 말로도 폭풍을 잠잠케 할 수 있다. 몇 안 되는 떡과 물고기로도 수천 명을 먹일 수 있고, 한 번 가볍게 닿기만 해도 소경은 눈을 뜰 수 있다. 어른들이 힘써 노력해야만 볼 수 있는 하나님 나라의 대안적인 실재를 어린아이는 쉽게 떠올릴 수 있다.

위로부터 내리는 빛줄기

1800년대에는 예술과 기술이 정면충돌했다. 수세기 동안 서양 예술은 사실주의로 향하는 도정에 있었다. 중세와 르네상스, 계몽운동을 거치면서 예술 기법은 점차 진보했다. 르네상스 이전 시기에 흔하던 이차원적 그림은 원근법과 형태, 빛, 색채학에 대한 이해를 기반으로 하는 사실주의적 표현 양식에 그 자리를 내주게 되었다. 19세기 중반까지 가장 훌륭한 화가라고 하면 **트롱프뢰유**(trompe l'œil, 말 그대로 "눈을 속일" 정도로 정밀한 표현 방식. "속임수그림"이라고도 한다)라고 불리는 양식으로 그림을 그리는 사실주의자들이었다.

그러나 19세기 말, 새로이 등장한 기술이 유럽과 미국에서 많은 사람의 주목을 끌었다. 바로 사진술이다. 몇 초 만에 사실적인 형상을 만들어내는 장치 때문에 점차 실물과 똑같이 그려내는 화가는 기반을 잃어갔다. 서서히 사실주의 예술 학교들이 쇠퇴하고 새로운 경향이 나타났다. 인상주의자로 알려진 한 예술가 집단이 나타났는데 이들은 회화가 여전히 사진술보다 우위를 차지하는 중대한 장점을 살려 큰 영향을 끼쳤다. 바로 색채다. 모네나 쇠라 같은 화가는 빛과 대기의 효과를 잘 이해하여 그림을 그릴 때 작은 점이나 미세한 붓질로 색을 표현했다(이들의 작품은 현재 디지털 사회를 지배하는, 아주 작은 화소로 모든 것을 표현해내는 화면 표시장치의 전조다). 그러나 인상주의는 사실주의의 자리를 꿰차고 들어온 이들에게 별다른 영향을 끼치지 못했다. 인상주의는 여전히 인간의 눈에 비친 세계를 그려내고자 했기 때문이다.

이때 나타난 사람이 바로 고흐다. 고흐는 사진술에 어떠한 감흥도 느끼지 못했다. 그는 사진술을 생명력 없는 혐오스러운 예술 형태라고 생각했다. 고흐는 눈에 비친 그대로 정확히 흉내 내려고 하는 그림들에 대해서도 똑같이 평했다. 그 대신 밀레Millet와 레르미뜨Lhermitte와 같이 더 해석적인 그림들을 흠모했다. 고흐에 따르면 그들의 작품에서는 "모든 사실이 동시에 상징적이다. 그들은 사실주의 작가라고 불리는 사람들과 전혀 다르다."[13] 고흐는 예술이 사실을 있는 그대로 그려내는 것을 넘어서야 한다고 생각했다. 예술은 육안으로는 볼 수 없는 진실을 찾아내어 사실을 해석해서 **새로이** 그려야 한다. 그러나 그의 친구 고갱과 다르게 고흐는 완전한 추상주의도 선호하지 않았다. 그는 사실주의와 추상주의의 긴장을 선호했는데 어떤 이들은 이를 표현주의라고 부른다.

고흐는 스스로 이러한 중간자적인 길을 평하면서 말한다. "나는 주제에 있어서 과장하기도 하고, 때때로 변화를 주기도 한다. 그러나 그뿐이다. 나는 그림 전체를 창조해내지는 않는다. 아니, 오히려 이미 자연 속에 그 그림이 존재하고 있음을 본다. 나는 그것을 해방시키려 할 뿐이다."[14] 고흐의 그림은 사실과 전혀 상관없이 비약된 공상도, 자연을 있는 그대로 재생산해낸 것도 아니다. 추상화와 다르게 고흐의 작품에는 나무, 농부, 해바라기가 가득한 꽃병, 교회와 같이 식별할 수 있는 실체가 있다. 그러나 고흐는 이 사물들을 실제로 눈에 보이는 것처럼 그리는 것이 아니라 마치 경험한 것처럼 그린다. 즉, 실체의 본질을 겉으로 보이는 모습에서 "해방시키고자" 하는 것이다. 따라서 고흐의 그림은 그가 눈으로 본 것과 상상을 통해 인식한 것이 통합되어 있다. 이렇게 해서 그는 보이지 않는 것을 보이게 만든다. 대부분 색을 상징적으로, 정서적으로 사용하여 이러한 효과를 만들어낸다. 아를의 전원지역에서 그림을 그리던 시기에 고흐는 다음과 같이 썼다.

나는 그림을 그릴 때마다 무언가를 발견하려는 희망에 사로잡힌다. 연인의 사랑을 표현할 때면 보색을 사용하여 그 어울림과 대립을 통해, 아니면 유사색의 신비한 떨림을 통해 그려낸다. 얼굴에 깃들인 생각을 표현할라 치면, 어두침침한 배경과 대조되는 밝은 색조의 한줄기 빛을 그린다. 희망을 표현하고자 하면 멀리 떨어져 있는 별을, 한 영혼의 열망을 표현하기 위해서는 석양빛을 그린다. 물론 여기에는 이른바 트롱프뢰유가 말하는 그러한 사실주의는 없다. 그러나 이런 것이야말로 진정으로 존재하는 것이지 않은가?[15]

고흐는 그림에 희망이나 사랑, 슬픔과 같은 것들을 담아내려고 했다. 색을 통해서 이러한 보이지 않는 실재가 보이도록 하려고 했다. 그는 색들이 어떻게 다양한 감정을 불러일으키는지, 어떻게 각 색이 독특한 특징을 드러내는지 알고 있었다. 고흐는 붉은색을 정열적이고 위험한 것으로 봤다. 푸른색은 신비하고 무한한 것과 연계되었다. 그러나 고흐가 가장 좋아한 색은 노란색이다. 색상환에서 가장 밝은 자리를 차지하는 노란색은 우리 눈을 사로잡는다. 고흐는 노란색이 지닌 강한 매력에서 신성함을 느꼈다. 눈이 황금색의 강렬한 따뜻함에 이끌리듯 그의 마음도 하나님의 사랑에 담긴 따스하고 환한 온기에 이끌렸다. 그는 많은 작품에서 성스러운 사랑을 표현할 때 노란색을 사용했다. 고흐에게 노란색은 "위로부터 내리는 빛줄기"rayon d'en haut의 존재를 상징했다.

그의 많은 작품에서 노란빛은 마치 황금빛 비처럼 하늘에서 내려온다. 그러한 장면에서 빛은 마치 만질 수 있는 사물과 같은, 물리적 실체처럼 보이며 빛이 닿는 곳마다 환하게 빛난다. 고흐가 노란색을 하나님과 연계했다는 점을 고려하면, 그가 그린 성경 장면들이 이 색으로 뒤덮여 있다는 사실이 놀랍지 않다. 예를 들어 〈나사로의 부활〉The Raising of Lazarus에는 분명 예수님이 등장하지 않는다(그림3). 대신 고흐는 그리스도의 현존과 거룩한 힘을 상징하는,

위로부터 오는 노란빛으로 작품 전체를 가득 채웠다. 더욱 흥미로운 것은 바로 종교화가 아닌 작품에서 나타나는 노란색이다. 하늘이 태양빛으로 흠뻑 젖어 있든, 황금빛 추수벌판이 펼쳐져 있든, 하늘에서 노란 별들이 소용돌이치든 고흐는 그가 그리는 거의 모든 작품에서 하나님의 보이지 않는 사랑을 본다.

고흐가 살아 있는 동안 몇몇 사람은 그의 작품이 유치하다고 조롱했다. 사실주의에 사로잡힌 자들은 세상의 보이지 않는 실재를 그리려는 그의 열망을 이해하지 못했다. 예수님의 말씀을 묵살한 군중처럼 그들은 눈이 있어도 보지 못하는 자들이었다. 고흐는 보이지 않는 것을 지각하는 능력이 오직 하나님의 은혜로만 가능하다고 믿었다. 그는 다음과 같이 썼다. "당신이 아름다운 일들을 하기 위해서는 우리 안에 없는, 위로부터 오는 빛인 영감을 조금이라도 가지고 있어야 한다."[16] 그는 과학이 찾아낼 수 없고 사진기가 담을 수 없는 것이 세상에 훨씬 많이 존재한다고 믿었다. 이렇게 해서 고흐는 화가들의 선각자가 되었다. 그는 실제에 가려진 환상적인 세계를 드러냈고 숨겨진 진실을 해석하였다. 세상을 단지 있는 그대로 그리지 않았고 하나님의 존재하심과 사랑하심이 가득한 대상으로 **다시** 그려냈다. 그러나 이런 세상을 보려는 사람은 육체의 눈 이상이 필요하다. 바로 하나님에 의해 각성되고 밝게 비춰진 상상력인 위로부터의 빛이다.

사실을 해방시키다

고흐는 사실성을 포기하지 않았지만 사실성에 구속당하지도 않았다. 그는 하나님에게서 오는 것이라 믿은 빛으로 비춰진 상상력을 가지고 세상을 바라봤다. 이 빛이 없다면 우리는 단지 이차원 세계를 모사한 것에 그치는, 트롱프뢰유적 존재에 갇혀버릴 것이다. 진짜 사실적인 것은 숨겨져 있기 때문에 많은 사람이 "실제"라고 여기는 것들은 사실의 한 부분일 뿐이다. 우리는 단순히 눈에 보이는 것 너머를 인지할 수 있게 해주고 우리의 상상력을 일깨워주는 "위로부터 오는 빛"을 종종 간과한다. 고흐가 말한 것처럼 이 빛은 하나님의 은혜. 이 빛으로 우리는 사실을 해방시킬 수 있다.

하나님의 임재와 사랑이 가득한 이 세상을 있는 그대로 보는 법을 배우는 것이 기독교 제자도의 본질이며 이른바 영성훈련이다. 그러나 불행하게도 많은 목회자와 교회가 영성훈련에 쏟는 역량을 두 가지 측면, 즉 지식과 기술에만 집중한 나머지 상상력이 지닌 극히 중요한 역할을 무시하고 말았다. 이것은 마치 귀가 들리지 않는 학생에게 악보 보는 법을 가르치려는 것과 같다. 소리를 듣는 능력 자체가 없다면 음악을 만드는 동기나 능력은 상당히 제한될 것이다.

상상력을 등한시하는 것은 단지 최근에 나타난 경향이 아니다. 계몽주의가 지식에 모든 왕좌를 내준 뒤로 교회는 설교, 학습, 교회학교, 소모임을 통해 하나님에 관한 정보를 소통하는 데 엄청난 힘을 쏟아 붓고 있다. 지식에 기반을 둔 훈련의 효과성에 도전하는 목소리가 들려오기 시작한 것은 비교적 최근 일이다. 수세대에 걸쳐 그리스도인은 성경 지식과 교리를 충분히 주입받았지만, 예수님이 말씀하신 산상수훈대로 삶이 변화되는 증거는 거의 보여주지 못했다.

이에 따라 20세기 후반에는 많은 교회와 목회자가 지식을 나누어 주는 것에서 기술을 가르치는 것으로 사역 초점을 바꾸었다. 이 방식은 "어떻게 ……할 것인가?"라는 주제로 사람들을 훈련하는 데 집중했다. 설교는 성경전서 주해와 교리 강해에서 벗어나 그리스도인으로 살아가는 실용적인 방법을 제시하였다. 이러한 설교는 "부모 역할을 잘하는 5가지 원칙", "행복한 결혼 생활의 7가지 습관", "사업가를 위한 3가지 축복"처럼 숫자가 붙기 때문에 쉽게 알아볼 수 있다. 교회 밖에서도 "어떻게 할 것인가"라는 관점 아래 엄청나게 많은 컨퍼런스와 세미나, 워크숍, 교육과정이 개설되고 있다.

물론 지식과 기술 모두 영성훈련에 필요한 요소지만, 이는 예수님이 빈번하게 목표로 삼으신 사람의 영이 지닌 상상력이라는 중요한 측면을 놓치고 있다. 하나님이 비추시는 상상력, 하나님 나라의 대안적인 실재에 사로잡힌 상상력이 없다면, 기술과 지식이 삶을 변화시킬 수 있는 능력은 매우 제한적일 것이다. 우리는 여전히 이차원적인 트롱프뢰유 세계만 볼 수 있기 때문이다. 문화가 우리에게 무엇을 제시하든 우리는 그 기만적인 사실에 갇히게 된다. 오스왈드 챔버스Oswald Chambers는 이러한 위험을 이해하고 있었다. 그는 "하나님에 대한 상상에 굶주리게 되면, 당신은 어려움을 당할 때 이겨낼 힘 없이 어둠에서 지내야 할"[17] 것을 알았다. 상상력이 맡은 중요한 역할은 예수님이 목회하신 방법을 보면 확실히 알 수 있다.

복음서 기자들은 예수님이 특정 기술을 가르치는 일은 매우 드물었으며 가끔 교훈적인 지식을 전하셨다는 점을 보여준다. 대신에 복음서에는 예수님이 들려주신 이야기와 엮어내신 비유로 가득하다. 예수님은 듣는 이들의 성벽을 넘어 상상력이 잠자고 있는 깊숙한 방으로 이 급진적인 진리를 전하기 위해 언어의 트로이 목마를 사용하신 것이다. 그들이 깨닫는 순간, 예수님의 이야기는 세상을 향한 새로운 비전을 일궈냈다. 듣는 이들은 이야기를 통해 진정한 사실이 무엇인지 깨달았고, 제자들은 예수님이 그분 주변에서 보신 하나님 나라를 서서히 인식했다. 하나님 나라는 그 당시 관습을 거부하는 왕국이었다. 사랑 많은 아버지 같은 하나님이 반역하는 범죄자들을 안아주는 왕국, 가난한 자와 약한 자가 하나님의 식탁에서 환영받으며 종이 존귀하게 여겨지고 강한 자가 낮게 여겨지는 그런 곳이다. 이것은 모든 사람이 쉽게 받아들일 수는 없는 급진적인 비전이다. 몇몇 사람은 문화적 관습에 지나치게 사로잡혀 있고 상상력을 일깨우기 어려울 정도로 사실주의에 얽매여 있었다. 이러한 사람들은 예수님이 나무, 밭, 보화, 씨에 대해 이야기하는 것을 듣기는 했지만 그뿐이었다. 그들은 듣기는 들어도 깨닫지 못하며, 보기는 보아도 알지 못했다(마 13:14).

그러나 위로부터 내려온 빛에 비춰진 상상력으로 자유롭게 상상할 수 있는 사람들은 새로운 눈을 갖게 되었다. 그들은 예수님의 급진적인 비전을 이해하고 세계를 변혁시켜 나갔다. 사도행전은 그들이 왕들을 정복하고 제국을 전복하며, 죽은 자를 일으키고 눈먼 자를 보게 하며, 한 몸을 이루어 생활하고 사랑할 수 없는 자들을 사랑하는 모습을 그려낸다. 그러나 이들은 세상의 지혜나 세상적인 방식이 아닌 하나님을 믿는 어리석음으로 그 일들을 할 수 있었다. 예수님처럼 보이지 않는 것을 보고 실제를 더 **실제적으로** 말할 수 있게 되면서, 이들은 믿을 수 없을 정도로 위험한 인물이 되었다. 그들은 날조된 사실, 즉 세상의 권력과 권세가 만들어낸 트롱프뢰유의 기만을 위협하였다.

스데반은 예수님을 통해 상상력이 깨어난 사람이다. 그는 더 이상 1세기 유대 지역의 관습에 사로잡힌 자가 아니라, 하나님 나라의 빛에 비춰진 세계를 바라보는 자였다. 따라서 그는 통용되는 관습과 사고를 따르지 않는 위험한 인물로 지목되었다. 인습과 기만적인 사실주의에 사로잡힌 사람들에게 둘러싸였을 때에도 성령으로 충만한 스데반은 그가 보는 참된 사실을 선포하였다. "보라, 하늘이 열리고 인자가 하나님 우편에 서신 것을 보노라"(행 7:56). 이차원적 세계를 열광적으로 옹호하던 다른 이들은 크게 소리 지르며 귀를 막고 스데반에게 달려들어 그를 죽이고 만다.

우리가 효과적으로 예수 그리스도의 제자를 만들고 그분이 명령한 모든 것을 순종하도록 가르치려면 결코 상상력을 무시해서는 안 된다. 지식과 기술도 중요하지만 주위 문화의 관습에 사로잡혀 있는 자들에게는 받아들여지지 않을 것이다. 예수님처럼 우리는 방어벽을 뚫고 사람들의 상상력이 잠자고 있는 방으로 들어갈 방법을 찾아 그들의 겨울잠을 깨워야 한다. 또 다른 방법은 명목상의 그리스도인, 즉 하나님에 대한 지식은 가지고 있지만 이 세상에서 하나님을 볼 수도 없고 하나님 나라의 대안적인 가치를 실천할 수도 없는 사람들을 만들어내는 것이다.

고흐는 예술가들에게 경고했다. "너의 영감, 너의 상상력을 억누르지 말라. 네가 모델로 삼은 대상의 노예가 되지 말라."[18] 소비자 중심 문화를 모방한 기독교 하위문화를 만들어낼 때 우리는 우리가 모델로 삼은 대상의 노예가 된다. 우리는 그리스도가 제시한 더 큰 실재를 상상하는 능력을 점차 잃어왔다. 그러나 우리의 상상력을 일깨우는 것은 일방적으로 해낼 수 있는 일이 아니다. 우리는 우리에게서 나오는 것이 아닌 위로부터 오는 빛이 필요하다. 하나님의 은혜에 전적으로 항복하고 하나님이 비추시는 만지심을 기다리는 어린아이와 같은 믿음이 필요하다. 이러한 겸손함이 없다면 그리스도를 따라 사역을 해나가려는 모든 시도는 그 동기가 아무리 순수할지라도 끝내 아무 열매도 맺지 못할 것이다.

숨은 그리스도인

1549년, 일본에 처음 기독교를 전한 사람은 예수회 선교사 프란시스 사비에르Francis Xavier다. 이후 신자가 30만 명이 될 정도로 교회가 성장하자, 쇼군은 본토에 유럽의 영향력이 커질까 봐 불안해졌다. 결국 1641년, 일본에서 선교사들을 추방하고 그리스도인은 불교도나 일본의 신도 신자로 등록하도록 강요하였다. 이를 거부하는 자들은 재판에 회부되어 처형당했다. 잔혹하게 박해한 결과, 일본은 사실상 서양의 모든 영향에서 벗어난 것처럼 보였다.

그러나 쇼군은 여전히 기독교 신앙을 고수하는 이들이 있다는 사실을 알지 못했다. 숨은 그리스도인Crypto-Christian 또는 카쿠레かくれ, "숨다"라는 뜻로 알려진 이들의 외적인 삶은 다른 일본인과 구분되지 않았다. 그들은 살아남기 위해 비그리스도인의 습관과 생활방식, 외모 등을 차용했다. 심지어 집에 불교 사당을 만들기도 하였는데, 칸막이를 만들어 기독교 성화와 성상을 숨겨놓고 "벽장 속 신"에게 기도드렸다.

기독교 신앙을 은폐하기 위해 일본의 문화양식을 차용한 전략은 240년 동안 지속되었다. 그러나 그들의 의도가 선교사에게 물려받은 신앙을 보존하려는 것이라면 그 계획은 실패했다. 숨은 그리스도인들은 시간이 지날수록 그들의 기독교 믿음과 일본식으로 변장시킨 믿음을 혼동하였다. 그 결과 정통 기독교 교리에서 벗어난 혼성 종교가 탄생했다. 19세기에 일본을 다시 찾은 유럽인들은 나가사키 근처 언덕 지역에 거주하는 숨은 그리스도인 공동체를 목격하고 놀랄 수밖에 없었다. 그러나 이러한 놀라움도 잠시, 그들은 곧 이 잊힌 그리스도인들의 신앙을 기독교로 보기는 힘들다는 사실을 깨달았다. "이 지하 교회 성도가 지닌 신앙은 겉으로는 기독교처럼 보일지 몰라도, 이 종교의 핵심 내용과 정신은 완전히 다른 모습으로 발전하였다. …… 아마도 이것은 정신으로나 내용으로나 일본적인 민족 종교라고 하는 것이 더 정확할 듯하다."[19]

오늘날에도 수천 명에 이르는 카쿠레가 있고 적어도 80개의 가정 교회에서 일본어와 라틴어가 뒤섞여 해독하기 어려운 예식서를 낭독하며 "벽장 속 신"에게 예배를 드리고 있다. 1981년, 일본을 방문한 교황 요한 바오로 2세는 카쿠레 공동체의 지도자들을 만나 가톨릭교회로 다시 입회하길 권하였다. 그러자 그중 한 사람이 말했다. "우리는 가톨릭교회에 입회하는 데 관심이 없습니다. 다른 누구도 아닌 오직 우리만이 진정한 그리스도인입니다."[20]

우습게도 신앙을 지키려는 열망이 종종 신앙을 잃게 하는 요인이 된다. 아브람은 고향을 떠나 야훼의 새로운 길을 따르도록 부름받았다. 그러나 신변의 위험을 느끼자, 애굽 관습을 받아들여 자신이 누구인지 숨기고는 바로가 궁으로 아내를 끌어들이도록 내버려두었다. 시간이 흘러 하나님은 다른 나라와 구별되는 새로운 민족, 거룩한 나라, 왕 같은 제사장으로 이스라엘을 불러내셨다. 그러나 머지않아 이스라엘은 위험을 느끼자 하나님께 자신들을 보호해 줄 왕을 구했다. 이들의 의도는 충분히 순수했다. 그들은 여전히 하나님을 따르려 했다. 단지 "다른 나라들 같은" 방식으로 따르고 싶어 한 것뿐이다. 하나님은 왕이 세워지면 애굽의 바로처럼 그들을 통치할 것이라고 경고했지만 그들은 듣지 않았다.

구약의 기록은 하나님이 예견하신 것들을 확증시켜준다. 하나님의 방법을 따르고자 한 왕조차도 다른 이교도 나라처럼 행하지 않기란 힘든 일이었다. 끝내 선지자들은 하나님의 백성이 이교도와 점점 동화되는 모습(나그네와 고아, 과부를 돌보지 않고, 정의롭게 행하지 않으며, 동포를 속이고, 금과 은을 축적하며, 가난한 자들을 착취하고, 이 모든 일을 행하면서도 위선적으로 하나님을 축제와 찬양으로 예배하는 것)을 맹렬히 비난하였다. 그들은 점차 숨은 히브리인Crypto-Hebrew이 되어갔다. 마침내 이스라엘의 상상력이 다른 나라와 그들의 우상에 완전히 사로잡히자 하나님은 이스라엘 사람의 육체마저 사로잡히는 걸 허락하셨다. 앗수르와 바벨론이 차례로 일어나 하나님을 향한 이스라엘의 헌신을 상징하는 잔존물조차 완전히 파괴하고 이스라엘 사람들을 포로로 끌고 갔다.

세상에 뒤처지는 두려움에 사로잡혀 문화적인 생존을 추구하는 과정에서 복음주의자들은 숨은 그리스도인이 된 것은 아닌가? 우리의 기독교가 완전히 다른 무언가(정신으로나 내용으로나 소비자 중심주의인 민속 종교)로 바뀌었다고 할 수 있을 정도로 우리의 신앙이 미국 문화양식을 웃 입지는 않았는가? 일본의 카쿠레처럼, 우리의 신앙을 매우 확고하게 손아귀에 잡은 탓에 오히려 그 신앙이 이미 손가락 사이로 빠져 나갔다는 사실을 감지하지 못하는 것은 아닌가? 상상할 수 있는 특권을 주위 문화양식에 양보하는 바람에 교회는 고대 이스라엘처럼 하나님의 새로운 백성이 되는 능력을 잃어버린 것은 아닌가? "현대 미국 교회는 대부분 미국 소비자지상주의에 지나치게 동화되어서 믿거나 행동할 능력이 거의 없다"고 지적한 월터 브루그만이 옳은 것인가?[21]

돌아온 완다를 환영하며

아브라함에서 이스라엘, 사도들에서 카쿠레에 이르기까지 처음부터 하나님의 사람들이 지닌 상상력은 문화적 관습이라는 공격 아래에 놓여 있었다. 그리고 현대 교회가 생존과 문화적 연관성을 추구하면서 대안적인 상상력마저 포기했다는 증거가 있다. 현대 교회는 하나님의 능력과 사랑으로 세상을 가득 채우는 비전을 나타내라는 소명을 추구하기보다는 사람들이 이미 잘 아는 것들을 내놓기에 급급하다. 이렇게 하는 것은 단지 예수님이 새겨진 물고기 로고가 그 위에 찍혀 있다는 것만 다를 뿐, 세상을 이차원적으로 모사해서 그대로 내놓는 꼴이다. 그 결과 교회는 이 세상을 자기 집 삼은 무능력자가 되어 관습의 힘에 아무런 저항도 하지 못하고 상상력을 일깨울 선지자적 목소리도 내지 못하고 있다.

토론토에서 온 내 친구 완다처럼 기독교적 상상력은 수년 전에 교회를 떠났다. 그리고 한계를 넘어 하나님을 믿는 어린아이와 같은 신앙의 기쁨도 더불어 사라졌다. 그러나 이를 다시 찾을 길이 있다. 교회 컨설턴트나 뛰어난 마케팅업자, 방법론에 넋을 뺏긴 전문가는 찾을 수 없는 길이다. 이 길은 보이는 대로만 세상을 보는 자들은 찾을 수 없는, 존재하는 그대로(볼 수 있는 눈을 가진 자들에게만 보이는 하나님의 빛으로 가득한 우주로) 이 세계를 볼 수 있는 자만이 찾을 수 있는 길이다. 아직 상상력이 잠들지 않은 어린아이들이 이 길을 밝힐 것이다. 어른들은 아무도 믿지 않을 때에도 홀로 하나님의 능력을 믿은 소녀 로데가 이 길을 밝힐 것이다. 눈에 보이는 것 너머를 붙잡으려고 애쓴 예술가 고흐가 이 길을 밝힐 것이다. 또한 사실에 대한 환상이 몹시 강렬했기에 순교자가 된 제자 스데반이 밝힐 것이다. 이어지는 장들에서는 이들에게 얻은 영감을 통해 하나님, 예배, 공동체, 영성훈련, 사역에 대한 우리의 관점이 어떻게 소비자 중심주의의 관습에 사로잡혔는지 살펴보고 대안을 찾으려고 한다.

2장
침묵의 캔버스

모든 소리가 사라지면, 별들 아래로 하나님의 목소리가 들려온다.
빈센트 반 고흐

보잘것없다는 느낌

고개를 들어 어둠 속을 쳐다보니 별들이 어느 때보다 겹겹이 쌓여 있었다. 만약 내가 수세기 전에 살았더라면 한 거인이 수평선에 두 다리로 버티고 서서 큰 붓을 가지고 하늘에 별들을 그렸으리라 생각했을 것이다. 칼 세이건Carl Sagan이 "수십억만 개"라고 한 말이 마음속에 계속 울려 퍼졌다. 나를 완전히 덮고 있는 우주의 광대함에 압도당해 나 자신조차 잊고 있었다. 내가 아직 지구에 있다는 것을 느끼기 위해 밟고 있는 모래를 가끔 발가락으로 꼼지락거렸다. '하나님에게는 별들이 이렇게 느껴지겠지? 마치 모래알갱이가 손가락 사이에서 빠져나가는 것처럼?' 세 친구가 함께 있다는 사실도 잊을 정도였다. 가끔씩 떨어지는 별똥별이나 행성들을 가리키는 손가락이 내 눈앞에서 왔다 갔다 했다. 그것이 우리가 바닷가에서 나눈 대화의 전부다.

당시 나는 열일곱 살이었다. 이전에도 밤하늘을 많이 봤지만 그날 밤 같은 장관은 처음이었다. 하늘의 신비로운 별빛은 대부분 주차장이나 상점가의 불빛 때문에 잘 드러나지도 않을 뿐더러 탁한 대기를 거쳐 어슴푸레하게 아른거리기만 했다. 그러나 문명에서 적잖이 떨어진 광활한 바다 곁에 서서 맞는 밤하늘은 달랐다. 마치 평생 처음으로 별을 보는 것 같았다. 그리고 실제로 내가 보고 있던 그 별들은 처음 보는 별들이었다. 전에는 그런 별들을 본 적이 없었기 때문이다. 나는 호주의 한 해변에 있었다. 남반구 하늘은 내게 완전히 다른 별들과 다른 별자리를 지닌 전혀 다른 밤하늘을 보여주었다. 내가 이전에 전혀 볼 수 없던 우주의 다른 면이었다.

오래된 만화 〈스누피〉Peanuts를 보면 어느 날 밤 찰리 브라운과 샐리가 밖에서 별을 보는 장면이 나온다. "들어가서 텔레비전이나 보자." 찰리가 말한다. "이러고 있으니까 내가 보잘것없게 느껴져." 정말 그랬다. 저 높은 우주의 무한한 광대함을 생각하면, 내가 걸친 모든 자만의 껍데기는 사라진다. 그러나 그날 밤 그곳에는 나를 구해 줄 텔레비전이 없었다. 해변에 있던 내 친구들(실없는 잡담이나 지저분한 농담을 해대는 미국의 건방진 사춘기 10대들)도 이 경건한 침묵에 동참했다. 유성체가 온 하늘에 타오르고 은하수가 어른거릴 때에도 우리는 그 가슴 벅찬 감동을 감히 이야기하지 않았다. 그 광경은 몹시 신성해서 말로 담을 수 없었다. 어떤 말도 우리가 경험한 신성함을 더 풍요롭게 하지는 못했을 것이다. 입 밖에 꺼내는 순간 사라질 것만 같았다.

'나는 지구에 단지 17년 정도 존재했지만, 이 별들은 아주 오랫

동안 조용한 파수꾼으로 지구를 지켜봐왔겠지.' 이 깊은 생각에 잠긴 순간, 신기하게도 나는 세 친구와, 그리고 그 하늘을 바라보고 있을 모든 사람과 깊은 유대를 느꼈다. 전 지구에 걸쳐 그날 밤 같은 별을 쳐다보고 있을 사람들을 떠올렸다. 더 나아가 나보다 앞서 이 별들을 바라봤을 모든 세대의 사람들, 남반구의 바다로 처음 항해해 왔을 유럽인들, 그 유럽인들보다 수천 년 전부터 그곳에 거주했을 토착민들, 같은 하늘을 올려다보며 경이로움이라는 인간의 감정을 공유했을 우리 모두를 떠올렸다. 원숭이가 나무에 앉아 은하수를 바라보다 생각에 잠긴 채 "와, 대단한데!"라고 느낄 수 있을까? 경외심을 경험하는 능력이 동물과 우리를 구분해 주는 것은 아닐까? 우리는 모두 같은 하늘 아래 살고 있으며, 그 광대함과 조우할 때 스스로 아무것도 아님을 느끼고 그 아름다움에 침묵한다. 높은 자든 낮은 자든, 유식한 자든 무식한 자든, 성인saint이든 무신론자든 관계없이 말이다.

성 야코부스 전례는 현존하는 가장 오래된 예배 의식서로, 그 기원은 AD 60년경까지 거슬러 올라간다. 또한 내가 가장 좋아하는 찬송이기도 하다.

모든 육체는 잠잠할지어다.
두려움과 떨림으로 설지어다.
세상의 것을 생각지 말지니
그의 손에 축복이 있도다.

우리 하나님 그리스도께서 이 땅에 내려오셨다.
온전히 경배할지어다.

별들로 가득한 하늘을 보는 경험을 통해서든 초월적인 무언가와 조우하는 경험을 통해서든 우리가 참으로 보잘것없다는 생각이 갑작스럽게 일어날 때 우리가 보이는 반응은 언제나 단 한 가지, 침묵이다. 이는 어떤 이성적인 존재든 자신의 이해를 넘어선 매우 무한한 실재에 직면하면 보일 수밖에 없는 겸손의 모습이다. 침묵은 모든 예배의 시작이다.

몇 시간 동안 어두운 호주 밤바다에 서 있자니 몸도 피곤해지고 길게 뺀 목도 아파오기 시작했다. 마음에는 원이로되 육신이 약하도다. 내키지는 않았지만 우리는 그 성스러운 땅을 떠나 우리의 침대가 있는 마을을 향해 발걸음을 뗴었다. 마침내 우리는 입을 열었다. 처음에는 천천히 입을 열었지만 걸어가면서 점차 많은 이야기를 나누었다. 마치 대기권으로 재진입하려는 우주인 같았다. 부주의하거나 무모해서는 안 되는 아주 정밀한 절차였다. 친구들과 이야기를 나눠보니 모두 비슷한 경험을 했다는 것이 명백해졌다. 우리는 이를 어떻게든 말로 표현하고자 애썼다. 그러나 집으로 돌아온 이후로 다시는 그렇게 하지 않았다.

말로 가득한 세상

오늘날 침묵은 보기 드문 상품이다. 우리가 어디로 고개를 돌리든 기다렸다는 듯이 시각적이고 청각적인 메시지가 우리에게 융단 폭격을 가한다. 헨리 나우웬Henri Nouwen은 차를 타고 로스엔젤리스를 지나갈 때 느낀 이상한 감정을 회고하며 자신이 마치 거대한 사전dictionary을 여행하는 것 같았다고 했다. "내가 둘러보는 곳마다 말들이 내 시선을 끌어당기려고 안간힘을 쓰고 있었다. '나를 사용하세요, 나를 가지세요, 나를 사세요, 나를 마시세요, 나를 냄새 맡아 보세요, 나를 만져 주세요, 나와 키스해 주세요, 나와 함께 자 주세요.' 이런 세상에서 누가 말을 존경할 수 있겠는가?"[1]

나우웬이 말한 "말로 가득한 세상"이 왜 문제가 되는가? 영적인 삶은 반드시 침묵에서 비롯되기 때문이다. 수세기에 걸친 기독교 전통과 규범이 이 사실을 증명해 왔고, 이는 모든 교파와 신학에 걸쳐서 동일하게 적용된다. 성결운동은 침묵을 통해 하나님 앞에서 한 사람의 영적 상태를 시험하였다. 예수회도 영적 황량과 영적 위안의 주기를 조절하는 데 침묵을 사용하도록 규정했다. 사막교부들은 고독과 침묵이 기도의 핵심이라고 믿었다. 심지어 복음주의권 어디에서나 볼 수 있는 경건의 시간quiet time도 침묵이 신앙에 필수임을 확증한다. 그러나 진정한 의미에서 침묵하려면 단지 주변 환경을 조용하게 하는 것보다 훨씬 많은 것이 필요하다. 침묵은 또한 우리 영혼을 조용하게 하는 것을 의미하기 때문이다. 이것이 말로 가득한 세상을 살아가는 우리가 겪는 실질적인 딜레마다. 잠들기 직전, 고요하게 혼자 있는 그때에도 우리 마음은 하루 종일 젖어 있던 이미지와 말을 향해 내달리고 있다. 가장 어려운 것은 바로 내적 침묵이다.

내적인 아우성이야말로 그토록 많은 사람이 침묵을 불편해하는 이유를 설명해 준다. 나우웬이 말하듯이 "우리가 지닌 중요한 문제는 이처럼 말 많은 사회에서 침묵이 매우 두려운 것이 되었다는 점이다. 모든 것이 고요해지면, 사람들은 대부분 안절부절못하고 신경질적이 된다."[2] 결국 우리는 내적인 혼돈과 마주치지 않기 위해 어떤 희생을 치르더라도 침묵을 피하도록 길들여졌다. 어떻게든 외부 세계의 소음으로 우리 영혼의 내적인 소음을 잠재우고자 한다. 외적인 소음이 존재하지 않는 곳에서는 소음을 만들어내려고 맹렬히 애쓴다. 소비문화에서 침묵이란 반드시 채워져야 하는 사악한 공허일 뿐이다. 심지어 그리스도인조차도 영적 유산을 저버리면서까지 침묵을 지우고자 힘쓴다. 하나님에 관한 이야기를 장황하게 늘어놓으면서라도 말이다.

구약의 욥기는 우리의 삶을 지나치게 많은 말(하나님에 관한 말일지라도)로 채울 때 나타나는 위험성을 잘 보여준다. 욥기는 가족과 재산, 건강, 모든 것을 잃은 한 의인의 이야기를 시적으로 기록하고 있다. 욥은 자신 앞에 닥친 재난들 뒤에 숨겨진 이유를 이해하려 애쓰느라 고뇌한다. 욥기 마흔두 장은 대부분 욥과 그의 친구들이 하나님에 대해 장담하듯이 나눈 대화다. 그들 각자는 감히 욥의 고난 뒤에 있는 이유를 안다고 생각하며 대담하게도 여호와의 방법에 대해서까지 부당한 식견을 내세운다.

38장에 이르면 마침내 하나님이 폭풍우 가운데에서 직접 욥에게 나타나신다. "무지한 말로 생각을 어둡게 하는 자가 누구냐?" 여호와께서 말씀하신다. "대장부처럼 허리를 묶고 내가 네게 묻는 것을 대답할지니라"(욥 38:2-3). 하나님의 지식과 욥의 지식의 간극을 드러내려는 목적으로 하나님은 욥에게 수사학적인 질문을 던지며 추궁하신다. "내가 땅의 기초를 놓을 때에 네가 어디 있었느냐?" "네가 하늘의 궤도를 아느냐?" "네가 번개를 보내어 가게 하겠느냐?" 이것들은 하나님이 욥에게 던지신 수십 가지 질문 가운데 몇 개일 뿐이다. 이 위대한 독백 끝에 하나님은 욥에게 대답하라고 명하신다.

욥이 대답한다. "보소서, 나는 비천하오니 무엇이라 주께 대답하리이까. 손으로 내 입을 가릴 뿐이로소이다"(욥 40:4). 하나님에 대해 확신 있게 말했지만, 욥은 이제 아무 말도 할 수 없었다. "나는 깨닫지도 못한 일을 말하였고 스스로 알 수도 없고 헤아리기도 어려운 일을 말하였나이다"(욥 42:3).

욥은 하나님 앞에서 침묵하는 지혜를 알았다. 그러나 많은 그리스도인이 말로 가득한 이 세계에서 침묵하는 미덕을 버린 것 같다. 신앙적인 말이 많아지지 않으면 다른 말들 사이에서 사라질 것이라는 두려움 때문에 우리는 지난 수십 년 동안 열정적으로 방송, 자동차 범퍼, 광고판, 서가를 하나님에 대한 온갖 말로 가득 채웠다. 인터넷처럼 앞으로도 성장이 기대되는 몇몇 분야를 제외하고, 지난 이십 년 동안 인쇄 매체뿐 아니라 기독교 라디오와 텔레비전 방송국은 꾸준히 확장되어왔다. 사실 조지 바나에 따르면, 많은 미국인이 교회보다는 기독교 매체에서 기독교 정보를 더 많이 얻는다.[3]

그렇다. 수북이 쌓인 책 더미에 이 책 한 권을 더하고 있으면서 기독교 매체의 팽창을 비난하는 위선을 나 스스로 저지르고 있다는 것을 인정한다. 그러나 문제는 단순히 하나님에 대해 우리가 만들어낸 말들이 이루어내는 불협화음이 아니다. 바로 그 말들에 담긴 본질이다. 욥과 그의 친구들처럼 우리가 하나님에 대하여 하는 말들은 종종 매우 한정적이고 절대적이며, 그 출처보다 더 큰 권위를 지닌 채 선포되고 있다. 하나님과 하나님의 방법에 대해서 지나치게 확실성을 보장한 나머지 신앙의 신비로움을 우리가 다룰 수 있는 영적인 공식으로 대체해 버리는 결과를 초래한다. 1장에서는 많은 사람이 "어떻게 ……할 것인가"라는 관점에서 접근하는 사역과 실질적인 문제에 해답을 제시하는 설교에 빠져 있다고 밝혔다. 마찬가지로 많은 사람이 성경을 문맥에 따라 예언과 비유, 시로 이해해야 하는 고대의 책으로 보기보다는 주로 명쾌한 해답을 제시하는 책으로 이해하는 분위기에 휩쓸리고 있다. 우리 교회 한 10대 청소년이 이렇게 말했다. "성경BIBLE은 '세상으로 나가기 전에 필요한 기초적인 교훈'Basic Instruction Before Leaving Earth이라고 하던데요." 기독교 라디오는 종종 하나님의 관점은 분명하다는 가정 아래 방송되며, 베스트셀러 기독 서적은 대부분 더 나은 결혼, 가족, 직장, 삶을 보장한다고 약속한다. 매체를 가리지 않고 우리는 "하나님은 항상 ……하신다", "하나님은 절대 ……하지 않으신다", "하나님만이 ……이시다", 심지어 "하나님은 ……를 증오하신다"라는 문구를 경솔하게 쏟아낸다. 그러한 절대적인 선언은 오류에 빠지기 쉬운 인간이라면 거의 할 수 없는 행동이다. 혹시 한다고 하더라도 상당한 두려움에 사로잡혀서만 할 수 있을 만한 일이다.

하나님에 대해서 한정적인 말들이 넘쳐난다는 것은 우리가 하나님을 더 이상 위대하고 신비로운 분으로 여기지 않는다는 사실을 보여준다. 우리에게 하나님은 이제 모호함이나 난해함이라고는 전혀 없는 단조로운 계산기 같은 분이다. 그리고 놀랍지도 않지만 이렇게 뻔한 하나님은 보통 우리의 개인적인 욕망과 이해관계에 잘 들어맞는다. 번영복음 운동의 부활이 이러한 세태를 상징한다. "하나님은 당신이 부유해지길 원하시는가?"라는 제목의 〈타임〉지Time 기사는 텔레비전 설교자 조이스 마이어Joyce Meyer의 말을 인용한다. "비참해지고 가난해지며 파산하고 추해지며 하늘나라에 가기까지 힘들게 살아야 한다면, 그렇게 하고 싶은 분이 계십니까? 하나님은 우리에게 좋은 것을 주고 싶어하신다고 믿습니다."[4] 마이어는 핵심을 잘 짚었다. 원하는 것은 모두 이루어주는 램프의 요정이 성경에 있는데 그 누가 통제할 수 없고 불가사의하며 거룩하신 하나님을 원하겠는가? 번영복음에 심취된 대중 뒤에 숨어 있는, 단정적인 하나님에 대한 열망은 우리가 왜 「하나님이 언제나 들어주시는 열 가지 기도」 같은 책에 열광하는지, 왜 그리스도인 정치지도자들이 "하나님은 전쟁에 찬성하신다"[5]고 그렇게 자신 있게 말하는지를 설명해 준다. 정치, 경제, 사회적 행동, 재정, 오락, 모든 주제에 대해 하나님의 관점은 오늘날 아주 명백해 보인다. 사람들은 단지 상황에 맞는 책을 사고, 라디오 주파수를 적당하게 맞추고, 텔레비전에서 입맛에 맞는 설교자를 고르기만 하면 된다.

하나님에 대해 부적당한 말들을 끝없이 쏟아내는 오늘날, 폭풍우 가운데 욥이 만난 하나님, 경외심을 불러일으키는 그분은 이제 사소한 일에서 비롯된 소동처럼 수용할 수 있고 실재적이며 통제할 수 있는 신일 뿐이다.

거룩한 상품

당신은 다른 사람의 발톱을 얼마에 사겠는가? 바퀴벌레로 가득 찬 항아리는? 어쩌면 나이키 상표 모양 감자튀김은 사고 싶은 구미가 당길지도 모르겠다. 이것들은 경매 사이트 이베이Ebay에서 실제로 팔린 물품들이다. 이베이의 성공이 우리에게 주는 교훈이 있다면 바로 사람들은 무엇이든 산다는 것, 아니 때로는 아무것도 아닌 것을 산다는 점이다. 수많은 판매자가 글자 그대로 "아무것도 아닌 것"을 이베이에 올려놓고 있으며, 더욱 알 수 없는 일이기는 하지만 사람들은 실제로 그것에 응찰한다. 광고에서 말하듯이 당신이 무엇을 찾든지 "이베이에서 당신이 찾는 '그것'을 찾을 수 있다." 실제로 "그것"이 아무것도 아닐지라도 말이다.

소비 사회를 가능하게 하는 것은 바로 발톱이나 식어빠진 감자튀김 등 그 무엇이든 경제적 가치를 부여받아 교환될 수 있다는 믿음이다. 교환 가치를 부여받은 물건은 상품이 된다. 결과적으로, 한 물건의 가치는 그것이 실제로 **무엇인가**가 아니라 **무엇과 교환할 수 있는가**와 직결된다. 예를 들면, 자급자족경제에서 농부는 자신이 키운

쌀을 먹고 가족이 살아가기 때문에 쌀을 소중히 여긴다. 이때 쌀은 그 속에 내재된 영양적인 특성 때문에 가치가 있다. 그러나 생존에 필요한 것보다 많은 쌀을 생산한다면 농부는 여분으로 도구나 옷, 필요한 것을 거래할 수 있다. 농부에게 여분의 쌀은 쌀이라서가 아니라 교환할 수 있기 때문에 가치가 있다. 그 가치는 더 이상 내재된 것이 아닌 부여된 것이다. 그렇게 쌀은 상품이 된다.

시간이 지날수록 경제 체제가 다양하고 새로운 자본 공급원을 요구하면서 이전에는 경제적 이용 범위에 속하지 않는다고 생각되던 대상이 상품화되고 있다. 예를 들면 볼리비아의 코차밤바 지역에서는 한 미국 기업이 상수도를 사유화하였을 뿐만 아니라 가격을 통제하기 위해 빗물을 저장하는 것도 사유화했다(빈민들 사이에서 일어난 폭동 때문에 후에 정부는 이 결정을 파기하였다). 1980년에 미국특허상표국은 오래된 정책을 뒤집고 기업이 생명체에 대해 특허를 낼 수 있게 하였다. 오늘날, 기업과 대학이 인간 유전자의 20퍼센트 정도에 대해서 특허를 가지고 있다고 한다. 당신 유전 암호의 5분의 1을 검사하고 실험하며 상업적으로 사용할 수 있는 자격이 다른 누군가에게 독점적인 권리로 주어진 것이다. 현대에는 하늘에서 내리는 비, 생명을 이루는 기초 분자 구성물도 상품이 되었다.

소비문화를 형성하는 다른 많은 요소처럼 상품화 자체보다는 상품화가 지닌 엄청난 파급력이 문제다. 상품문화에서는 어떤 것도 내재적인 가치를 지니지 않는다고 여긴다. 대신에 가치는 오직 우리에게 얼마나 유용한가에 따라 결정되며 비극적이게도 이러한 믿음은 사람에게도 적용된다. 결혼을 폐기할 수 있다고 여기기 때문에 이혼율이 하늘 높이 치솟고 있다. 배우자가 더 이상 유용하지 않으면 언제든지 버리고 바꿀 수 있는 것이다. "원하지 않은" 임신을 끝내버리는 낙태를 도덕적으로 정당하게 여긴다. 태어나지 않은 아이는 인간이 아니기 때문이다. 인간이란 유용하다고 여겨지는 사람들이 지닐 수 있는 법적 신분이다. 포르노, 매춘, 아동 성매매 또한 성이 상품화된 결과다. 현대인은 아프리카 노예무역이나 홀로코스트와 같은 잔혹 행위에는 분개하지만 사실상 그러한 행위를 가능케 한 인간의 상품화는 오늘날 그 어느 때보다 극성하다.

심지어 성스러운 것도 일상품으로 전락시켜버리는 세태는 왜 우리가 하나님께 품는 경외심이 그렇게 적은지를 분명히 밝혀준다. 소비자지상주의 세계관에서는 하나님조차 우리에게 유용하지 않다면 어떠한 내재적 가치도 지니지 못한다. 하나님도 우리가 쓰는 도구며 우리가 제어할 수 있는 힘이고 우리가 사용할 자원일 뿐이다. 우리는 하나님이 누구인지에 근거하지 않고 하나님이 우리에게 무엇을 해줄 수 있는지에 근거하여 그분께 가치를 돌려 드린다("예배"worship의 문자적 의미).

노트르담 대학의 종교사회학자인 크리스쳔 스미스Christian Smith는 5년간 미국 10대의 영적 생활을 조사한 후, 교회에 출석하는 대부분을 포함한 많은 10대 청소년이 지닌 신앙을 "도덕적 치료주의 이신론"MTD, Moralistic Therapeutic Deism이라고 결론 내렸다.

"도덕적"이라는 말은 착하고 훌륭하게 됨을 의미한다. …… "치료주의"란 하나님을 영화롭게 하거나 순종을 배우거나 다른 이들을 섬기는 것과 대조되는 것으로 주로 한 사람의 행복과 관련된 것을 뜻한다. 마지막으로 "이신론"이란 문제를 겪어 하나님이 해결해 주기를 원하기 전까지는 하나님이 나와 떨어져 있고 내 삶과 아무런 관계가 없다고 여기는 가치관을 의미한다. 다른 말로 하자면, 하나님은 신성한 집사인 동시에 우주의 치료사로서 기능하는 것이다.[6]

스미스는 많은 10대가 하나님을 이처럼 자기중심적으로 인식하는 이유가 대부분의 미국 성인이 같은 믿음을 지니고 있기 때문이라고 결론 내린다.

상품화 때문에 많은 사람이 하나님을 경외해야 할 전능한 창조자가 아닌 사용 가능한 하나의 장치로 여기게 되었다. 상품화는 또한 하나님에 대한 부주의한 말들이 넘쳐나는 이유를 말해 준다. 하나님이 그저 신성한 집사라면 우리가 경건하게 침묵할 이유가 없지 않은가? 하나님은 단지 우주의 치료사일 뿐인데 어째서 우리 혀를 재갈 물려야 하는가? 소비자지상주의 기독교의 신은 경외감과 경탄을 불러일으키지 않는다. 그 신은 이미 우리의 개인적인 만족과 성취를 위해 사용되는 상품일 뿐이기 때문이다.

맥락을 벗어나

'어떻게 저렇게 할 수 있지?' 10대 아이들의 엄지손가락이 빛의 속도로 휴대폰을 두드리는 모습에 감탄이 절로 나왔다. 감사하게도 성탄선물로 옷을 받았는데, 잘 맞지 않아서 반품하기 위해 갭Gap 매장에 들렀다. 내 앞에 서 있는 10대 아이 네 명은 나와 그들 사이의 세대 차이를 전형적으로 보여주고 있었다. 그들 모두 문자를 보내고 있었던 것이다. 문화 평론가들은 이들을 "엄지족"이라고 부른다. 엄지족은 그들이 다루는 디지털 장비를 통해 쉴 새 없이 세상과 접촉한다.

특히 너저분한 차림의 한 녀석이 눈에 띄었다. 중력은 특히 그 녀석에게 더 영향을 끼치는 것 같았다. 마른 체구에 걸쳐진 옷은 마치 물에 젖은 것처럼 축 처져 있었다. 심지어 얼굴을 덮은 머리카락조차 무거워 보였다. 문자를 보내면서 어떻게 그 조그만 자판을 볼 수 있는지 놀라울 뿐이었다. 머리카락 아래로 보이는 하얀 선은 몸 어딘가에 아이팟iPod이 있다는 것을 증명하며 곧 옷 안으로 사라졌다. 그 친구가 낌새를 채지만 않는다면 내가 쳐다보고 있다는 것을 걱정할 필요가 없었다. 모든 감각이 디지털로 된 고치 안에 봉인되었기 때문이다. 그 줄에 있던 모든 테크노 10대들도 정도만 다를 뿐 같은 방식을 따르고 있었다. 그들은 디지털 방식으로 세상과 연결되어 있기는 했지만 정작 그들을 둘러싼 다른 사람들은 전혀 의식하지 못했다.

연결되어 있지만 여전히 소외된 상태, 바로 이것이 전 세계적인 디지털 문화의 역설이다. 우리는 매우 많은 것에 접속할 수 있지만 어떤 의미 있는 맥락에서 보면 그러한 것들이나 우리 자신을 살피는 능력은 점차 사라지고 있다.

시간을 때우려고 가방에 담아온 옷을 꺼내 정가표를 살펴보았다. 태국산 스웨터, 스리랑카산 셔츠, 과테말라산 바지가 있었다. 6개월 전에 떠난 캄보디아 여행이 떠올랐다. 프놈펜 교외를 운전하면서 지나가는데 똑같이 생긴 수많은 공장이 벽돌 벽과 쇠문 뒤에 가려진 채 죽 이어져 있었다.

"이 건물들은 뭐죠?" 그날 우리를 인솔해 준 선교사 데이비드에게 물었다.

"옷 공장입니다." 그가 대답했다. "의류산업은 캄보디아에서 가장 큰 산업 중 하나입니다. 목사님이 사신 브랜드 옷 대부분은 여기에서 만들어졌을 겁니다. 이곳 노동력이 저렴하기 때문이죠. 월마트Wal-Mart나 바나나 리퍼블릭Banana Republic, 갭, 아무거나 대보세요."

몇몇 공장 근처 길가는 노동자들에게 음식을 팔고 있는 상인들로 분주했지만 다른 공장들 주변은 조용했다. "몇몇 공장은 문을 닫았나 봐요." 내가 물었다.

"네, 그게 미칠 노릇이죠. 이곳에 들어온 미국 회사들은 몇 백만 달러짜리 공장을 짓고 한두 해 동안 옷을 생산해내요. 그러다 다른 나라에서 더 나은 노동 계약을 내놓으면 하룻밤 사이에 캄보디아에 있는 공장을 버리고 다른 곳에 가서 똑같은 일을 벌입니다."

"그렇게 하면 비용이 많이 들지 않나요? 그러니까 계속 새로운 공장을 지어대기만 하면 말이에요."

"그럴 것 같죠?" 머리를 흔들며 데이비드가 말했다. "그런데 그렇지가 않아요. 이윤이 얼마나 많이 남는데요. 신경도 안 써요. 몇몇 회사는 캄보디아에서 공장을 짓고 버리고를 대여섯 번이나 반복했다고 하더라고요."

몇 킬로미터나 계속되는 옷 공장들을 지나 우리는 야외 식당, 가게, 술집으로 가득한 작은 상업 지구를 지나갔다. 모터 달린 자전거가 말 대신 말뚝에 매어 있고 잡초 대신 쓰레기가 비포장도로에 날리는 그곳 모습은 마치 서부의 개척지대 마을을 떠올리게 했다.

"여긴 아주 유명한 곳인가 봐요." 내가 말했다.

"대부분 술집이거나 윤락업소예요." 데이비드가 말했다. "지방에서 여자아이들이 공장에서 일하려고 올라오죠. 그런데 공장이 문을 닫으면 대부분 창녀가 됩니다. 할 수 있는 일이 없으니까요. 이곳을 둘러보시면 우리가 마을에서 하는 사역을 이해하시는 데 도움이 될 겁니다."

데이비드가 지내는 마을은 도시에서 한 시간 정도 떨어진 곳으로 물을 끌어 쓰는 논과 야자나무 가운데에 자리 잡고 있었다. 풀로 얼기설기 만든 오두막 여덟 채로 이루어진 이곳은 전기도 없이 우물 한 개를 함께 쓰며, 집돼지 두 마리의 똥거름을 연료로 사용하는 기발한 메탄 난로만 있었다. 이 우물과 난로와 함께, 오두막에서 조금 떨어진 고아원 모두 선교사들이 만든 것이다.

마을에 도착할 때쯤 데이비드는 그 마을의 모든 성인이 에이즈에 감염되어 있다고 알려줬다. "남자들은 작물을 팔러 도시에 갑니다. 그리고 윤락업소에서 바이러스에 감염된 채 집에 돌아오면 아내들이 감염되는 거죠. 교육을 받지 않았기 때문에 이곳 주민들은 이 바이러스가 어떻게 옮겨지는지도 몰라요." 데이비드와 그의 동료들은 마을 사람들을 교육하고, 약품을 확보하며, 사람들이 병으로 죽어갈 때 위로해 주고, 부모가 모두 죽어 홀로 남겨진 아이들을 고아원에서 보살피는 것을 사명으로 여겼다.

한 여성이 얼굴과 어깨에 상처가 만연한 채 오두막에서 접이식 침대에 누워 죽어가고 있었다. 내 딸과 나이가 같은 어린 딸은 문간에서 친구 품에 안겨 있었다. 그 여성은 내 손을 잡으며 울부짖었다. "나를 위해 기도해 주세요." 데이비드가 여성의 말을 전해 주었다. "내 딸을 위해서도 기도해 주세요." 그 여성의 남편은 이미 지난달에 죽었다고 한다. 며칠 뒤 그 여성을 화장하고 나서 딸아이는 고아원으로 옮겨졌다.

태국, 스리랑카, 과테말라. 내 옷에 붙은 정가표에서 눈을 떼고 문자를 보내고 있는 10대 아이들을 다시 바라보았다. 우리는 매우 가까이 연결되어 있었다. 그러나 우리는 서로 매우 멀리 떨어져 있었다.

편리한 기억상실증

최근에 사우스캐롤라이나의 한 경제학 교수가 관리하던 투자 펀드에서 1억 3천4백만 달러가 사라진 것을 연방수사국[FBI]이 발견하고 그를 사기죄로 고소했다. 미국 증권거래위원회가 이 금액의 차이를 조사하기 위하여 교수를 만났을 때, 이 사람은 어지러움을 호소하더니 기억상실증이라고 자가 진단하여 병원에 입원하였다.[7] 때로 기억상실증은 매우 편리할 수 있다. 자신이 살아온 이야기와 전후 배경 상황을 아무도 모른다면 그 사람은 아무런 문제 없이 자신이 원하는 무엇이라도, 누구라도 될 수가 있다. 전후 상황을 모르면 책임 소재도 물을 수 없기 때문이다.

소비자지상주의가 상품화 다음으로 만들어내는 불가피한 문제는 소외다. 소외는 우리 마음속에서 상품과 그 상품을 생산한 과정이 별개로 존재할 때, 즉 상품과 상품의 배경이 서로 연계되지 않을 때 발생한다. 어떤 의미에서 우리는 우리가 사는 물건에 모두 기억상실증 증세를 보인다. 우리는 옷을 만들어낸 사람들이 누구인지 생각하지 않고 그냥 갭 매장에 진열된 옷을 둘러본다. 생산 공장 여건이나 그곳 노동자의 생활형편, 가족, 건강 상태를 의식하지 않는다. 대신 가게를 꼼꼼히 둘러보며 오직 우리의 욕구만 생각하도록 세뇌되었다. '이 바지를 입으면 뚱뚱해 보이려나?' '저 핸드백이 유행인가?' '저 셔츠가 지금 입은 재킷하고 어울릴까?' 우리는 우리가 사는 상품이 가게에 진열되기 이전에 어떠한 내력도 가지고 있지 않다고 믿도록 현혹된다. 그 상품은 단지 우리의 욕구를 만족시키기 위해 존재할 뿐이다.

물론 상황이 늘 이렇지는 않았다. 한때는 단순히 효용성이 아닌 그 상품이 지닌 배경 때문에 가치 있게 여겨진 적이 있다. 산업화 이전 사회에서 의자는 안락하거나 유행을 따르기 때문만이 아니라 내가 아는 헨리 삼촌이 만들어주었다는 사실 때문에도 가치가 있었다. 옥수수도 가치 있기는 마찬가지였는데, 그것을 심고 추수하고 준비한 사람이 바로 나와 알고 지내는 사람이기 때문이다. 신발이 낡으면 곧바로 바꾸기보다는 수리하여 신었다. 우리 아이들이 구둣방을 운영하는 이민자의 아이들과 자주 어울리기 때문이다. 이처럼 과거에는 모든 상품에 이야기가 있었다. 개인적인 취향만큼은 아닐지라도 상품이 지닌 배경은 상품의 가치를 정하는 데 상당한 영향을 끼쳤다. 음식, 옷, 도구, 말 그대로 사람들이 사용하는 모든 것은 그들이 존재하는 세계와 명백하고도 확실하게 관계를 맺고 있었다. 결과적으로 사람들이 소비하는 상품에 대해 갖는 책임감이 직접적인 유용성보다 더 높았다.

그러나 오늘날에는 날마다 사용하는 상품의 배경을 인식하기가 점점 어려워진다. 이러한 소외는 쇼핑하러 갈 때마다 상상할 수 없을 정도로 강화된다. 대형 마트에서 카트를 끌고 통로를 지나다니며 우리는 형형색색으로 포장된 상품들에 뒤덮인다. 이러한 상품들은 그것이 만들어진 이야기나 생산되는 동안 영향을 끼쳤을 인간의 삶을 우리에게 전달할 수 있게끔 포장되어 있지 않다. 대신 오직 우리의 욕망에만 호소하여 소비자의 기억상실증을 강화시키도록 포장되어 있다. 마케팅 또한 적극적으로 고객이 상품의 출처가 어디인지 생각하지 못하도록 막으며, 우리도 그런 생각을 하고 싶어하지 않는다. 우리는 단지 책임감 없이 상품을 구입하여 쓰고 즐기다 버리고 싶을 뿐이다.

어린 시절부터 형성된 이러한 사고방식이 하나님을 이해하는 데에도 영향을 끼친다는 것은 놀라운 일이 아니다. 하나님 또한 그분의 가치를 드러내고 상황과 관련지을 수 있는 이야기에서 소외되어 왔다. 수십 년 동안 교회 지도자들은 그리스도인들이 점점 더 성경에 무지해지고 있다고 비판해 왔다. 그러나 이 외침도 그러한 추세를 바꾸지는 못했다. 감리교 감독 도날드 바스티안Donald Bastian은 예배에서 성경 읽기가 사라지고 있는 모습에 주목했다. 바스티안은 이러한 추세를 조사한 뒤 다음과 같이 보고했다. "사람들은 예배 의식이 구도자를 염두에 두고 조정되어야 하며 교회에 나오지 않는 사람들은 성경 본문을 읽는 데 관심도 없고 집중하지도 못한다고들 말한다. 이러한 견해에 따르면 우리는 그들에게 현대적이면서, 무엇보다도 그들 구미에 맞는 예배 의식을 제공해야 한다."[8]

소외는 종교적 측면을 포함하여 소비자가 상황을 따지는 것은 무의미한 일이라고 믿도록 세뇌시켜왔다. 가치란 그 대상이 즉각적으로 유용한지, 우리가 당면한 욕구를 만족시킬 수 있는지에 따라 판단된다. 그 결과, 우리는 하나님의 성품과 태도를 가르쳐주는 성서의 거대한 이야기에서 그분을 분리시켜왔다. 동시에 우리는 경솔하게도 하나님에 대해 더 많은 말을 쏟아내면서도, 역설적으로 하나님이 스스로에 대해 말씀하신 것에는 관심을 덜 가지게 되었다. 저 멀리 떨어진 땅에서, 그것도 오래전에 일어난 일들을 뭐 하러 귀찮게 읽는가? 그 대신 적용할 사항을 세 가지로 요약해서 파워포인트 슬라이드로 만들면 되지 않는가?

통제할 수 있고 편리하며 우리의 현실과는 관계가 없는 신. 이것이 소비문화가 우리의 상상력에 심어준 하나님에 대한 관점이다. 그러나 우리가 이해할 수 없는 진실한 하나님과 만날 때 이러한 잘못된 하나님 상은 사라지고 타파될 것이다. 그때에야 비로소 우리 마음속에 진실한 하나님의 상이 들어설 수 있을 것이다.

무한한 한 분을 느끼라

고흐의 〈별이 빛나는 밤〉은 세계에서 가장 잘 알려진 작품 중 하나다. 이 그림은 수많은 머그컵과 티셔츠, 달력에 새겨져 있기 때문이다. 물론 이러한 상품들은 1889년에 그림을 그리면서 고흐가 담은 상상력마저 담고 있지는 않다. 많은 미술사가는 이 그림이 고흐의 영적인 자아 표출의 정점이며 색과 빛이 소용돌이치는 붓질로 무한을 그려내고자 한 시도의 최고봉이라고 생각한다. 그러나 우리의 소비문화는 초월적인 것도 사소한 것으로 만들고자 하는 충동을 이겨내지 못한다. 그렇기에 하나님이 그랬듯이 성스러움을 그려낸 이 작품도 상품화를 피할 수 없었다. 그러나 고흐가 〈별이 빛나는 밤〉에서 구현하고자 한 본래 의도를 탐구해 보면, 현대 문화에 의해 많이 경감되기는 했지만 하나님의 경이로움과 광대함을 다시 찾을 수 있는 길을 발견할 수 있다.

〈별이 빛나는 밤〉은 고흐가 인생 말년에 쏟아낸 다른 작품들처럼 급하게 그린 그림이 아니다. 그는 꽤 오랫동안 야경을 그려야겠다는 생각에 사로잡혀 있었다. 그리고 〈별이 빛나는 밤〉에 한데 모아놓기 전부터 그는 이미 이 그림의 핵심 요소인 짙푸른 하늘과 빛나는 별들, 불꽃같은 사이프러스나무들을 다른 작품들에서 연습했다. 사실, 고흐는 자신이 그린 한 초상화를 언급하면서 다음과 같이 말했다. "초라한 방에 평범한 벽을 그리는 대신 나는 무한을 그렸어. 내가 만들어낼 수 있는 가장 선명하고 강렬한 청색으로 단순하게 배경을 채색한 거야. 그러면 밝은 앞부분이 진한 청색 배경과 대비되어 깊고 푸른 하늘의 별과 같이 신비로운 효과를 얻을 수 있거든."[9] 고흐는 또 한 번 자신의 생각을 전할 색을 고민하다가 청색을 선택했는데, 이 색은 그가 간절히 바라던 무한함을 상징했다. 〈별이 빛나는 밤〉을 그리기 1년 전, 고흐는 한 동료 작가에게 보낸 편지에 다음과 같이 썼다. "여전히 수많은 과거의 기억과 무한에 대한 동경은 마법처럼 나를 사로잡고 있네. 예전과 똑같이 말일세. 씨 뿌리는 사람이나 낟가리가 그걸 상징하지. 그러나 언제쯤이나 나를 끊임없이 사로잡고 있는 그림, 바로 나만의 별이 빛나는 밤을 그릴 수 있을까?"[10]

예술적 창조성이 넘쳐나던 프랑스 남부에 머물던 시기 이전부터 고흐는 "무한을 동경"했다. 젊었을 때에는 학업을 소홀히 할 정도로 자연 세계에 몹시 매혹되어 있었다. 그는 언덕을 걸어 다니거나 바다의 광대함을 묵상하며 해변을 거닐길 좋아했다. 창조물을 보고 있노라면 그의 영을 자유롭게 하시면서도 먹이시는 무한한 한 분을 경험하는 기분, 즉 하나님과 연합하는 기분을 느낄 수 있었다. 벨기에 보르나지에서 짧은 기간이나마 선교사로 있을 때, 한 마을 사람은 고흐가 하나님의 능력을 경험하기 위해서라면 무슨 짓이든 했을 거라며 다음 일을 회상했다. "어느 무더운 날, 갑자기 맹렬한 폭풍우가 우리 마을에 몰아쳤습니다. 그때 그 친구가 무엇을 했는지 아세요? 텅 빈 들판에 서서 하나님의 위대한 경이로움을 보고 있었습니다. 그러고는 흠뻑 젖어서 돌아왔죠."[11]

그러나 고흐가 하나님을 바라본 관점은 근시안적이지 않았다. 그는 폭풍과 별들뿐만 아니라 평범한 것들에서도 하나님을 보았다.

우울할 때, 메마른 해변을 걸으며 하얀 파도가 물결치는 회녹색 바다를 바라본다면 얼마나 좋을까? 그러나 위대하고 무한하며 하나님을 느끼게 해줄 무언가가 필요하다면 그렇게 멀리 나서지 않아도 된다. 아침에 막 잠에서 깨어난 아이가 요람에 비친 햇빛을 보고 옹알이하며 웃을 때, 그 눈빛에서 나는 바다보다 더 심원하고, 더 무한하며, 더 영원한 무언가를 볼 수 있다. "위로부터의 빛"이 있다면 그 빛은 아마 그곳에 있지 않을까.[12]

그럼에도 고흐의 마음을 사로잡아 그가 그토록 그리고자 열망한 장면은 별들로 가득한 하늘이었다. 이는 어쩌면 고흐가 가장 좋아한 작가인 장 프랑수아 밀레Jean-Francois Millet 때문일 것이다. 20년 전에 밀레도 〈별이 빛나는 밤〉을 그렸는데 아마 고흐는 파리에 거주할 때 이 그림을 보았을 것이다. 알프레드 상시에Alfred Sensier가 쓴 밀레의 전기를 고흐는 무척 사랑했다. 이 책을 읽고 고흐는 그의 영웅이 밤하늘에 가진 관심을 알 수 있었다. 밀레는 말했다. "오, 내 그림을 본 사람들이 나처럼 밤의 장려함을 느낄 수만 있다면! 누군가는 반드시 하늘의 노래와 침묵, 속삼임을 사람들에게 들려주어야 한다. 그들도 무한함을 느껴야만 한다."[13]

고흐는 수년 동안 밤하늘을 그려내는 일에 골몰했지만 결국 그가 캔버스에 손을 대게 된 계기는 질병 때문이었다. 1889년 5월 8일, 고흐는 한 지역 목회자와 함께 기차를 타고 아를에서 생레미로 내려와 정신병원에 입원했다. 시골의 밤, 고흐는 창틀 너머로 알피유 산과 사이프러스나무들, 무한한 푸른 하늘을 배경으로 자리 잡은 별들이 소용돌이치는 듯이 펼쳐진 광경을 바라볼 수 있었다. 병원과 질병에 속박되었다고 느꼈기에, 하나님을 향한 동경인 무한을 느끼고자 하는 고흐의 열망은 점점 강해졌다. 이제 우리는 그의 그림에 나타나는 에너지를 이해할 수 있다. 붓질은 강렬하며 사이프러스나무는 하늘을 붙잡으려는 듯이 솟구쳐 올라간다. 별들이 이루는 장관은 마치 조약돌이 고요한 물에 떨어질 때 생겨나는 잔물결처럼 땅과 하늘에 번져나간다. 가장 절망적인 순간에도 고흐는 자신보다 훨씬 위대하신 하나님이 계시다는 것을 기억하면서, 영원의 맥락에서 자신의 고통을 순간적인 것으로 여기며 위안을 찾고자 했다.

이 시대 문화는 하나님에 대해 고루한 사고를 갖게 하여 우리의 상상력을 제한한다. 하나님은 우리가 제어할 수 있는 소모품 크기의 신으로 축소되었다. 이 덫을 돌파하기 위해 우리는 이 시대 문화 너머를 볼 줄 알아야 한다. 즉 상품화와 자기 소외라는 장애물을 넘어 바라보고 우리 환경을 초월하시는 위대하신 하나님을 희미하게나마 감지해야 한다. 무한함을 한 번 더 느낄 수만 있다면 우리의 상상은 소비자지상주의라는 족쇄를 벗어버릴 수 있을 것이다. 이렇게 하려면 오늘날 하나님을 소비할 수 있는 대상으로 전락시켜 버리는 광범위한 것에서(음악, 티셔츠, 장신구, 심지어 하나님에 대한 우리의 인식을 축소하며 제한하는 책조차도) 우리 시선을 거두어야 한다. 그리고 하나님이 창조하신 것을 조용하게 묵상하는 자리로 옮겨가야 한다. 하나님을 더 작게 만들려고 고집하는 문화에서 우리는 무엇이 큰지에 우리 마음을 집중함으로 이러한 추세에 반기를 들 수 있다.

단 몇 분만이라도 라디오를 끄고 폭풍우 속을 걷는다면 하나님에 대한 우리의 인식은 얼마나 달라질 수 있을까? 자기계발서를 내려놓고 한 시간만 바다를 바라본다면 어떨까? 이번 성경 공부 모임은 밖에서 모여 침묵 속에 별을 바라보기로 바꿔본다면 하나님과 우리 자신에 대해 무엇을 배울 수 있을까? 확실히 창조된 질서는 오직 하나님의 본질과 특성의 매우 일부분만 보여줄 뿐이다. 그러나 그 일부분은 근본적인 것이다. 사도 바울은 말했다. "창세로부터 그의 보이지 아니하는 것들 곧 그의 영원하신 능력과 신성이 그가 만드신 만물에 분명히 보여 알려졌나니"(롬 1:20). 하나님을 하나의 상품으로 축소시키려는 우리의 소비자 성향에서 벗어나는 길은 오직 하나님의 영원함을 인식하는 것뿐이다. 그러나 이러한 인식은 지적일 뿐만 아니라 감성적이기도 해야 한다. 고흐와 밀레, 바울이 인식했듯이 하나님을 이해하는 것은 무한함을 느낌으로 시작하기 때문이다.

거룩한 불가지론

최근 남부 캘리포니아를 방문했을 때 형과 형수는 나를 할리우드볼(Hollywood Bowl, 자연적으로 형성된 할리우드 원형극장_옮긴이)에서 열린 음악회에 데려갔다. 이 유명한 실외 원형극장은 할리우드 언덕에 자리 잡고 있어 경치가 매우 아름다울 뿐만 아니라 18,000명이 별빛 아래서 음악이 흐르는 밤을 보낼 수 있는 낭만적인 장소다. 해가 저물자 관현악단 단원들이 나와 하얀 야외 음악당에 자리를 잡기 시작했다. 연주자들이 악기를 조율하는 소리는 기괴했다. 현악기 소리가 날카롭게 울려 퍼졌다. 관악기 부분에서도 한바탕 소음이 일었다. 혼란스럽고 불쾌했다.

마침내 무대 왼쪽에서 지휘자가 모습을 드러냈다. 지휘자단에 올라 위치를 잡는 동안 박수갈채가 터져 나왔다. 그는 소란스러운 관현악단을 향해 온화하게 손을 들었다. 순간, 정적이 흘렀다. 악기 조율이 끝난 것이다. 기대감에 숨죽이는 찰나 지휘자의 팔이 움직이자 영혼을 울리는 음악이 흘러나왔다.

마치 관현악단이 악기를 조율하듯이 소비자지상주의 기독교는 하나님에 관해 혼란스럽고 불쾌한 소음만을 양산한다. 최근 만연하는 견해에 따르면 하나님은 소외된 상품일 뿐이다. 이러한 사고방식은 하나님의 방식과 속성에 대해 사람들이 잘 아는 양 거들먹거리며 끝없이 단언을 내리는 풍조에 부채질을 한다. 그런 잡소리들은 다음과 같이 선포하시는 절대자를 높이지 못하는 세태를 잘 드러낸다. "내 생각이 너희의 생각과 다르며 내 길은 너희의 길과 다름이니

라. …… 하늘이 땅보다 높음같이 내 길은 너희의 길보다 높으며 내 생각은 너희의 생각보다 높음이니라"(사 55:8-9).

잡소리를 더하지는 말자. 지금이야말로 하나님이 새로운 일을 시작하시기를 조용히 잠잠히 기다려야 할 때다. 1945년에 할리우드볼 관현악단을 설립한 레오폴드 스토코프스키Leopold Stokowski는 언젠가 이렇게 말했다. "화가는 캔버스에 그림을 그립니다. 그렇지만 음악가는 침묵의 캔버스에 그림을 그리죠."[14] 아마도 하나님은 우리의 상상이라는 캔버스에 새로운 그림을 그리시기 위해, 우리가 제어할 수 있는 신이라고 그려놓은 그분의 모습을 진실로 우리에게 영감을 주시는 분이라는 모습으로 바꿔놓으시기 위해 우리가 침묵할 때까지 여유 있게 기다리고 계신지도 모른다.

하나님에 대해 기형적으로 일그러진 견해를 뒤바꾸려면 우리는 아마도 먼저 손으로 입을 가리고 겸손하게 우리의 무지를 고백해야만 할 것이다. 욥이 한 것처럼 말이다. "깨닫지도 못하면서 함부로 말을 하였습니다." 이상할지 몰라도 소비자지상주의 기독교를 넘어서는 첫 걸음은 불가지론을 향하게 될 것이다. 불가지론자agnostic는 글자 그대로 "나는 모른다"라고 말하는 사람이다. 이 단어는 "알지 못하다"not-knowing를 뜻하는 헬라어 "아그노스토스"a-gnostos에서 유래한 것으로 보통 하나님의 존재를 긍정도 부정도 하지 않는 이들을 의미한다. 그러나 내가 옹호하는 "거룩한 불가지론"이란, 하나님의 존재를 긍정하지만 그분의 무한한 본성은 완전히 알 수 없는 인간의 무능력을 인정한다는 면에서 어느 정도 다르다. 그렇다면 이 말은 하나님이 존재한다는 것 말고는 우리가 하나님에 대해서 아무 것도 알 수 없다는 뜻인가? 물론 그렇지 않다. 그러나 아는 것에도 우리가 따라야 할 중요한 순서가 있다. 하나님에 대해서 아무것도 모를 때에 우리는 반드시 먼저 겸손하게 아무것도 알지 못한다고 고백해야만 한다. 거룩한 불가지론은 단지 키르케고르 Kierkegaard가 말한 하나님과 인간 사이의 "무한한 질적 차이"를 인정하는 것이다. 욥처럼, 창조물로서 유한한 조건을 받아들이고 우리의 잡스러운 말들 안에 하나님을 담으려는 무익한 시도를 그만둘 때 하나님과 우리의 진실한 관계는 시작된다.

전능자의 장엄함 앞에서 보이는 욥의 겸손한 침묵은 결코 일회적인 사건이 아니다. 성서와 역사 안에는 욥이 보인 것과 같은 인간의 반응이 수도 없이 기록되어 있다. 토마스 아퀴나스 Thomas Aquinas는 중세의 위대한 신학자다. 그가 저술한 「신학대전」 Summa Theologica은 기독교 신앙에 대한 만 가지 반론에 답을 하고 있는데, 서양 문명의 위대한 지적 유산으로 칭송받고 있다. 그러나 1273년 12월 6일, 아퀴나스는 갑자기 그의 비서에게 더 이상 아무런 저술도 하지 않겠다고 밝혔다. 성 니콜라스 성당에서 예배를 드리던 아퀴나스는 하나님을 강렬하게 체험한 것이다. 아퀴나스의 고백이다. "나는 더 이상 아무것도 할 수 없다. 그러한 일들이 나에게 나타난 지금, 내가 쓴 모든 저작은 한낱 지푸라기처럼 느껴진다."[15]

더 최근 인물로는 20세기에 가장 칭송받고 다작으로 유명한 신학자 칼 바르트 Karl Barth를 들 수 있다. 바르트 역시 하나님에 대해서 자신이 한 말들이 얼마나 부적절했는지를 깨달았다. 바르트는 자신의 책으로 가득한 달구지를 밀며 하늘나라에 들어가면서 천사들이 웃는 소리가 들려오는 환상을 보았다. "하늘에서 우리는 필요한 모든 것을 알게 될 것이다. 그곳에서는 한 글자도 더 쓰거나 읽을 필요가 전혀 없다. …… 정말 나는 천사들이 그 방대한 양 때문에 오랫동안 경이롭게 여겼을 교회 교의학Church Dogmatics조차도 종이 쓰레기처럼 하늘나라 밑바닥 어딘가에 버릴 수 있다."[16]

소비자지상주의는 소비 가능한 신에 대해 끊임없이 잡소리를 일으켜서 하나님에 대한 우리의 말과 개념이 가장 중요하다는 잘못된 믿음으로 우리를 인도해 왔다. 이 때문에 교회는 화음을 만들어 내지도 못하면서 침묵은 두려워하는 잡음투성이 엉터리 관현악단이 되었다. 그러나 겸손한 침묵은 우리를 디지털 고치에서 해방시켜 다시 한 번 경이로움을 경험할 수 있게 해준다. 침묵은 하늘의 광대함과 그 너머 계신 하나님을 묵상할 수 있는 여지를 준다. 침묵은 우리의 상상력을 점령한 하찮은 신을 산산이 부수고, 우리 영혼에 새로운 일을 시작하실 하나님께 캔버스를 펼쳐드리는 출발점이 될 것이다.

3장
마음을 브랜딩하다

생각하면 할수록 남을 사랑하는 것보다 더 예술적인 일이 없음을 깨닫는다.
빈센트 반 고흐

그건 신발이야

열일곱 살의 스티브 테렛은 저녁 9시경 한 여자아이를 만나기 위해 시카고 남쪽에 위치한 자신의 집을 나섰다. 그는 엄마에게 선물 받은 110달러짜리 나이키 에어 조단 시리즈 "솔리디파이"Solidify를 신고 있었다. 스티브는 언제나 최신 유행하는 신발만 신었다. 확실히 푸른 선이 가미된 흰색 가죽 운동화 자체도 사람들의 시선을 사로잡을 정도로 멋지지만 이 신발을 진정 최고로 만드는 것은 뭐니 뭐니 해도 시카고 불스Chicago Bulls의 전설 마이클 조단Michael Jordan의 로고(조단이 농구공을 들고 다리를 벌리며 치솟는 형상)다. 한 팬은 신발 발목 부근에 새겨진 이 로고를 "천사와 같은 상징이다. 이로써 스포츠에 신성을 부여한 것이다"라고 말했다. 이러한 평가는 "운동 경기보다 훨씬 위대한 것, 아마도 인생 그 자체"[1]를 떠올리게 한다는 운동화의 명성에 걸맞는 것처럼 보인다.

밤 10시 반경 한 뒷골목에서 등에 총알이 박힌 채로 경찰에게 발견되었을 때에도 스티브 테렛은 그 신발이 자기 목숨보다 더 가치 있다고 생각했을까? 그는 경찰관들에게 10대 두 명이 자신의 에어 조단을 뺏으려고 자신을 "함정에 빠뜨렸다"고 말했다. 스티브는 그 날 밤 늦게 죽었다.[2]

그리하여 스티브 테렛은 운동화 때문에 죽은 10대 행렬에 서게 되었다. 나이키에서 에어 조단을 출시한 1985년 직후부터 이 운동화 때문에 죽어간 아이들의 이야기가 회자되기 시작했다. 놀라운 것은 이 신발을 둘러싼 폭력사고의 소문들이 신발의 신화적 지위를 더욱 강화시켜준다는 사실이다. 이는 나이키 광고주들이 살 수도, 만들 수도 없는 일종의 광고가 되었고 이 회사는 그 후 20년 동안 내내 이러한 소문에서 이익을 보고 있다. 시카고에서 스티브가 신발 때문에 살해된 바로 그 주, 그곳에서 불과 몇 킬로미터 떨어진 미시간 애비뉴에 위치한 나이키 매장 앞에는 새로 출시되는 신발을 구매하기 위해 사흘이나 기다린 사람들이 줄지어 서 있었다는 사실을 생각해 본다면 말이다.

과연 무엇이 신발 한 짝에 한 인간이 또 다른 인간 존재를 죽이도록 만드는 것일까? 사춘기도 오지 않은 시절, 나와 내 친구들은 이러한 이성적인 질문을 한 번도 생각해 보지 않았다. 대신에 우리는 중학교에서 살아남으려면 에어 조단을 꼭 신어야 한다고 믿으며 부모님께 100달러만 달라고 간절하게 졸라댔다. 불행히도 이런 감정적인 방법은 우리 부모님께 전혀 먹히지 않았지만, 아무라도 최신 에어 조단 신발을 신고 교실에 들어서는 날이면 난리가 났다. 청바지를 발목에 딱 떨어지게 접어서 신발이 완전히 보이게 차려입으면 누구라도 주목할 수밖에 없었다. 신발을 신은 사람은 당연히 우리가 경의를 표할 것을 기대했고 우리는 그렇게 했다. 어쨌든 에어 조단은 단순한 운동화가 아니었다. 마이클 조단이 공중으로 솟아오르는 천사 같은 로고는 숭배의 대상이며 심지어 피의 제사도 당연할 정도였다.

나이키 제단에 희생 제물로 바쳐진 또 다른 아이는 바로 열다섯 살 마이클 토마스다. 할머니는 아이에게 학교에 그 신발을 신고 가지 말라고 얘기했다고 한다. "마이클에게 다른 아이들이 샘을 낼 것 같다고 했더니 그러더군요. '할머니, 누구든지 이 신발을 나한테서 가져가려면 먼저 나를 죽여야 할 걸요.'" 2주가 지난 후 같이 농구를 하던 열일곱 살 먹은 한 친구가 마이클을 목 졸라 죽였다.

이 사건 직후 한 기자가 마이클 조단에게 이 살인에 대한 기사를 보여주었다. 조단은 마침 마이클 토마스에게서 목숨을 앗아간 바로 그 신발을 신고 있었다. 그는 조용히 기사를 읽었다. "믿을 수 없군요." 조단은 침울하게 이야기했다. "친구를 목 졸라 죽이다니요." 조단은 한숨을 내쉬고 자신의 형상이 담긴 신발 때문에 죽은 다른 아이들이 있는지 물었다. 그 기자는 대답했다. "네. 수도 없이 많습니다."

머리를 흔들며 조단은 말했다. "아무리 유명인이 선전을 한다고 해도 한낱 신발 때문에, 아니 어떤 상품 때문이든 사람들이 서로를 죽일 수도 있다는 생각은 단 한 번도 해본 적이 없어요. 누구나 다른 이들이 자신의 모습에 감탄하길 바라겠지만 아이들이 서로 죽이는 지경이라면, (그는 잠시 말을 멈추었다.) 모든 것을 다시 한 번 생각해 봐야 할 것 같습니다."[3]

지글지글 소리를 팔기

영국 기업가 리처드 브랜슨Richard Branson은 1971년 런던의 옥스퍼드 거리에 처음으로 버진Virgin 음반 가게를 열었다. 오늘날 버진 제국은 항공, 청량음료, 만화책, 이동전화, 심지어 웨딩드레스와 우주선에까지 사업 영역을 확장했다. 버진의 로고가 새겨진 기업이 350개가 넘으며 수익은 200억 달러를 넘어섰다. 브랜슨은 말한다. "초창기에는 사업이란 단지 장사일 뿐이었죠. 그러나 지금에 와서 사업이란 브랜드입니다." "브랜드는 모든 것입니다."[4]

브랜드는 단지 회사 이름이나 로고 이상으로, 우리의 상상에 잠입한 조작된 개념이다. 마케팅 전문가 콜린 베이츠Colin Bates는 "브랜드는 소비자의 마음에 종합적으로 작용하는 인식 체계"[5]라고 말한다. 그렇기 때문에 브랜드를 만드는 목적은 단지 남의 눈을 끄는 로고를 만들어내는 것에 그치지 않는다. 브랜드를 만드는 목적은 사람들의 마음을 조작하여 사람들이 특정한 로고를 접할 때 자동으로 그 기업주가 원하는 느낌을 갖게 하거나, 나이키가 회사 사명문에 명시했듯이 "브랜드와 소비자 사이에 맺어진 적절한 감정적 끈을 이어가는 것이다."[6] 감정적 끈을 이어가는 것은 두뇌의 논리적 기능을 목표로 하는 과정이 아니다. 대신 브랜드를 만든다는 것은 주로 마음이 갖는 상상의 능력에 집중하는 예술적인 노력에 가깝다.

원 안에 있는 세 갈래 별 문양 자체는 아무런 호사스러움을 담고 있지 않지만, 메르세데스 벤츠 로고를 보는 순간 소비자의 두뇌는 이미 프로그램된 대로 그 문양을 사회적 신분과 즉각적으로 연결한다. 월트 디즈니의 자필 서명인 디즈니 상표는 미국인들의 마음에 공통으로 "가족"과 "즐거움"이라는 느낌을 즉시 불러일으킨다. 반대로 한 브랜드가 결함을 지니게 되면 그 브랜드는 반드시 새롭게 재탄생해야 한다. 1996년 마이애미를 출발한 밸류제트ValuJet 항공사 여객기가 플로리다 남부 에버글레이즈 지역에 추락했다. 저가 항공사인 이 회사는 품질과 안전 면에서 심각한 오명을 썼을 뿐 아니라 금전적으로 5,500만 달러의 손해를 입고 부도 직전까지 가게 되었다. 1년 뒤, 이 회사는 밸류제트에서 에어트랜AirTran으로 브랜드를 바꾸었다. 승객들은 새로운 브랜드로 인해 기존 브랜드가 지닌 불안전한 이미지를 떠올리지 않게 되었고, 곧 회사는 다시 수익을 내기 시작했다.

이미지가 모든 것이라는 개념을 잘 구현해낼수록 가장 성공한 브랜드가 된다. 예를 들어 맥도날드McDonald 브랜드가 우리 마음에 얼마나 잘 각인되어 있는지 조사한 스탠포드 대학의 최근 연구에 따르면 어린아이들은 맥도날드 포장지에 싸인 당근, 우유, 사과 주스가 더 맛이 좋다고 반응했다. 이 연구를 담당한 톰 로빈슨Tom Robinson 박사의 말에 따르면, 아이들의 미각은 "브랜드에 따라 실제로 달라졌다."[7] 어린아이들의 마음에 맥도날드 브랜드에 대한 감정적인 유대

관계를 심어주어 광고주는 아이들로 하여금 현실을 인식하는 능력과 행동하는 양식을 변화시킬 수 있었다. 선택권이 있을 때, 아이들은 매번 맥도날드 포장지로 싼 음식을 고른다. 이것이 바로 콜린 베이츠가 "브랜드는 소비자의 마음 한구석을 차지하고 있는, 세상에서 가장 비싼 부동산이다"[8]라고 말한 이유다.

    자신의 사업을 "모두 브랜드에 관한 것"이라고 했을 때, 리처드 브랜슨은 소비자의 마음 한구석을 목표로 삼아 그곳을 버진에 대한 긍정적인 느낌으로 가득 채우려고 한 것이다. 한번 이러한 정서적인 부동산을 점유하고 점거하기만 하면, 브랜드의 로고는 실제로 어떤 것에든 영향을 끼칠 수 있고 소비자는 그 로고에 긍정적인 경향을 갖게 된다. 이는 사업 자체를 이해하는 방식이 근본적으로 바뀌게 되었다는 뜻이다. 과거에는 소비자의 돈을 얻기 위해 실질적인 필요에 부합하는 양질의 상품을 생산하는 것으로 충분했지만, 오늘날 기업들은 점차 상품의 품질보다는 상품의 브랜드에 더욱 집중하는 형국이다. "이렇게 해서 기업들은 같은 브랜드 가치 아래 제품을 더욱 저렴하게 생산해낼 수 있게 되었습니다. 사람들은 상품을 살 때, 상품 자체의 품질도 따지지만 오히려 그 이상으로 브랜드와 연계된 가치나 이미지, 정체성을 사는 것이기 때문입니다."[9] 다른 말로 하자면 기업은 스테이크를 팔기보다는 스테이크가 익어가는 지글지글 소리를 파는 것이 더욱 효율적이라는 점을 간파한 것이다.

    커피를 한번 생각해 보자. 스타벅스의 전前 마케팅 부사장 스캇 베드베리Scott Bedbury는 다음과 같이 인정한다. "사실 소비자는 커피의 질에 큰 차이가 있으리라고 생각하지 않습니다." 따라서 4달러짜리 커피 한 잔을 팔기 위한 우리의 목표는 "정서적인 유대관계를 만들어내는 것입니다."[10] 스타벅스 설립자 하워드 슐츠Howard Schultz는 그의 회사가 실질적으로 파는 것은 "커피를 경험하면서 얻는 서정적인 기분으로, 사람들이 스타벅스 매장에 들어오면서 느끼는 따뜻함이나 공동체성"[11]이라고 말한다. 나이키 설립자이자 CEO인 필 나이트Phil Knight는 스타벅스와 버진의 경영자들이 말한 요지를 재확인시킨다. "수년 동안 우리는 스스로 생산품 지향 회사라고 믿어왔습니다. 즉, 생산품을 디자인하고 만들어내는 데 모든 역량을 기울였다는 말입니다. 그러나 현재 우리는 가장 중요한 일이 생산품을 마케팅하는 것임을 알게 되었습니다. …… 나이키는 마케팅 지향 회사입니다."[12]

소비자지상주의는 품질보다는 스타일, 실재보다는 이미지, 성능보다는 감각이 앞서는 문화를 만들어냈다. 나오미 클라인Naomi Klein은 매혹적인 저서 「노 로고」No Logo에서 1990년대에 이런 접근 방식이 어떻게 무르익었는지를 보여준다. "스스로를 상품 생산자보다는 '의미 파괴자'로 여긴 새로운 종류의 회사들이 마케팅 르네상스를 주도했는데 이들을 집결시킨 표어가 바로 '상품이 아닌 브랜드!'다."[13] 성공한 기업들은 철학자 장 보드리야르Jean Baudrillard가 수십 년 전에 꿰뚫은 명제를 드디어 발견해냈다. "소비는 의미 체계다."[14] 우리는 소비하는 브랜드를 통해서 우리의 정체성을 규정하고 삶의 의미를 구성한다.

최근에 브랜드가 정체성으로 작용하는 현상을 보여준 가장 눈에 띄는 예는 애플사가 제작한 유명한 "Mac 대 PC" 광고일 것이다. 이 광고는 최신 유행을 따르면서도 쾌활해 보이는 한 젊은 남자가 "안녕, 나는 맥^{Mac}이야"라며 허물없이 자신을 소개하는 장면을 연출한다. 그런데 이 사람 바로 옆에 땅딸막한 중년의 남자가 유행이 지난 정장 차림으로 서서 경직된 모습으로 말한다. "저는 피시^{PC}라고 합니다." 이 광고가 전달하고자 하는 것은 자명하다. 애플 브랜드를 구매하는 당신은 젊고 세련되며 상냥하다는 것이다. 시청자가 보기에 이 광고는 컴퓨터에 관한 것이 아닌 정체성에 관한 것처럼 여겨진다. 심지어 마이크로소프트사^{Microsoft} 회장 빌 게이츠^{Bill Gates}조차 〈뉴스위크〉지^{Nesweek}와의 인터뷰에서 이 광고를 언급하면서 스스로 의미를 비약하고 있다. "나는 그 누가 뭐라 해도 윈도우 PC를 사용하는 [인구 중] 90퍼센트가 넘는 사람들이 스스로를 멍청이나 얼간이로 여기지 않을 것이라 생각합니다."[15] 광고 어디에도 PC를 사용하는 사람들이 멍청이나 얼간이라고 드러내놓고 표현하지 않지만 그렇게 여기도록 만드는 것이 브랜드 형성의 힘이다. 브랜드는 상상력을 통해 저절로 마음에 이러한 연상을 불러일으킨다. 브랜드 형성을 통해 애플은 단지 컴퓨터만이 아닌 정체성을 판매하게 되었다.

브랜드와 자신을 동일시하도록 만드는 유대감은 왜 어린 친구들이 운동화 한 짝을 놓고 서로 죽이는지를 부분적으로나마 설명해 준다. 이런 범죄를 조사한 토마스 말라첵 경관은 다음과 같이 말한다. "점차 문제가 심각해지고 있습니다. 이러한 상품들이 옛날보다 더욱 정체성과 관련해 의미를 갖게 되었기 때문입니다."[16] 브랜드가 만들어지면서 몇몇 신발은 우리 마음에 권력, 성공, 신분과 밀접한 상관관계를 맺게 되었다. 그러나 사회학자 일라이자 앤더슨 Elijah Anderson이 주목했듯이 도시에 사는 많은 아이에게 이러한 특징들을 자신의 정체성과 올바르게 조화시키도록 가르치는 교육적이고 전문적인 기회는 매우 드물다. 대신에 "그들은 이러한 '상징', 이른바 성공을 상징하는 것들을 가치 있게 여긴다. 금, 신발, 마약 상처럼 차려입은 모습 모두 그런 의미에서 마찬가지다."[17] 결국 누군가를 죽이게 만든 원인은 운동화의 경제적 가치가 아닌 특정 브랜드와 연계된 정체성인 것이다. 아마도 이것이 나이키가 말하는 "브랜드와 소비자 사이에 맺어진 적절한 감정적 끈을 이어가는 것"이리라. 아무리 그래도 스니커즈 브랜드인 케즈Keds 한 짝 때문에 죽은 사람은 없지만 말이다.

APPLE의 A

딸아이가 처음으로 유치원에 가는 날, 아이를 데려다 주기 위해 아침 휴가를 냈다. 아내는 아들 녀석이 탄 유모차를 밀며 눈물을 참고 있었다. 그러나 딸아이 조는 어찌나 신이 났는지 무릎까지 오는 큰 분홍색 가방을 매고서 검은 머리를 어깨에 찰랑거리며 보도를 신나게 뛰어 내려갔다. '어떤 새로운 경험이 우리 딸을 기다리고 있을까?' 나의 유치원 시절을 회상하며 생각에 잠겼다. '그때는 동물

과자와 우유를 먹는 간식 시간도 있었는데. 맞다, 에리카 루이스는 우유 알레르기 때문에 오렌지 주스를 마셨지. 카펫에 앉아 글자를 배우는 시간에는 항상 브라이언 칼슨 옆에서 조그만 칠판에 알파벳을 따라 쓰기도 했고. 밥 그라우트는 의안義眼을 빼서 입에 넣고 여자애들을 쫓아 교실을 헤집고 다녔지. 정말 그 녀석은 잊지 못할 거야.' 유치원 생활은 정말 대단했다. 나는 조가 앞으로 겪을 일들 때문에 흥분도 되었지만 동시에 부럽기도 했다.

유치원 건물 밖에는 선생님이 안으로 인도해 주기를 기다리며 다섯 살 먹은 꼬마 녀석들이 줄지어 서 있었다. 아이들은 마치 전쟁터로 떠나는 군인 같았다. 운동장은 눈물과 입맞춤, 그리고 마지막 순간에 "사랑한다"라고 외치는 소리로 넘쳐 났다. 종이 울리자 유치원생 부대가 행진해 갔다. 스파이더맨Spiderman, 바비Barbie, 버즈 라이티어Buzz Lightyear, 스트로우베리 쇼트케이크Strawberry Shortcake, 엑스맨X-Men, 마이 리틀 포니My Little Pony 등 다채로운 가방이 하나씩 문 안으로 사라질 때까지 행렬은 계속되었고 부모들은 서로를 위로하며 외롭게 남아 있었다. "애들이 잘 해낼까요? 애들이 견뎌낼 수 있겠죠?"

세 시간 뒤, 부모들은 어린 군인들이 문을 박차며 나오기를 기대하며 다시 집결했다. 다행히도 조는 살아서 돌아왔다. "아빠, 아빠! 있잖아, 이게 뭔지 알아?" 조가 내 품으로 달려들며 말했다. "나 처음으로 숙제 받았다!" 몇 년 뒤에는 절대로 숙제 때문에 이렇게 흥분하지 않겠지.

"숙제? 유치원에서?" 나는 약간 당황해서 아내를 바라봤다. "우리 때랑은 많이 달라졌구나." 조는 가방에서 열심히 종이를 꺼냈다. 거기에는 다음과 같이 쓰여 있었다.

부모님께

귀하의 자녀가 접하게 될 첫 유치원 "숙제" 입니다! 아이가 이 종이에 예시된 것들과 같은 "로고"를 찾도록 도와주세요. 이런 과정을 통해 아이는 자신이 이미 읽을 수 있다는 자신감을 강화할 수 있을 것입니다! 로고는 가방이나 상자, 컵, 그릇 등 어디에나 있습니다. 아이들은 그것들을 읽으면서 굉장한 자부심을 느낍니다. 저희는 이것을 수업시간에 발표할 뿐만 아니라 교실 게시판에 장식하려고 합니다. 협조해 주셔서 감사합니다!

조에게 가정통신문에 적힌 로고들을 "읽을" 수 있는지 물어봤다. 조금도 망설임 없이 아이는 피자헛Pizza Hut, 타깃Target, 레고Lego를 알아냈다. 집에서도 디즈니Disney, 동네 슈퍼마켓인 쥬엘Jewel, 젤오Jell-O, 골드피시 크래커즈Goldfish Crackers 로고를 찾아냈고 곧이어 물을 마시면서 자랑스럽게 소리쳤다. "이거 이케아IKEA다!" 유리컵 아래 조그맣게 나와 있는 로고를 발견한 것이다.

내가 유치원에 다닐 때는 apple의 A, ball의 B, cat의 C······ 이런 방식으로 일반적인 대상과 연결해서 알파벳을 배웠다. 그런데 조는 기업체의 브랜드를 알아내는 방법으로 알파벳 첫걸음을 내딛고 있다. Apple이 아닌 Apple Computer애플 컴퓨터의 A, Ball이 아닌 Burger King버거킹의 B, Cat이 아닌 Cheerios치리오스의 C인 것이다. 다섯 살 밖에 먹지 않은 내 아이가 기도문이나 성경 구절, 심지어 친척 이름보다 기업 브랜드를 더 잘 기억한다는 현실에 나는 경악했다. 게다가 아무도 로고를 따로 가르친 적이 없다는 사실에 두려울 정도였다. 우리 집에는 로고가 새겨진 학습용 카드 같은 것이 없다. 조는 단지 브랜드에 물든 문화에서 5년간 살았을 뿐인데도 이러한 로고들이 아이 속에 내재화되어버렸다. 그리고 이것들이 교실 게시판까지 장식한다니.

사실 내 아이가 브랜드에 물들어 있다고 해도 놀랄 일은 아니다. 마케팅 담당자들은 우리 마음에 작용하는 브랜드의 힘을 이미 알고 있기에 자아 정체성이 뚜렷하게 형성되지 않았고 아무 생각 없이 정체성을 쉽게 바꿀 수 있는, 순응성이 높은 어린이의 마음을 점차 집중적으로 공략하고 있기 때문이다. 마이 리틀 포니나 슈퍼맨 Superman 가방을 고르면서 조와 친구들은 이미 브랜드와 함께 자아 정체성을 형성해 왔으며 이런 과정은 평생 계속될 것이다. 이런 이유가 아니라면 포드Ford나 피자헛과 같은 회사들이 미취학 아동에 대한 마케팅 비용으로 왜 수백만 달러나 지불하겠는가?[18] 서너 살 먹은 아이들은 피자를 주문하거나 차를 살 수 없지만, 이 회사들은 아이들의 마음에 브랜드의 씨앗을 심고 긍정적인 느낌과 결합시켜 아이들이 10대가 되어 자아 정체성을 확립하기 시작하는 시기부터 그 열매를 거두길 기대한다. 이러한 종류의 브랜드 마케팅은 매우 효과적이어서 열 살 정도 된 아이들은 이미 300개에서 400개의 브랜드를 기억할 수 있다. 이 아이들이 매주 평균 100달러 정도를 사용하는 청소년이 되면, 자신이 먹고, 마시고, 담배 피우고, 운전하고, 놀고, 타고, 입는 브랜드에서 정체성을 형성할 것이다.

브랜드와 정체성의 관계는 네브래스카의 벨뷰 대학 심리학 교수인 클리브랜드 에반스Cleveland Evans가 밝혀낸 새로운 추세를 설명해 준다. 최근 사회보장번호를 조사한 결과, 에반스 교수는 유명 브랜드를 딴 이름을 지닌 아이들 수가 증가하고 있음을 알아냈다. 지금부터 수십 년이 지나 손녀가 유치원에 처음 들어가는 날에는 그 아이가 인피니티Infiniti, 셀리카Celica, 아르마니Armani, 팀버랜드Timberland, 노티카Nautica, 로레알L'Oreal, 이에스피엔ESPN과 함께 줄을 서 있지 않을까?[19] 나는 내 손녀 이름이 "이케아"가 아니기를 바랄 뿐이다.

그리스도에서 상표로

브랜드가 정체성을 형성하는 힘을 갖는다는 것은 쇼핑 행위가 소비문화에서 심대한 중요성을 지니고 있음을 의미한다. 벤자민 바버Benjamin Barber가 썼듯이, "만약 브랜드가 정체성을 형성하거나 심지어 정체성의 역할을 대신할 수 있다면 '자신이 누구인지'를 알기 위해서 자신이 어디에서 (그리고 무엇을) 쇼핑하는지 생각해 봐야만 한다."[20] 이는 왜 쇼핑이 현재 미국인에게 최고의 여가활동인지를 설명해 준다. 느긋하게 쇼핑몰을 걸으며 여기저기를 살피고 있을 때, 우리는 단지 스웨터나 컴퓨터, 배낭을 찾고 있는 것이 아니라 우리 자신을 찾고 있는 것이다. 피트 와드Pete Ward가 논평하듯 "쇼핑은 우리 자신을 넘어서는 무언가를 찾는 행위"이며, 이러한 욕구는 "일상적인 쇼핑 행위가 지니는 영적인 측면을 드러낸다."[21]

마케팅 담당자들은 소비문화에서 쇼핑이 영적으로나 종교적으로 중요한 의미를 지닌다는 사실을 놓치지 않는다. 「왜 그들은 할리와 애플에 열광하는가?」(세종서적)의 저자 더글라스 애트킨Douglas Atkin은 분명히 말한다. "브랜드는 새로운 종교다." 브랜드는 "우리의 현대적 형이상학으로 역할하며 세상을 의미로 가득 채운다. …… 브랜드는 완전한 의미체계로 기능한다."[22] 브랜드는 종교와 동등할 정도로 우리에게 영향력을 끼치기 때문에 애트킨은 "광신적 종교집단은 브랜드 숭배 현상의 발생을 이해하는 데 아주 적절하면서도 의미심장한 비교 대상"[23]이라고 생각한다. 브랜드가 자아 정체성을 형성하는 영적인 능력은 광신적이라고까지 할 수 있을 정도인데 이에 대해서 마티 노이마이어Marty Neumeier는 다음과 같이 기술했다.

당신이 창조해낸 "특별 소비국"에서 당신은 원하는 시간만큼 원하는 족속에 속할 수 있으며 당신보다 더 큰 무언가의 일원이 되는 소속감을 느낄 수 있다. 골프를 칠 때 당신은 캘러웨이(Callaway) 부족에 속하고, 직장에 차를 몰고 갈 때면 브이더블유(VW) 부족이 되며, 식사를 준비할 때는 윌리엄즈 소노마(Williams-Sonoma) 부족의 구성원이 된다. 이처럼 분명하게 식별되는 기업의 상품을 구매할 때마다 당신은 선택받은 씨족의 일부가 된다(또는 그렇게 느낀다). 현대인의 삶에서 브랜드는 작은 신들로서, 각 브랜드는 서로 다른 필요와 행동, 상태, 상황을 다스린다. 그렇지만 당신은 이들을 다스릴 수 있다. 최근 선택한 신이 올림포스에서 세력을 잃는다면 당신은 다른 신으로 대체할 수 있다.[24]

만약 브랜드가 새로운 종교가 되었다면 그 반대도 사실인가? 종교는 브랜드의 영역으로 축소되었는가? 증거에 따르면 그렇다. 1장에서 언급했듯이, 연구 결과 스스로 그리스도인이라고 여기는 사람과 비그리스도인의 행동양식이나 가치관은 딱 한 가지(그들이 구매하는 대상)를 제외하고는 전혀 구별되지 않았다. 해마다 종교 상품 판매액이 총 70억 달러에 이르는 것으로 보아 하나님의 백성은 예수님이라는 브랜드가 들어간 상품을 구매하여 그들의 정체성을 드러내는 것 같다. 마크 리들Mark Riddle이 논평하듯, "미국에서 개종이란 월마트나 블록버스터Blockbuster, 보더스Borders에서 하던 쇼핑 가운데 일부를 거리 아래에 자리 잡은 기독교 서점에서 하는 것으로 바꾸는 것이다. 우리는 소비를 제어하는 능력이 없기 때문에 하나님의 가게에서도 예수님의 이름이 붙은 사무용품들을 사고야 만다."[25]

피트 와드는 WWJDWhat would Jesus do? 팔찌가 불티나게 팔린 이유가 그리스도인이 정체성을 형성하는 데 브랜드를 이용하기 때문이라고 본다. "10대 중 대부분에게 정체성은 독특하게도 상품을 구매하고 과시하는 데서 비롯된다. 이러한 상품들은 더 넓은 의미체계 속에서 상징으로 작용한다. WWJD는 무미건조한 이 세상 안에 상품화라는 방법으로 어떻게든 그리스도를 성육신시키는 데 성공했다."[26] 와드는 기독교 브랜드 상품이 우리 문화에 "그리스도를 성육신시키는" 적절한 방법이라고 여긴다. 그러나 이 논리대로라면 사도 요한은 자신의 복음서를 잘못된 단어로 시작하고 있다. 말씀은 육신이 될 필요가 없었다. 말씀(헬라어로 "로고"*logo*)을 브랜드로 만들어 인기 있는 상품이 되도록 하기만 하면 충분했다. 소비문화에서 "성육신하신 그리스도"는 하나님을 사랑하고 이웃을 사랑하는 그리스도인보다는 음악, 책, 티셔츠, 선물, 장신구와 같은 기독교 상품을 끊임없이 소비하는 그리스도인을 의미한다. 그리스도인으로서 한 사람이 지니는 정체성은 내적으로 변화된 가치기준보다는 외적으로 드러나는 상품과 더욱 관련이 있다.

상품을 생산하는 것에서 브랜드를 생산하는 것으로 기업이 변천함과 더불어 북미 기독교는 본질적인 신앙에서 감각적인 신앙으로 변모했다. 사람들이 교회를 어떻게 선택하는지 생각해 보라. 두 세대 전만 해도 교파에 대한 충성도가 매우 높았으며, 각 교회가 표방하는 교리적 신념을 기준으로 교회를 선택했다. 그러나 오늘날은 예배 시간의 음악 형식이 교회를 선택하는 가장 중요한 기준이 되었다. 새들백 교회 Saddleback Church 목사 릭 워렌 Rick Warren 은 이렇게 말한다. "여러분의 교회가 어떤 사람들을 그리스도에게로 이끌지, 교회가 성장할 수 있을지 없을지를 결정하는 가장 중요한 요소는 음악입니다."[27] 버진, 나이키, 스타벅스와 마찬가지로 교회는 소비문화에서 성공하려면 상품보다는 포장에 더욱 관심을 쏟아야 한다는 교훈을 터득한 것이다. 바로 스테이크보다는 지글지글 소리가 더 중요하다는 사실 말이다.

본질보다 스타일에 집중하는 것은 개인적인 수준에서도 마찬가지다. 브랜드를 소비하여 정체성을 형성하는 문화에서 예수님을 브랜드로 내세운 옷이 점차 많아진다고 해서 놀랄 일은 아니다. 원인쓰리트리니티 lin3Trinity가 그 예다. 전직 판매부서 임원이 만든 원인쓰리트리니티 브랜드는 남성과 여성 의류뿐 아니라 "성령의 열매가 첨가된" 에너지 음료까지 아우르고 있다. 회사 홈페이지에는 다음과 같이 쓰여 있다. "원인쓰리트리니티는 옷과 장신구 같은 일상생활의 브랜드 lifestyle brand로, 세상을 살아가는 그리스도인에게 힘과 용기를 북돋워주기 위해 만들어졌습니다." 또한 "이것은 당신의 신앙을 말로 표현하는 것 이상입니다. 즉, 하나님의 사랑을 실천하는 위대한 본보기가 되기 위해 최선을 다하여 하루하루를 살아가는 것입니다"[28]라고 덧붙여 있다.

마케팅 담당자들은 원인쓰리트리니티 상품을 사용하여 스스로의 브랜드를 만드는 것이야말로 그리스도인 소비자가 그리스도인으로서 내적 정체성을 표출하고 강화하는 방식이라고 열심히 홍보한다. 그러나 웹사이트의 다른 페이지에서는 그리스도인과 비그리스도인 사이에 질적인 차이가 존재함을 부인한다. 이 회사는 "그리스도인이 된다는 것이 어떤 의미인지 당신과 나누고 싶습니다"라고 선언한다. " '우리는 그리스도인입니다'라고 할 때 우리는 우리만 옳다고 주장하는 것이 아닙니다. 대신 우리는 길을 잃었다고 조용히 이야기하는 것입니다. …… 많은 사람처럼 우리도 종종 넘어진다는 사실과 그리스도가 우리를 일으키셔야 한다는 사실을 인정하는 것입니다. …… 우리는 완벽하다고 주장하는 것이 아닙니다. …… '당신보다 거룩하지도' 않습니다. 우리는 단지 사랑, 은혜, 자비라는 하나님의 선물을 받은 죄인일 뿐입니다."[29]

원인쓰리트리니티 브랜드가 내세우는 그리스도인의 정의는 자동차 범퍼에 붙인 스티커에서 흔히 볼 수 있다. "그리스도인은 완벽하지 않습니다. 단지 용서받았을 뿐입니다." 달라스 윌라드Dallas Willard는 이러한 정서에 분개한다. "**단지** 용서받았을 뿐이다? 진실로 이것이 그리스도인이 되기 위해 필요한 전부인가?" 윌라드는 이 표어 뒤에 숨어 있는 음험한 신학을 인지하고 있다. 바로 소비자지상주의 기독교가 만들어낸 신학이다. "이에 따르면 모든 면에서 당신의 삶이 그리스도에 대한 믿음이 전혀 없는 이들과 도무지 다를 것이 없더라도 용서를 주시는 그리스도를 믿을 수 있다."[30]

만약 그리스도인이 된다는 것이 점차 의로움과 거룩함, 신실함과 사랑, 정의로 가득한 삶의 특징을 드러내지 못한다면, 그리스도를 따르는 사람과 그렇지 않은 사람을 무엇으로 구별하겠는가? 이 질문이야말로 본질적인 핵심이 될 것이다. 그리스도인이 된다는 것이 아무런 내적 변화를 수반하지 않는다면, 외적인 변화(원인쓰리트리니티와 같은 "일상생활의 브랜드"로 만들어지는)만으로도 충분해야 할 것이다. 기독교를 브랜드로 이해하는 접근법은 스스로를 그리스도인이라고 규정하는 대부분의 미국인이 엄청난 돈을 들여 기독교 상품을 사용하면서도 왜 그 삶이 다른 사람들과 전혀 구별되지 않는지 설명해 준다. 이들은 성경적 세계관을 채택하는 대신 자동차 범퍼에 소비자로서의 정체성을 드러내는 물고기 스티커만 덧붙이기 때문이다. 그들이 구매한 다른 상품들처럼 브랜드가 된 그리스도인의 정체성은 본질보다는 이미지에 관한 것일 뿐이다.

마음에 할례를 행하라

"내가 **어디에서 무엇을** 하기 원하신다고요?" 하나님의 명령을 들었을 때 아브라함이 어떤 반응을 보였을지 눈에 훤하다. "이것이 내 언약이니라." 하나님은 말씀하신다. "너희 중 남자는 다 할례를 받으라. …… 너희는 포피를 베어라. 이것이 나와 너희 사이의 언약의 표징이니라"(창 17:10-11). 할례는 고대 근동에서 꽤 흔한 관례이고 아마 아브라함도 이러한 관습에 친숙했겠지만, 99세의 나이에 스스로 이를 실천에 옮기기란 쉽지 않았을 것이다. 감사하게도, 아브라함의 후손들은 스스로 신체를 훼손하여 생기는 정신적 외상을 겪지 않아도 되었다. 그 대신 유대인의 남자 아이들은 8일째에 할례를 받았다.

고대 이스라엘인의 정체성에서 할례는 말할 필요도 없을 만큼 중요했다. 이는 하나님의 백성임을 증명하는 표식이었다. 사실, 할례를 받지 않는 것은 유대인의 정체성을 부인하는 것으로 여겨졌다. 하나님은 아브라함에게 "포피를 베지" 아니한 남자는 백성 중에서 "끊어지리니"라고 말씀하셨다. 정체성을 형성하는 할례의 중요성 때문에 "할례 받지 않다"를 뜻하는 히브리어는 "부정한 자" 또는 "이방인"(사 52:1)과 동의어가 되었다. 포피의 결여란 고대 세계에서 매우 많은 의미를 지녔기 때문에 할례는 실질적인 방식에서 종교적 브랜드의 원형(한 사람의 영적 정체성의 외적 표식이자 하나님 백성의 마음에 민족적, 종교적 자부심을 불러일으키는 상징)인 셈이다.

그렇다면 사도 바울이 다음과 같이 썼을 때 유대인이 느꼈을 전율을 상상할 수 있겠는가? "할례 받는 것도 아무것도 아니요 할례 받지 아니하는 것도 아무것도 아니로되"(고전 7:19). 어찌 유대인이 이런 불경스러운 말을 할 수 있단 말인가. 어쨌든, 바울은 스스로를 "팔 일 만에 할례를 받고 …… 히브리인 중의 히브리인이요"(빌 3:5)라고 소개하지 않았는가. 그런데 왜 그는 가장 신성한 유대인의 표식을 반복적으로 거부했을까?(롬 2장, 갈 5장, 고전 7장) 왜 그리스도를 따르는 자들의 공동체에 "너희가 만일 할례를 받으면 그리스도께서 너희에게 아무 유익이 없으리라"(갈 5:2)고 말했을까?

바울은 외적인 브랜드가 내적인 실재를 반영하지 못한다면 아무런 의미가 없다는 것을 알고 있었기 때문이다. 로마서 2장에서 바울은 **진짜** 할례는 외적이거나 육신적인 것이 아니라 내적이고 정신적인 것이라고 말한다. "할례는 마음에 할지니"(롬 2:29). 바울은 하나님이 그분의 백성에게 마음의 할례를 받으라고 말씀하신 구약 본문 세 곳을 인용하고 있다(신 10:16, 30:6, 렘 4:4). 하나님의 백성은 과거나 현재나 자신들의 정체성을 외적인 브랜드에 의존해서 형성하려는 고질적인 문제를 지니고 있다. 그렇기 때문에 우리는 가장 중요한 것(하나님을 위해 구별된 표시를 새긴 마음)이 무엇인지를 계속해서 떠올릴 수 있게 하는 무언가가 필요하다.

바울이 할례를 격렬하게 반대한 이유는 당시 유대 그리스도인들이 비유대 그리스도인들에게 그리스도를 따르려거든 할례를 받으라고 요구했기 때문이다. 이 유대인들은 평생 동안 자신들의 영적 정체성을 외적인 브랜드의 문제로 여기도록 교육받았다. 그렇기 때문에 그리스도인이라는 새로운 정체성을 형성하는 데에도 이러한 가치관을 아무런 문제의식 없이 가지고 들어온 것이다. 그러나 바울은 이러한 사고방식의 위험성을 잘 알고 있었다. 외적인 표시(할례)에 집중하면 내적인 헌신을 경시하게 된다. 이는 옛 언약 안에 나타난 하나님의 의도와 새 언약 안에 드러난 그리스도의 가르침에 위배되는 것이다.

오늘날 우리도 비슷한 문제에 직면하고 있다. 우리는 평생 동안 외적 브랜드를 통해 정체성을 형성하는 소비문화에서 살아왔다. 우리가 소비하는 브랜드로 자신이 누구인지를 표현한다. 따라서 그리스도를 따르기로 하고 그리스도인으로 새롭게 정체성을 형성할 때에도 무비판적으로 이러한 가치관을 가져올 수 있다. 여기에 나쁜 의도는 전혀 없다. 우리는 예수님이 마음을 그토록 중시한 것을 다 알고 있으며, 그것을 의도적으로 폄하하려는 것이 아니다. 그러나 우리 마음은 즉시 정체성을 외적인 모습과 연결하여 인식하려고 한다. 상표에 그리스도가 들어간 티셔츠를 입거나 크롬으로 된 물고기 표식을 차 트렁크 문에 붙이는 방식으로 우리의 신앙을 표현할 때마다 우리는 복음을 관습적인 관점과 융합하는 것이다. 만약 현대의 소비자에게 일침을 가하고자 한다면 사도 바울은 다음과 같이 서신서를 다시 썼을 것이다. "무릇 표면적 그리스도인이 그리스도인이 아니요 표면적 육신의 브랜드가 브랜드가 아니니라. 오직 이면적 그리스도인이 그리스도인이며 브랜드는 마음에 할지니."

기독교 브랜드를 금한다는 뜻이 아니다. 또한 엄격히 말해서 우리가 주의해야 할 것이 있는데 바울은 할례를 반대하지 않았다는 점이다. (사실 바울은 실제적인 이유로 사랑하는 디모데에게 할례를 권했고, 로마 사회에 순응하기 위해 할례의 흔적을 없애려던 유대 남자들의 풍습에 반대했다.) 바울이 문제로 삼은 점은 영적인 중요성을 외적인 표식에 두려는 것이다. 젊은 개종자들이 외형에 초점을 맞추는 문화에 순응하여 영적인 성장이 지체될까 두려워한 것이다. 그는 할례에 집중하는 그들의 관심을 온전히 마음으로 옮기려고 했다. 바울은 똑똑히 말한다. "그리스도 예수 안에서는 할례나 무할례나 효력이 없으되 사랑으로써 역사하는 믿음뿐이니라"(갈 5:6).

마찬가지로 기독교 브랜드 상품은 중요하지 않다. 아니, 아무런 가치도 지니고 있지 않다. 그것은 우리 마음에서 역사하시는 그리스도의 내적 사역에 아무런 기여도 하지 못하며, 종교적 상품이 아무리 많다고 해도 우리를 그리스도인으로 만들지 못한다. 그러나 예수의 이름을 딴 쓰레기 같은 상품들을 내세워 그리스도인을 대상으로 엄청나게 마케팅을 해대며 외관에 집중하라고 끊임없이 주문하는 문화에 푹 잠겨 살고 있는 현실은 분명히 큰 위험이다. 관습적인 사고방식으로 돌아가고, 외관에 집중하며, 마음은 무시하라는 유혹이 우리 주변 곳곳에서 손을 뻗치고 있다. 따라서 기독교 브랜드 상품이 어떠한 정신적 유익도 주지 못하고 오히려 우리의 영적 성장을 가로막을 위험성을 잠재하고 있다면 우리의 힘과 자원을 다른 곳에 사용하는 것이 지혜로울 것이다.

토미 헬파이터Tommy Hellfighter 티셔츠를 입거나, "예수님이 당신 마음에 계신가요?"Got Jesus? 범퍼 스티커를 붙이거나, "예수님은 나의 절친"Jesus is My Homeboy [31] 속옷을 입기보다는 바울의 충고에 따라 "긍휼과 자비와 겸손과 온유와 오래 참음을 옷 입도록"(골 3:12) 힘쓰는 것이 낫지 않을까? 우리의 정체성은 우리가 보여주는 브랜드가 아닌 사랑으로 역사하는 믿음에서 드러난다. 예수님은 말씀하셨다. "너희가 서로 사랑하면 이로써 모든 사람이 너희가 내 제자인 줄 알리라"(요 13:35). 그리스도의 진실한 백성은 사랑의 브랜드를 지니고 있다.

셔츠 대 피부

대학에 입학하기 전에 고등학교 역사 선생님이 나에게 충고를 하나 해주셨다. "한 가지만 기억하면 잘 해낼 수 있을 거야. 대학은 진짜 세상이 아니라는 거지." 대학에 도착하자마자 선생님이 옳았다는 사실을 바로 알아차렸다.

오하이오 주 옥스퍼드에 있는 마이애미대학에서 신입생으로 몇 달 지내보니, 바보 같은 주제를 두고 도덕적인 전투가 벌어지는 광경을 목격할 수 있었다. "게이, 레즈비언, 양성애자 연합"GLBA, Gay,

Lesbian, Bisexual Alliance은 해마다 학교에서 개최하는 "자랑스러운 게이 주간"Gay Pride Week을 후원했다. 그 주간에 열리는 유명한 행사로 학생회관 앞에 합판으로 "작은 방"을 만들어 교수든 학생이든 누구나 그 안에서 나오며 자신의 성적 지향을 공개적으로 선언하는 자리가 있다. 그리고 그 옆에는 북적거리는 인도를 따라 벤치를 놓고 동성애 커플들이 애정행각을 벌이도록 했는데 이렇게 해서 공개적인 동성애 행위에 대해 학생들이 둔감해지도록 하려는 의도였다. 축제 기간에는 공개적으로 이목을 끄는 이러한 행사들 말고도 교육과 사회인식을 주제로 한 행사나, 다른 관점을 지닌 사람들 사이의 소통을 겨냥한 의미 있는 행사도 많이 열렸다.

그러나 GLBA가 "청바지 날"을 알리는 간판을 세우면서 전쟁은 시작되었다. 목요일에 청바지를 입어달라고, 그래서 GLBA의 의견을 지지한다는 사실을 보여 달라고 요청하는 전단지가 학생들에게 배포되었다. 대학생에게 제2의 피부나 마찬가지인 청바지를 선택하여 GLBA가 자신들의 주장에 대한 대중성을 확보하려고 한다는 것이 명백했다. 그 전략이 속보이듯 빤했기 때문에 사람들은 거의 신경을 쓰지 않았다. 그러나 보수적인 기독학생 단체들이 간판을 세우면서 상황은 달라졌다. 예수님 이름이 들어간 물고기 모양으로 확연히 구별되는 기독학생 단체들의 전단지에는 동성애자의 권리를 **지지하지 않는** 학생들을 향해 "목요일에 셔츠를 입자"고 쓰여 있었다. 전쟁이 선포되었다! 기독학생 단체들의 어리석은 계획은 GLBA의 멍청한 방안에 필적할 뿐 아니라 그것을 넘어서고도 남을 정도였다.

목요일이 돌아왔다. 대부분의 학생들은 이 패션 전쟁에 참여하지 않았지만 이 전쟁터의 군인들이 누구인지는 매우 쉽게 확인할 수 있었다. GLBA 회원 가운데 남자는 상의를 탈의하고 여자는 브래지어만 한 채 청바지를 입고 있었다. 보수적인 기독학생들은 "진리를 수호하는" 일에 참여했다고 자부하며 카키색 바지를 입고 교실을 행진하고 다녔는데 몇몇은 셔츠를 여러 벌 껴입기도 했다. 이런 웃기지도 않은 기괴한 짓에도 불구하고 청바지 날 행사는 평화롭게 개성을 표현하는 행사처럼 보였다. 젭 형제가 나타나기 전까지 말이다. 젭은 1년에 한두 차례 도시에 나타나는 길거리 순회 설교자다. 그는 틀림없이 "자랑스러운 게이 주간"과, 그리스도인들이 벌인 한판 대결에 대해 과장된 이야기를 주위에서 듣고 여행 계획을 바꾸었을 것이다. 젭 형제는 학생회관 앞에 GLBA가 만든 커밍아웃 방에서 불과 9미터 떨어진 곳에 플라스틱 틀로 설교단을 조립하기 시작했다. 그러고는 설교단에 올라서서 휴대용 확성기에 대고 소리치기 시작했다. 그의 어깨에는 활활 타오르는 불이 그려진 선전물이 걸려 있었는데 다음과 같이 쓰여 있었다.

남성 동성애자들
여성 동성애자들
양성애자들
탐색하는 자들
음행하는 자들

간음하는 자들
낙태 찬성론자들
페미니스트들
회개하라!

곧 많은 사람이 모여들었다. 몇몇은 젭을 비웃었지만, 몇몇은 악의에 찬 그의 말에 충격을 받았다. 어떤 학생은 심지어 울기까지 했다. GLBA 회원들이 달려와 젭과 말다툼을 벌이기 시작했다. 상황이 점점 심각해지자 카키색 바지를 입은 그리스도인 학생들은 어찌할 바를 몰랐다. 이들은 분명 젭 형제와 연관이 있는 것으로 비쳐지기를 원하지 않았지만 그렇다고 그를 비난할 수도 없었다. 그렇게 하면 GLBA를 옹호하는 격이 되기 때문이다.

이런 바보 같은 광경은 모두가 자신의 정체성을 "입고" 살아가는 오늘날 문화를 축소해 놓은 작은 세계다. 동성애자 공동체는 청바지를 내세웠다. 보수 기독교 공동체는 카키색 바지를 내세웠다. 젭 형제는 불꽃으로 가득한 플래카드를 내세웠다. 그렇지만 하나의 예외가 있었다. 젭의 설교단과 GLBA가 만든 커밍아웃 방 사이에 자리한 데이브다. 나는 기숙사 1층에, 그는 기숙사 2층에 살았기 때문에 우리는 1학년 초부터 친구가 되었다. 데이브는 큰 금속 탱크를 등에 맨 채 학생회관 앞에서 벌어진 혼란스러움 한가운데 서 있었다. 그 탱크는 핫초코로 가득 찬 보온병이었다. 데이브는 젭 형제와 GLBA의 싸움을 구경하러 가는 학생들에게 탱크에 연결된 호스로 음료를 따라서 무료로 나눠주고 있었다. 때때로 몇몇 학생은 멈춰 서서 왜 공짜로 음료수를 주는지 물었다. "그냥 하나님이 당신을 사랑한다는 사실을 알려드리는 겁니다." 그는 대답했다.

사실 데이브의 봉사는 핫초코에 그친 것이 아니다. 남학생 사교 클럽의 파티가 끝난 다음날 아침이면 그는 어김없이 그 장소에 가서 맥주 캔을 줍고 화장실을 청소했다. 가을에는 친구들을 모아 그 지역에 사는 사람들의 집 안마당에 쌓인 낙엽을 청소했다. 차 앞 유리를 닦아주거나, 더운 날에는 아이스크림을 나누어주기도 했다. 심지어 시간이 얼마 남지 않은 주차 요금 징수기에 돈을 넣고 다니기도 했다(주차위반 벌금으로 수익을 올리는 대학 수위 아저씨들이 이 사실을 알았다면 달가워하지 않았을 것이다). 데이브는 어떤 식의 보답이나 봉사료도 받지 않았다. 복음을 입으로 전하거나 전도 소책자를 남기고 가는 것도 그의 목적이 아니었다. 그는 단순히 하나님의 사랑을 실제적인 방식으로 보여주기를 원할 뿐이었다.

이러한 행동은 마이애미의 그리스도인뿐 아니라 비그리스도인까지 모두를 굉장히 당혹스럽게 했다. 데이브가 행하는 봉사의 숨은 동기를 알게 되면 어떤 사람은 매우 불편해했다. 그들이 생각하기에 그리스도인이란 편견에 가득 찬 호전적인 사람들이기 때문이다. 그러나 논쟁하려고 하지 않는 사람과 어떻게 다툴 수 있는가? 대가를 바라지도 않고 베푸는 친절을 어떻게 거절하겠는가? 대학 안의 공인된 기독학생 단체들조차 데이브와 어떻게 지내야 할지 결정하지 못했다. 데이브가 자신의 일을 좀 더 확장하고자 그들에게 기금을 요청하자 그들은 요청을 거절했다. 겉으로 보기에 데이브는 실제적인 사역을 하는 것이 아니었다. 외적인 브랜드나 상품, 상표가 아닌 애정 어린 봉사를 통해 데이브는 자신의 정체성을 드러냈다. 사실상 데이브는 마이애미대학 교정을 당혹스럽게 한 것 이상의 일을 하고 있었다. 이미지보다는 행동으로 은혜를 베풀어 사람들을 놀라게 한 성인saint의 긴 대열에 자리를 차지하고 있었던 것이다.

4세기에 이집트의 한 젊은 농부인 파코미우스Pachomius는 납치되어 강제로 로마 군대에 징용되었다. 감옥에서 나일 강을 따라 수송되기를 기다리며 그와 함께 머물던 사람들은 점차 쇠약해져갔다. 그런데 그 지역 그리스도인들이 음식과 물, 다른 생필품을 가지고 와서 이들을 돌보아주었다. 파코미우스는 어리둥절해서 이들이 누구인지 물어보았다. "이들은 그리스도인이야."

"그리스도인이 무엇이죠?" 파코미우스는 재차 물었다.

"그리스도인이란 하나님의 독생자인 그리스도의 이름을 지닌 사람들인데, 낯선 사람들을 포함한 모든 사람에게 인정이 넘치지."[32] 과연 얼마나 많은 사람이 오늘날 그리스도인을 이렇게 규정할 것인가?

파코미우스는 그리스도인들이 행하는 모습에 몹시 감동한 나머지 언젠가 자유의 몸이 되기만 하면 그들의 하나님께 투신하기로 맹세했다. 그 후 오래지 않아 군대에서 풀려난 그는 지역 교회를 찾아 세례를 받았다. 파코미우스는 후에 초기 수도원 운동을 이끈 지도자가 되었다.

더 최근 예는 전쟁으로 폐허가 된 바그다드에서 찾아볼 수 있다. 가산 토마스 Ghassan Thomas는 사담 후세인이 권좌에서 물러난 후 생겨난 몇 안 되는 공개 교회 중 하나를 이끌고 있다. 성도들은 건물에 "예수님은 세상의 빛입니다"라는 표지판을 세웠다. 그런데 어느 날 교회는 한 무리에게 습격을 받았고 표지판에는 위협적인 문구가 쓰여 있었다. "경고한다. 예수는 세상의 빛이 아니다. 알라만이 세상의 빛이다." 그리고 "이슬람 시아파당"의 서명이 남아 있었다.

이에 대해 토마스 목사는 미국의 침략으로 심각하게 공급이 부족한 의료용품과, 아이들에게 줄 선물을 화물차에 가득 실은 채 이슬람 시아파당 본부를 찾아갔다. 선물과 의료용품을 지도자에게 증정한 뒤에 목사가 말했다. "그리스도인들은 당신들을 사랑합니다. 우리 하나님은 사랑의 하나님이기 때문입니다." 그러고서는 성경 일부를 읽어도 되는지 허락을 구했다. 토마스 목사는 요한복음 8장의 예수님 말씀을 읽었다. "나는 세상의 빛이니라." 다음에 그는 교회 표지판을 그 지도자에게 보여주었다. 토마스 목사의 행동에 놀란 이슬람 지도자는 사과했다.

"다시는 이런 일이 없을 것입니다." 그가 맹세했다. "당신은 나의 형제요. 만약 누가 당신을 죽이려 한다면 내 목부터 쳐야 할 것이오." 이 지도자는 후에 교회에서 열린 토마스 목사 안수 예배에도 참석했다.[33]

전도사로 변모한 12세기의 귀족 아시시의 프란시스를 언급하지 않고 무한한 사랑을 논할 수는 없을 것이다. 매우 부유한 가문 출신인 프란시스는 군인으로서, 사회계 명사로서 짧은 기간을 보낸 뒤 극적인 회심을 경험한다. 어떤 이유에서인지 그는 길거리의 문둥이들을 꼭 껴안고 축복하며, 자신이 걸친 비싼 옷을 남김없이 줘버리고, 가난한 자들과 교제하기 시작했다. 아시시의 사람들은 이 젊은 이가 미쳤다고 생각했다. 그의 아버지도 몹시 당황해서 아들의 괴상한 행동을 막고자 프란시스를 법정에 세웠다.

아버지는 프란시스에게 가난한 자들에게 줘버린 돈을 되찾아오라고 요구했다. 프란시스는 이를 승낙하고 곧이어 옷을 벗기 시작했다. 법정에서 나체로 선 그는 옷가지를 아버지에게 드리며 말했다. "지금까지 저는 당신을 이 땅의 아버지로 불렀습니다. 그러나 지금부터는 '하늘에 계신 우리 아버지'만을 아버지라 부르고자 합니다." 프란시스는 법정을 떠나 하나님과 이웃을 사랑하는 데 전적으로 헌신하는 새로운 삶을 시작했다.

벌거벗는 것, 이것이야말로 우리가 해야 할 일이리라. 우리는 소비문화를 아버지 삼고, 브랜드로 형성된 정체성의 옷을 입고 지냈다. 어쩌면 지금이 우리가 입고 있는 기독교적 상표를 포함한 모든 상표를 벗어버리고 다시 돌려줘야 할 때가 아닐까? 의복이나 장신구, 성경책 표지, 범퍼 스티커 없이도 신앙을 드러내는 우리 모습을 상상해 보자. 사랑의 느낌을 표현하기는 하지만 사랑 자체를 표현할 수는 없는 로고나 대규모로 생산되는 브랜드에서 자유로워진 우리 모습을 상상해 보자. 육체에 무엇을 걸치기보다 하나님이 창조하시고 성령이 충만하게 거하시는 우리의 육체 자체를 그리스도의 사랑을 실천하는 도구로 사용하기 시작한다면 어떻게 달라질 것인가? 파코미우스를 방문한 그리스도인들, 바그다드의 토마스 목사, 아시시의 프란시스, 내 친구 데이브, 그리고 예수님. 이 모두가 사랑을 통해서 자신의 정체성을 나타냈다. 그리고 대부분의 사람들은 이들의 행동에 어찌할 바를 몰랐다.

이전 정체성을 버린 프란시스는 거지 행색을 하고 아시시를 떠났다. 프란시스는 길을 걷는 동안 강도들에게 습격을 당했다. 그는 자신이 위대한 왕의 사자라고 말했다. 강도들은 프란시스를 미친놈으로 여기고, 때린 뒤에 길 밖으로 던져버렸다. 그러나 이들은 프란시스가 눈 덮인 시궁창에 널브러진 채로 하나님을 찬양하는 소리를 듣고 혼란스러워하며 떠나버렸다.

선한 네덜란드인

어떤 율법교사가 일어나 예수를 시험하여 이르되 선생님 내가 무엇을 하여야 영생을 얻으리이까 예수께서 이르시되 율법에 무엇이라 기록되었으며 네가 어떻게 읽느냐 대답하여 이르되 네 마음을 다하며 목숨을 다하며 힘을 다하며 뜻을 다하여 주 너의 하나님을 사랑하고 또한 네 이웃을 네 자신 같이 사랑하라 하였나이다 예수께서 이르시되 네 대답이 옳도다 이를 행하라 그러면 살리라 하시니 그 사람이 자기를 옳게 보이려고 예수께 여짜오되 그러면 내 이웃이 누구니이까 예수께서 대답하여 이르시되 어떤 사람이 예루살렘에서 여리고로 내려가다가 강도를 만나매 강도들이 그 옷을 벗기고

때려 거의 죽은 것을 버리고 갔더라 마침 한 제사장이 그 길로 내려가다가 그를 보고 피하여 지나가고 또 이와 같이 한 레위인도 그곳에 이르러 그를 보고 피하여 지나가되 어떤 사마리아 사람은 여행하는 중 거기 이르러 그를 보고 불쌍히 여겨 가까이 가서 기름과 포도주를 그 상처에 붓고 싸매고 자기 짐승에 태워 주막으로 데리고 가서 돌보아주니라 그 이튿날 그가 주막 주인에게 데나리온 둘을 내어주며 이르되 이 사람을 돌보아 주라 비용이 더 들면 내가 돌아올 때에 갚으리라 하였으니 네 생각에는 이 세 사람 중에 누가 강도 만난 자의 이웃이 되겠느냐 이르되 자비를 베푼 자니이다 예수께서 이르시되 가서 너도 이와 같이 하라 하시니라(눅 10:25-37).

1878년 12월, 빈센트 반 고흐는 쁘띠-바스메스라는 작은 벨기에 마을에 도착했다. 그는 복음 전파 사역을 해보고자 열심이었고, 네덜란드 개혁 교회는 6개월 동안 시험적으로 그 지역의 가난한 광부들에게 전도 활동을 하도록 고흐를 지원하였다. 도착하자마자 고흐는 다른 성직자와는 다른 모습을 보였다. 목사들이 으레 받는 존경이나 체면치레를 개의치 않았다. 그는 제빵사의 집에서 하숙했는데, 홑이불을 잘라 탄광에서 화상을 입은 일꾼들에게 붕대로 주는 바람에 안주인을 화나게 만들기도 했다.

광부들에게 매우 관대한 고흐의 태도는 그의 개인적인 정서에까지 영향을 끼쳤다. 어느 날은 고흐가 윗도리도 없고 양말도 신지 않은 채 집에 돌아왔다. 다른 사람에게 전부 줘버린 것이다. 제빵사 어머니가 물었다. "고흐 선생, 네덜란드 목회자 집안에서 귀하게 자란 분이 어째 옷을 이렇게 다 벗어버리고 다니시나요?" 그러자 그는 답했다. "그리스도께서 그러셨듯이 저도 가난한 자들의 친구니까요."[34]

결국 고흐는 자신이 돌보도록 부름 받은 사람들의 불결한 집들에 비해 자신의 숙소가 지나치게 사치스럽다고까지 생각하였다. 그래서 제빵사의 집을 떠나 마을에서 가장 작은 오두막에 거처를 마련했다. 고흐는 아무런 가구도 들이지 않고 난롯가 바닥에서 잠을 잤다. 광부들의 빈곤과 가난을 볼 때마다 그는 자신이 가진 옷가지나 돈을 대부분 줘버렸다. 한 목사는 당시 고흐의 생활을 다음과 같이 회상한다. "덧붙이자면 그는 네덜란드인이 지닌 청결함도 버렸습니다. 비누를 죄스러운 사치품으로 여겼기 때문에 석탄가루로 완전히 뒤덮이지 않았는데도 광부들보다 얼굴이 더 지저분했습니다. 겉으로 보이는 자질구레한 것들은 전혀 그의 관심사가 아니었습니다."[35]

그가 끝없이 베풀며 광부들과 자신을 동일하게 여긴 것 이상으로 광부들을 감동시킨 것은 고흐의 깊은 동정심이다. 탄광이 폭발하여 온 지역이 난리가 났을 때, 고흐는 얼굴에 시커멓게 화상을 입은 희생자들을 전심으로 살폈다. 의사도 포기한 어느 남자를 데려와 40일 동안 치료비를 댄 장본인도 고흐다. 그 사람이 회복되자, 고흐의 이웃들은 고흐를 선한 사마리아인이라고 부르기 시작했다. 탄광 사고에 뒤이어 폭동이 일어났을 때에도 광부들은 어느 누구의 말도 듣지 않고 오직 "빈센트 전도사님"Le Pasteur Vincent만 신뢰했다. 고흐는 사랑으로 사람들을 사로잡았으며 전도 결과도 탁월했다. 본테 Bonte 목사는 고흐가 개종시킨 한 사람의 이야기를 들려준다.

> 마르카스 탄광 사고 이후에 고흐가 돌본 광부의 이야기는 지금도 사람들 입에 오르내리고 있습니다. 제게 이 이야기를 해준 사람에 따르면 그 광부는 상습적인 주정꾼에 "불경스러운 소리를 해대는, 믿음이라고는 전혀 없는 사람"입니다. 고흐가 그를 돕고자 돌봐주기 위해 집을 찾아갔을 때에도 있는 대로 욕을 해댔다고 합니다. 고흐가 가톨릭 신부가 아닌 것을 알면서도 "묵주나 씹어대는 작자"라고 조롱하기도 하고요. 그러나 고흐가 보여준 전도자의 애정에 그는 결국 신자가 되었습니다.[36]

고흐의 사역을 지원하던 교회는 이 젊은 전도자의 성과를 보고받기 위해 조사관을 파견했다. 보고서는 몹시 가혹했다. 전도사로서 고흐의 행위가 지나치게 열성적이라 추문에 가까울 정도며, 외모에 전혀 신경을 쓰지 않기 때문에 성직자로 적합하지 않다는 내용이었다. 교회 위원회는 "가난한 자와 상처받은 자"를 향한 자기희생은 인정하지만 고흐가 "몇몇 자질이 부족하여 복음전도자가 해야 하는 원칙적 임무를 전혀 수행할 수 없다"[37]고 결정하고 6개월 뒤 지원을 거두었다.

고흐는 가난한 광부들과 함께 사역을 계속하려고 했으나 재정적, 물질적 지원이 끊기자 그렇게 할 수 없었다. 그리스도가 명령하신 대로 사람들을 사랑하려는 진심어린 노력을 그리스도의 몸 된 교회가 받아들이지 않은 것이다. 단지 세상이 원하는 외적 기준을 따르지 않았다는 이유로 교회는 고흐를 물리쳤다. 이 거절의 경험은 그를 소용돌이치는 나락으로 빠뜨렸고 훗날 제도권 교회를 경멸하는 근원이 되었다. 결국 고흐를 데려가기 위해 아버지가 벨기에로 찾아왔다. 그는 작은 오두막에서 병에 걸려 육체적으로 쇠약해진 채 자신이 사랑한 시커먼 얼굴을 한 광부들에 둘러싸여 짚 위에 누워 있었다.

벨기에에서 전도사로 사역한 경험이 〈선한 사마리아인〉The Good Samaritan을 그리는 데 영감을 주었을 것이다(그림4). 이 그림은 분명 사마리아인이 자신의 말에 강도 만난 자를 올리는 장면에 초점이 맞춰져 있지만, 저 멀리 아무런 동정심도 보이지 않은 채 지나쳐 가는 두 여행객도 볼 수 있다. 고흐는 사마리아인의 사랑과 이들의 냉담함을 대비시킨다. 예수님의 이야기를 들어보면 이 둘은 경건한 성직자인 제사장과 레위인이다. 그들은 종교적인 규율의 외적 조건을 모두 만족했다. 그러나 그 경건한 외양은 그들 마음에 거룩한 사랑이 없음을 감추기 위한 허울일 뿐이다.

예수님의 이야기에서 뜻밖의 사실은 이 자비로운 사람이 바로 사마리아인이라는 점이다. 당시 유대인은 사마리아인을 죄 많은 이교도와 동일하게 여겼다. 예수님은 외적인 브랜드는 하나님께 아무런 의미도 없으며 오직 사랑만이 중요하다고 말씀하신다. 이러한 관점은 고흐가 보낸 편지에도 나타난다. "많이 사랑하는 것은 좋은 일이다. 그 안에 진정한 힘이 있기 때문이다. 누구라도 많이 사랑하는 자는 많이 행하고 많이 이루는 자가 될 것이며, 사랑으로 한 일은 무엇이든 잘한 일이다."[38]

이 그림에서 제사장과 레위인의 형상은 어렴풋하다. 그들의 종교적인 외적 브랜드는 중요하지 않다. 대신 (하나님도 마찬가지겠지만) 그림을 감상하는 사람의 눈은 즉각적으로 사마리아인에게 끌린다. 그가 쓴 진홍색 터번은 그림에 있는 다른 색들과 대조를 이루며 외치는 듯하다. "여기 무엇인가 다른 것이 있습니다. 이야말로 중요한 것입니다." 겉으로 드러나는 순응, 종교적인 복장, 적당한 기독교 브랜드를 만드는 일은 전혀 의미가 없다. 그러한 것들은 그늘 속에 잊히기 마련이다. 하나님은 말씀하신다. "내가 보는 것은 사람과 같지 아니하니 사람은 외모를 보거니와 나 여호와는 중심을 보느니라"(삼상 16:7).

4장
영원의 문에서

이건 신학과는 거리가 멀어. 그저 난롯가에 있는 저 가난에 찌든 목수나 농부, 또는 광부도 그리 멀지 않은 곳에 영원한 안식처가 있다는 느낌, 그런 감정과 영감에 사로잡힐 수 있다는 사실을 나타내려는 것뿐이야.

빈센트 반 고흐

모든 신학을 떠나

벨기에에서 광부들과 함께한 이후 고흐는 노동 계급을 뿌리 깊게 사모하게 된다. 그는 광부의 삶이 모질지만 그만큼 아름답다고 믿었으며 그들의 단순한 신앙에서 그가 양육받은 제도권 교회에서는 접하지 못한 영적인 깊이를 인식하였다. 가난한 사람들은 깊은 신학적 지식도, 칭송받을 만한 경건의 양식도 없었다. 그렇지만 그들은 아무것도 가미되지 않은 진실함으로 하나님과 함께했다. 이는 고흐에게 참신하면서도 매력적으로 다가왔다. 고흐는 1882년에 그린 목탄화에서 이러한 정취를 잘 포착해냈다.

그림을 보면 한 늙은 농부가 화롯불 옆에 앉아 얼굴을 손에 묻고 있다(그림5). 우리는 그가 지친 건지 또는 슬픈 건지, 그것도 아니면 깊은 생각에 빠진 건지, 왜 그런 자세를 하고 있는지 이유를 알지 못한다. 그러나 고흐가 그림 옆에 달아놓은 〈영원의 문에서〉At Eternity's Gate라는 영어 제목을 통해 그 농부가 기도 중이라는 것을 짐작할 수 있다. 그는 이 그림과 관련해서 동생 테오[Theo]에게 다음과 같이 썼다. "이건 신학과는 거리가 멀어. 그저 난롯가에 있는 저 가난에 찌든 목수나 농부, 또는 광부도 그리 멀지 않은 곳에 영원한 안식처가 있다는 느낌, 그런 감정과 영감에 사로잡힐 수 있다는 사실을 나타내려는 것뿐이야."[1]

고흐는 점차 교회에 환멸을 느꼈지만 하나님을 향한 믿음을 버리지 않았고, 우리에게 하나님과 교제할 수 있는 능력이 있음을 믿었다. 그는 교회와 대성당의 신성한 담장 안에서만이 아니라 집안 불가에 앉아서도 "영원"을 추구할 수 있다고 생각했다. 고흐는 말했다. "미묘한 초록빛을 띠는 곡식밭과 바람에 흔들리는 오리나무 수풀이 창밖으로 내다보이는 어느 시골의 화롯가나 아이가 있는 요람 옆보다 묵상하기 좋은 장소가 있을까?"[2] 신학을 정확히 알지는 못하지만 어떻게든 하나님을 붙들려는 평범한 목수나 광부 그 어느 누구든, 성직자가 주도하는 교회 생활을 하지 않아도 하나님을 만날 수 있다. 기도라는 단순한 행위는 이러한 농부들도 영원의 문으로 인도한다. 이것은 어느 제도권 교회에서도 할 수 없는 일이다.

예언자를 만나다

1999년에 나온 영화 〈매트릭스〉[Matrix]를 보면 모피어스가 메시야일 것으로 기대하는 네오를 데리고 예언자에게 가는 장면이 나온다. 예언자는 미래를 예측하며, 네오의 운명을 확증해 줄 능력을 가진 신비로운 인물이다. 불안한 마음으로 예언자의 집에 찾아간 네오는 그러한 신비로운 지혜를 가진 기인이 주방에서 과자를 굽는 쾌활한 할머니라는 사실에 놀란다.

나도 똑같은 일을 경험했기 때문에 네오가 어떤 기분일지 잘 알고 있다. 수수해 보이는 집 앞에 차가 멈추었을 때, 나는 약간 주눅이 든 채로 뒷좌석에서 내렸다. 수년 동안 명성을 익히 들어온 나의 예언자가 이 집에 살고 있다니! 그는 교회 컨설턴트로 널리 알려진 인물로 교회 문제에 관한 한 최고의 식견을 지녔다. 겨우 겨우 힘겹게 성장하고 있는 우리의 새로운 사역(정확히 말하자면 내가 담당하고 있는 사역)에 대해서 고견을 듣기 위해 같은 교회에서 일하는 경험 많은 동료 목사들이 나를 이리로 데려온 것이다. 이들은 예언자의 지혜로 성공의 길이 밝히 비추어지기를 희망하고 있었다.

나는 긴장한 채 집에 들어섰다. 60년대풍 가구들이 비닐에 싸여 있었는데 보이는 곳마다 책 더미가 쌓여 있었다. 예언자는 70대로 보였는데 주름진 얼굴에는 2-3일 전에 면도를 한 듯 수염이 까칠하게 자라 있었고 멜빵으로 바지를 배에 걸치고 있었다. 윗도리는 흔히 "폭력 남편"wife-beater을 상징하는 몸에 딱 붙는 내의만 입고 있었다. 문을 열어주고는 안락의자에 앉았는데 한 번도 일어나지 않았다. 내 예언자는 불행히도 과자를 구어주지 않았다.

나는 동료 목사들이 이야기하도록 잠자코 있었다. 의례적인 인사를 나누고 나서 예언자는 "우리의 숫자들"을 보자고 했다. 우리는 서류를 건네주었다. 교회 출석인원을 각 예배별로 세분화한 수치와 헌금 동향, 건물의 좌석 수 등을 기입한 것이다. 예언자는 다른 것은 전혀 요구하지 않았다. 그가 이중 초점 렌즈를 만지작거리며 계속해서 가래 끓는 소리를 하는 동안 나와 동료 목사들은 서로 눈빛을 주고받을 뿐이었다. 마침내 서류에서 눈도 떼지 않고 그가 말했다.

"몇 주 전에 보니 주방에 파이프가 하나 새고 있더군. 파이프가 새면 냄새가 아주 역겹거든. 저 길로 올라가다 보면 꽤 괜찮은 철물점이 하나 있었는데, 좀 작기는 했지만 이 근처에는 그거 하나 밖에 없었지. 그런데 그마저 지금은 없어졌어." 나는 다른 사람들을 바라보며 눈짓으로 물었다. '이 분은 늘 이렇게 이야기하시나?'

예언자는 여전히 우리의 숫자들을 살펴보며 계속 이야기했다. "그래서 나는 차를 타고 홈디포에 갔지. 홈디포 알지? 주황색으로 된 거 말이야. 모를 리가 없지. 역시 홈디포에는 내게 필요한 물품이 있더라고. 그곳에는 사람들이 찾는 게 다 있거든." 그는 잠시 멈추고서 다시 우리를 쳐다봤다. "나는 운전하는 것을 참 좋아하지." 그가 말했다.

'제발 이제 그만.' 나는 생각했다. '이 사람은 치매거나 알츠하이머병이 있는 거야. 그렇지 않고서야 면도를 저렇게 안 했을 리가 없지. 아마 면도날이 어디에 있는지도 모를 걸?'

"운전하면서 여기저기 많이도 다녔지."

'당연하죠, 어디가 어딘지도 몰랐을 테니까요.'

"그리고 자네, 그거 아는가? 홈디포는 어느 동네에 가도 있다는 사실을. 그리고 어디든 항상 똑같아. 어디로 가나 주황색이거든. 아내한테 '저기 봐! 저기 또 하나 있네' 그러면 아내는 나를 보고 웃지."

'그리고 사모님은 눈을 흘기셨겠죠.'

"게다가 어느 홈디포든 내부가 늘 같거든. 배관물품을 파는 쪽은 항상 배관물품을 파는 쪽이야." 그는 혼자 낄낄댔다.

마침내 예언자는 서류를 내려놓고 우리를 바라봤다. "자네들 교회는 홈디포처럼 되어야 하네." 그는 또렷이 말했다. 오싹한 순간이었다. 나는 요다의 집에 있는 루크 스카이워커가 된 기분이었다. 의자 뒤에 프랭크 오즈가 서서 이 노인을 조종하고 있는 것은 아닌지 확인하고 싶을 정도였다.

"교회가 어디에 있는지는 상관없네. 누구든지 자네들 교회 이름을 찾아볼 때는 거기서 무엇을 얻을 건지가 가장 궁금한 법이란 말일세. 그러니까 자네들은 사람들이 무언가 경험할 수 있는 거리를 만들어서 언제 어디서든 어느 예배에서든 사람들이 그 경험을 할 수 있도록 만들어야 하네."

동료 목사가 공손히 끼어들었다. "예, 알겠습니다. 그런데 저희가 이번에 주일 밤에 4부 예배를 신설했는데 어떻습니까? 괜찮을 것 같습니까?" 예언자는 서류를 다시 살펴보았다.

"괜찮군." 그가 말했다. "5부, 6부, 7부 예배도 한번 생각해 보게. 그 교회에서 사람들에게 제공할 수 있는 **체험**을 분명히 하게. 그리고 확대해 가는 거야. 그러면 성장할 수 있을 걸세."

"거기," 예언자가 나를 가리켰다. "그쪽 책 더미 안에 자네들에게 필요한 게 있네." 그는 소파 뒤에 놓인 책을 가리켰다. 나는 뒤적거리며 책 더미를 살폈다. 작은 탁자에 족히 40권은 넘는 책이 쌓여 있었다. 이 예언자는 다른 사람들도 자신처럼 투시력이 있다고 생각하는 것 같았다. "거기, 검은 책 말일세." 그가 조급하게 말했다. '안락의자에 몸이 붙어버린 당신 같은 사람들은 그렇게 재촉할 권리가 없다는 사실을 모르시는군.'

마침내 그 책을 찾았다. "자네들이 꼭 읽어봐야 할 책일세." 그가 말했다. "교회를 어떻게 꾸려 나가야 할지 도움을 줄 거야." 내 손에 있는 책은 B. 조셉 파인 II[B. Joseph Pine II]와 제임스 H. 길모어[James H. Gilmore]가 쓴 「체험의 경제학」(21세기북스)이었다. 먼지 쌓인 표지에 적힌 문구를 흘긋 봤다. "당신의 소비자가 가치 있게 여기는 대상은 무엇인가? 아니, 소비자가 기꺼이 돈을 지불할 대상은 무엇인가? 바로 **체험**이다. 파인과 길모어는 말한다. '잊지 마세요. 이제 상품과 서비스로는 충분하지 않습니다. 체험만이 미래 경제 [그리고 분명히 교회의] 성장을 보장할 것입니다.'"[3]

예언은 선포되었다.

체험은 필요 없다

그러나 그 예언자가 미처 몰랐던 사실이 있다. 바로 〈리더십 저널〉[Leadership Journal]이라는 잡지에 몸담고 있는 나의 다른 동료들(마샬 셸리[Marshall Shelley], 에릭 리드[Eric Reed], 케빈 밀러[Kevin Miller])이 「체험의 경제학」을 저술한 경제학자인 제임스 길모어를 인터뷰했다는 사실이다. 다음은 시카고의 하우스 오브 블루스[House of Blues

호텔에서 나눈 그들의 담화 내용이다.[4]

제임스 길모어: 침대 옆 탁자에 이런 카드가 있더군요. 기드온 성경의 변형판인 셈이죠. 이 카드에 보면 "종교서적을 원하시면 프런트에 연락하십시오"라고 쓰여 있어요. 성경, 코란, 또는 공자, 부처, 달라이 라마의 글이나 부두교 주문서까지 있더군요. 여러분은 그중에서 고르면 되는 거죠.

밀러: 그런데 왜 이 호텔에 머무르고 계신 거죠?

길모어: 이 호텔이야말로 우리 사회에 어떤 일이 일어나고 있는지를 가장 잘 보여주기 때문이죠. 누구라도 굉장히 특이하다고 느낄 독특한 방식으로 미국의 잡다한 가치가 뒤섞여 있는데, 바로 여기 로비에서 그 진면목을 보여주고 있다는 말입니다.

셸리: 재즈와 복음서, 심지어 아프리카 부족 장식까지도 우리는 그런대로 이해할 수 있을 것 같습니다. 물론 B. B. 킹(King, 블루스 싱어이자 기타리스트_옮긴이)의 사진도 말이죠. 그런데 문을 열고 들어서면 처음 보이는 것이 부처상이란 말입니다! 부처상이 블루스와 무슨 관계가 있는 거죠?

길모어: 우리는 모두 우울함(the blues)을 지니고 있다고 하죠. 미학적으로도 실제 그렇습니다. 블루스는 인도의 것이기도 하고 아프리카의 것이기도 하고 뉴올리언스의 것이기도 한 동시에 페르시아의 것도 됩니다. 그러나 중요한 점은 이 모든 것이 결국 한 가지로 잘 융화되었다는 사실이죠. 여기 오는 대부분의 사람들은 B. B. 킹과 부처가 대립된다고 생각하지 않아요. 오히려 2,600살이나 먹은 문지기가 있다는 것이 매력적이라고 생각하죠.

리드: 스타벅스에 가지 않으실래요?

셸리: 네, 가는 길에도 계속 말씀해 주시죠. 체험 경제라는 것이 단지 라스베이거스만의 현상은 아닌 것 같던데요?

길모어: 그렇습니다. 한번은 목사님들을 모시고 라스베이거스를 관광한 적이 있어요. 목사님들이 그곳에서 보신 모든 것이 언젠가는 그 분들 동네에도 나타나리라는 점을 이해시켜드리고 싶었거든요.

자, 보세요. 여기에도 수십 개가 넘는 예가 눈앞에 있잖아요. 에프에이오 슈워츠(FAO Schwarz)니, 이에스피엔 존(ESPN Zone)이니, 디즈니 퀘스트(Disney Quest)니 하는 것들 말입니다. 또 어느 지역이라도 꽤 잘되는 커피 가게가 있다면 기획된 체험이 어떤 것인지 직접 접할 수 있는 겁니다. 체험은 일상적인 경제 활동의 기본이 되었거든요.

종업원: 뭘 드릴까요?

길모어: 모카 프라페 그랑데 한 잔 주세요.

밀러: 어떻게 커피 가게가 우리의 경제 체제가 변화하고 있다는 점을 보여준다는 것입니까?

길모어: 스타벅스는 단지 커피만 파는 곳이 아닙니다. 커피를 마시는 체험을 파는 곳이라고 봐야 합니다.

셸리: 그렇다면 어떻게 "체험"을 사고파는 것에 기초한 경제 체제가 도래한 겁니까?

길모어: 현재 경제 체제는 세 단계를 거쳐 넷째 단계에 돌입하고 있습니다. 첫 단계는 일차산업인 농업 경제인데 당시 경제적인 가치는 곡식이나 광물과 같은 자원을 땅에서 추출하는 능력에 달려 있었습니다. 다음으로 이차산업인 산업 경제가 도래했는데 일차산품에서 상품을 만들어내는 능력에

기초한 체제입니다. 그 후 삼차산업인 서비스 경제에서는 공급자가 손님을 위해 다양한 서비스를 제공하는 양상을 보입니다. 이제 우리는 새로운 시대인 체험 경제로 막 들어섰습니다.

생일 케이크를 한번 떠올려 보세요. 50년 전에는 어머니들이 아무것도 없는 상태에서 케이크를 만들어냈습니다. 밀가루나 버터, 설탕, 계란 같은 몇몇 물품을 다 합해도 1달러도 안 들었습니다. 다음에 산업 경제가 발전하면서 어머니들은 케이크 믹스와 같이 포장된 상품을 이용했습니다. 2-3달러를 내고 베티 크로커(Betty Crocker)에서 파는 것과 같이 재료가 이미 다 혼합되어 있는 제품을 사는 거죠. 그 뒤로 빵집에서 만든 케이크가 등장하게 됩니다. 많은 사람은 케이크가 15달러 정도 가치는 충분히 있다고 생각하게 됩니다. 시간이 돈보다 가치 있다고 생각하기 때문이죠.

이제 집에서 만든 생일 케이크는 생일 체험으로 바뀌고 있습니다. 척 E. 치즈(Chuck E. Cheese)나 지퍼스(Jeepers)에서는 기억에 남을 만한 생일 이벤트를 열어줍니다. 실제로 우리 주위에서 체험 경제가 이루어지고 있는 모습을 목격하고 있는 거죠.

밀러: 그러나 집에서 생일파티를 해도 항상 당나귀 꼬리 꽂는 놀이(pin the tail on the donkey, 미국에서 생일에 많이 하는 놀이_옮긴이)를 하지 않습니까? 그것도 체험이지 않나요?

길모어: 맞습니다. 우리는 언제나 체험을 하며 살아왔죠. 그렇지만 체험을 제공한 대가로 다른 사람에게 돈을 지불하지는 않았죠. 그 점에서 크게 달라진 것입니다. 예전에 체험이라는 것은 스스로 하는 것일 뿐이지만 이제는 남이 제공하는 체험에 기꺼이 돈을 지불하는 것입니다. 동시에 돈을 내

고 얻고자 하는 기대치가 상승했기 때문에 체험을 제공하는 판매자도 고객을 만족시킬 수 있을 정도로 최선을 다하고 있습니다. 여기 시카고에 있는 한 곳도 그렇게 하고 있는데요, 바로 아메리칸 걸 플레이스(American Girl Place)입니다.

밀러: 가보죠!

길모어: 우리는 이곳을 2년 전에 "올해의 최우수 체험 판매자"로 선정했습니다. 여기에 온 손님들이 가장 많이 묻는 질문이 바로 "가게가 어디 있나요?"입니다. 보시면 알겠지만 이곳은 가게처럼 보이지도 않을 뿐더러 심지어 선물 가게조차 찾아볼 수 없습니다. 모든 장소가 선물입니다. "가게"의 패러다임을 완전히 바꿔버린 것이죠.

현관 입구 안쪽에 안내 데스크가 있습니다. 그곳에서 아메리칸 걸 공연(America Girl Revue) 티켓을 살 수도 있고 위층에 있는 커피점에서 음료를 마실 수도 있습니다. 사진촬영장과 인형 미용실도 위층에 있고요. 게다가 도서관과 미술관도 있습니다. 인형이 시대별로 7개씩 배열되어 있는데 국적과 인종이 모두 다릅니다. 그리고 책이나 장신구도 전부 소장하고 있죠.

밀러: 마치 박물관 같은데요.

길모어: 비슷하죠. 사고파는 상품을 번잡스럽게 늘어놓지도 않았어요. 모든 물건은 진열만 되어 있습니다.

리드: 그렇지만 여기 있는 상품은 모두 팔려고 내놓은 것들인데요.

길모어: 카드를 주목해 보세요. 카드에 따라 그려져 있는 장신구가 다릅니

다. 카드를 계산대에 가져가면 점원이 그 상품을 주는 거죠. 아니면 카드만 모을 수도 있어요. 반은 기념품이고 반은 희망사항인 셈이죠.

밀러: 위시리스트군요. 할머니에게 가져다주면 할머니가 뭘 사주면 될지 똑똑히 알 수 있겠네요.

길모어: 같이 일하는 한 친구는 조카딸 두 명을 데려왔다가 4백 달러나 썼다고 하더라고요. 점심은 일인당 16달러입니다. 인형 머리를 손질할 수도 있고, 〈아메리칸 걸〉 잡지 표지에 자기 사진을 넣어볼 수도 있고, 극장에 갈 수도 있어요. 네 명이 단체로 오면 물건 하나 사지 않아도 2, 3백 달러는 족히 쓰게 됩니다. 사람들은 체험을 사는 셈이죠.

셸리: 그렇다면 이런 "체험을 제공하는" 방법을 교회에 어떻게 적용할 수 있을까요?

길모어: 그럴 수는 없습니다. 체험을 제공하는 사업 방안을 교회 안에 들여놓는다면 곧 우상숭배가 되고 말 것입니다.

셸리: 예상하지 못한 답변이네요. 그러니까 성도들에게 매력적인 체험을 줄 수 있는, 선생님이 만들어낸 시장성이 뛰어난 체험 원리를 교회는 이용하지 말라고 하시는 겁니까?

길모어: 그렇습니다. 바른 교회라면 절대로 하나님을 체험하도록 무언가 조작해서는 안 됩니다.

밀러: 교회에 올 때, 사람들은 사실 어떤 경험을 바라며 오지 않습니까? 소비자가 물건을 살 때와 똑같은 마음으로 예배에 나옵니다.

길모어: 점차 사람들이 예배를 **드리는**(service) 것보다 예배에서 **체험한**(experience) 것을 이야기하고 있다는 것을 느끼셨으리라 생각합니다. 이

런 경향은 바깥세상에서 어떤 일들이 일어나고 있는지를 잘 보여줍니다. 저는 오히려 교회가 하나님이 주시는 은혜의 방법을 버리고 세상 방식에 순응하는 모습을 볼 때면 실망스럽습니다.

밀러: 그렇다면 교회에서 어떤 일이 벌어지고 있는 것입니까? 사람들이 집회에 모이는 이유는 그들이 스스로 할 수 없는 일, 그러니까 하나님께 가까이 나아가는 데 도움을 얻으려고 모이는 것입니까? 아니면 예배를 통해서 하나님과 만나는 체험을 얻고자 모이는 것입니까?

길모어: 제 생각에는 "얻고자"라는 말 자체가 현대 기독교가 지닌 문제입니다. 하나님은 예배의 관객이 되었습니다. 사람들이 무엇인가를 얻게 해야 한다는 전제 자체가 매우 부적절하다고 봅니다.

리드: 그렇지만 사람들, 특히 교회에 다니지 않는 사람들은 그런 식으로 생각하지 않습니다. 그들은 무엇인가 받기를 기대합니다.

길모어: 처음에야 그렇겠죠. "나를 채워 달라, 나를 먹여 달라, 나를 기분 좋게 해달라." 그렇지만 반드시 다음과 같이 말하도록 그들을 인도해야 합니다. "아, 예배는 **나**에 대한 것이 아니군요, 하나님. 예배는 **당신**께 영광을 돌리는 것입니다."

밀러: 그러나 제 사역이 소비자지상주의 문화에 닿을 수라도 있으려면, 그러니까 제 메시지를 저들이 듣게 하려면, 소비자들이 가치 있게 여기는 무언가를 주어야 하지 않겠습니까?

길모어: 그건 더 이야기를 나누어봐야겠군요. 그러나 교회가 유일하게 줄 수 있는 가치 있는 한 가지는 복음뿐입니다. 저는 체험 경제가 등장하고 나서 오히려 **진정성**에 대한 열망이 생겨났다고 생각합니다. 교회가 세상적

인 체험을 주려고 안간힘을 쓰는 만큼 교회는 교회로서의 효력을 잃어버릴 것입니다.

리드: 그래서 사람들은 정말로 진정한 하나님을 체험하기 원합니다.

길모어: 가톨릭 신자인 한 친구가 주말에 저를 찾아온 적이 있어요. 저는 친구에게 주일에 같이 교회에 가겠느냐고 물었습니다. 우리 교회는 막 개척한 교회라서, 체육관에서 접이식 의자에 앉아 예배를 드립니다.

그 친구는 가겠노라 했고, 저는 솔직히 약간 당황스러웠습니다. 다들 아시다시피, 낡은 피아노가 있는 체육관에 인상적인 음악이나 드라마가 있을 턱이 없으니까요.

예배 후에 제가 말했습니다. "샘, 오늘 예배에 대해서 사과하고 싶은데."

"사과한다고?" 그가 말하더군요. "아니. 예배는 굉장했어."

저는 놀랐습니다. "정말?"

"모든 사람이 예배를 위해 모이기 원한다는 사실 자체가 마음에 와 닿았거든."

셸리: 체험 경제 **이후에는** 무엇이 오게 됩니까? 사람들은 계속해서 새로운 흥분을 찾는 것에 언젠가 지치지 않겠습니까?

길모어: 얼마간 시간이 지나면, 생각 있는 사람들은 묻기 시작하겠죠. "이런 모든 체험이 나에게 어떤 영향을 주는가? 나는 무엇이 되고 있는가?" 이러한 이유로 우리는 언젠가 변화 경제(Transformation Economy)가 체험 경제를 대체할 것이라 생각합니다. 그러나 교회에서 변화를 일으키는 분은 바로 하나님입니다.

자, 저는 목사가 아닙니다. 경제학자죠. 목사님들은 저희가 책에서 의도하지 않은 내용을 많이 응용하시는 것 같더라고요. 저는 목사님들이 저희 책을 교회를 변화시키는 교범으로 사용하지 않으시길 바랍니다.

셸리: 여행 시켜주셔서 감사합니다. 저희는 점심을 먹으러 이에스피엔 존으로 가려고 합니다.

길모어: 이에스피엔 존, 굉장한 곳이죠. 식당, 스포츠 오락, 미술관, 게임 센터가 한자리에 다 모여 있으니까요. 틀림없이 엄청난 체험을 하게 될 것입니다.

"시작합니다. 다들 모이세요."

경제학자는 교회가 각색된 체험을 제공하는 세태의 위험성을 인식하고 있는데, 교회 컨설턴트는 그 반대로 이야기하고 있는 현실은 잘못되어도 한참 잘못된 일이다. 이는 소비자지상주의가 그리스도인의 마음에 끼치는 영향력이 지대함을 드러낸다. 비판적으로 반성해 보지도 않은 채 우리는 교회의 사명이 사람들에게 외적인 영적 체험을 제공하는 방향으로 나아가는 것이라고 여긴다. 이러한 생각은 주일 예배 형식에 굉장히 자주 반영된다.

체험에 기초한 접근법을 옹호한 한 목사는 자신의 교회가 중요하게 여기는 점을 다음과 같이 서술했다.

우리가 꿈꾸는 교회는 단지 예배만 드리는 곳이 아니라 노래, 영상, 메시지와 같이 성령님이 우리에게 주신 모든 방편을 이용해서 체험의 기회를 만들어내는 곳입니다. …… 따분한 교회는 죄악입니다! 그렇기 때문에 어느 분이든 주일에 우리 교회를 방문하신다면 그 주간의 최고의 시간이 되도록 언제나 최선을 다할 것입니다. 저는 사람들이 〈24시〉나 〈로스트〉(Lost), 〈아메리칸 아이돌〉(American Idol)보다 흥미로운 것을 교회에 기대하도록 만들어야 한다고 믿습니다.[5]

비록 자신의 교회가 텔레비전 방송국보다 더 재미있는 것을 만들기 위해서 노력하고 있다고 내세울 목사는 드물겠지만 이 목사가 체험에 중점을 두게 된 동기는 꽤 간단하다. 잘 만들어진 체험을 통해 하나님이 인생을 변화하신다고 믿는 것이다. 그는 계속해서 말한다. "저는 사람들에게 12월에는 주일에 반드시 교회에 오셔야 한다고 말씀드렸습니다. 우리 팀은 하나가 되어 무언가를 준비하고 있고 하나님이 이를 통해 많은 인생에 강한 영향을 끼치시리라는 것을 알고 있기 때문입니다."[6]

팀 스티븐스Tim Stevens 목사와 토니 모건Tony Morgan 목사가 공저한 「알기 쉬운 성장 전략: 교회로 사람들을 끌어들이는 방법」Simply Strategic Growth: Attracting a Crowd to Your Church에서는 교회 지도자들이 "엔터테인먼트를 수용"해야 한다고 주장한다. 다른 이들과 마찬가지로 그들의 목적도 삶을 변화시키는 것이다. 책에 따르면 "아직 예수를 모르는 사람들의 마음과 가슴을 사로잡으려면 어느 정도는 엔터테인먼트를 도입해야 한다."[7] 이 목적을 위해서 스티븐스와 모건은 경쾌한 예배 분위기를 조성하는 것이 핵심이라고 주장한다. 적절한 수준의 에너지를 불어넣기 위해서 그들은 "볼륨을 높이십시오.

······ 음악 소리가 클수록 에너지도 커집니다"[8]라고 조언한다. 빠르기도 중요하다. "빠르고 경쾌하며 흥겨운 노래를 통해 사람들에게서 긍정적인 반응을 이끌어낼 수 있습니다."[9] 그들은 또한 연단에 서는 사람들에게 "반드시 행복해 보일 것"과 "전략적으로 유머를 꼭 사용할 것"[10]을 주문한다. 책 제목에서 보듯이, 예배를 세부적으로 조작하는 근본적 이유는 사람들을 끌어들이기 위해서다.

많은 현대 그리스도인을 대변하는 이러한 목회자들은 하나님이 체험의 상품화와 소비를 통해 인생을 변화시키신다고 믿는다. 만약 예배 모임이 힘이 넘치고 고무적이며 흥겹다면 사람들은 모일 것이고 우리가 전하는 바를 받아들여 영적으로 변화되리라는 것이다. 이러한 접근법을 정당화하는 논리는 간단하다. 사람들은 지루하기 때문에 교회에 오지 않는다는 것이다. 지루하다고 판단하는 기준 역시 우리의 소비자지상주의·체험 경제에 따른 것이다. 그러나 오늘날 우리는 외적인 체험을 통해서 변화가 일어난다고 믿기 때문에 사역의 중점도 이에 따라 수정된다. 체험을 만들어내고 외부 환경을 세심하게 통제하는 것이 그리스도의 사명을 촉진하는 방법이 되었다. 그리고 한때 양떼를 돌보는 목자를 떠오르게 하던 목회자의 역할은 이제 "시작합니다. 다들 모이세요. 지상 최대의 쇼가 펼쳐집니다!"라며 소리 지르는 서커스단 단장의 모습으로 바뀌어버렸다. 소비자 중심 기독교에서 목자는 쇼맨이 되어버렸다.

정확히 말해서 엔터테인먼트에 사로잡힌 예배는 새로운 것이 아니다. 19세기 찰스 피니Charles Finney의 부흥운동으로 되돌아가 보면 이미 각색된 체험을 활용하여 영적 변화를 일으키려는 시도가 있었다. 잔느 할그렌 킬데Jeanne Halgren Kilde는 그의 저서 「교회가 극장이 되어버렸을 때」When Church Became Theater에서 이런 현상의 근원적 유래를 추적했다. 1800년대 초기 예배 시간의 대부분은 설교였으며 찬양을 부르는 일은 매우 드물었다. 그러나 1800년대 중반에 이르러 미국인들은 유럽의 "예술 음악"에 매혹되었다. 전문적으로 연주되는 음악을 듣고 싶은 열망은 곧 교회에도 흘러들어가 전선이 형성되었다. 회중이 함께 찬양을 부르는 것을 선호한 이들은 "대리자에 의한 예배"는 예배라고 할 수 없다고 주장했다. 교회에 사람을 끌어오려면 대중적인 기대치에 부응해야 한다고 생각하는 사람들도 생겨났다. 다른 말로 하자면 엔터테인먼트를 사용하자는 것이다.

19세기 후반에 이르러 이 논쟁은 종결되었다. 1875년 조시아 홀랜드Josiah Holland는 다음과 같이 기록했다. "일반적으로 음악이 훌륭한 교회는 사람들로 가득 찬다. 이러한 현상이 설교자들은 달갑지 않겠지만 부인할 수 없는 사실이다."[11] 함께 찬양하는 시간이 사라진 것은 아니지만 예배는 곧 전문 연주가들의 훌륭한 연주로 채워졌으며 점차 회중은 수동적인 관객이 되어버렸다. 동시대에 미국 교회의 건축 양식도 상당한 변화를 겪었다. 오래된 청교도 예배당들은 사라졌다. 거대한 오르간, 성가대석, 강당 형식 좌석과 무대 조명을 갖춘 교회 건물이 우후죽순으로 생겨났다. 일부는 대성당을, 일부는 극장 양식을 갖춘 새로운 형태의 잡종 건물이 등장한 것이다. 내가 "대성당극장"catheater이라고 부르는 건물 형태인데, 여전히 인기가 있기는 하지만 현대 디지털 세대와는 그다지 잘 맞지 않는 것 같다.

그 수십 년 전에는 많은 성직자가 극장을 관능과 방탕이 넘쳐나는 장소라고 비난하였지만, 1800년대 말에 이르러 이들은 교회를 지을 때 극장식 건축 양식을 기꺼이 사용했다. 이는 형식이 기능을 따라가는 전형적인 예라고 할 수 있다. 극장처럼 교회도 중간 계층이 모여 재능 있는 연설자와 전문 음악가가 벌이는 공연을 보는 장소가 되었다. "전통적인 가치보다는 시장의 힘으로 움직이는 비종교적인 용도의 강당은 소비자, 즉 관객의 필요에 더욱 민감하게 반응했다."[12] 똑같은 중간 계층 소비자를 끌어 모으길 바라면서 교회는 재빠르게 세속적 강당의 형태를 차용하였다. 교회는 악순환에 빠져버렸다. 극장의 건축 양식을 차용한 교회의 예배는 갈수록 엔터테인먼트화되었고, 그러면서 더욱 극장을 닮은 교회 건물이 필요해졌다.

20세기 후반, 이러한 순환이 1세기 동안 지속된 결정체가 바로 시외에 위치한 대형 교회다. 킬데가 주목하듯이 대형 교회는 "복음주의 교회가 1870년대와 1880년대에 도입한 전략을 그대로 따르고 있다."[13] 그리고 "현대 교회 지도자들이 관객을 즐겁게 해야 한다는 점에 대해 19세기 지도자들보다 훨씬 자유롭게 말한다는 점을 제외한다면, 그들의 목표는 거의 동일하다."[14]

영적인 체험을 생산해내는 것이 단지 기독교만의 특징이라고 여길지 모르지만, 소비자지상주의는 종교를 차별대우하지 않는다는 것을 기억하라. 미국 교회가 이러한 가치를 받아들이고 150년이 지난 지금, 우리는 비서양적인 종교에서도 이 가치를 받아들인 모습을 볼 수 있다. 2006년 인도 델리 근방에 스와미나라얀 악샤드람 Swaminarayan Akshardham 사원이 문을 열었다. 이곳에는 전통적인 힌두 건축물 말고도 배를 탈 수 있는 실내 호수와 영화관, 음악에 따라 움직이는 분수, 애니마트로닉animatronic 형상을 모아놓은 전시관이 있다. 이 사원을 디자인한 사람은 미국에서 가장 유명한 관광지인 월트 디즈니 월드를 방문하고 영감을 얻었다고 한다. 소비지상 기독교처럼 소비지상 힌두교도 사람들을 끌어 모으려는 희망에 빠져 예배와 오락의 경계가 흐려지고 있다.

산을 내려와서

1515년에 미켈란젤로는 모세 조각상을 완성했다. 그 대리석 조각은 노인인데도 근육이 발달한 모세가 파도치는 수염을 한 채 십계명을 팔 아래 놓고 앉아 있는 형상을 묘사했다. 관광객은 종종 모세의 머리에 불쑥 튀어나온, 뿔처럼 보이는 부분을 보고 깜짝 놀란다. 그 모습이 이스라엘의 구원자라기보다는 악마에 가깝기 때문이다.

미켈란젤로의 모세상에 뿔이 있는 이유를 알아보려면 5세기 성경 번역 과정에서 생겨난 오류까지 거슬러 올라가야 한다. 출애굽기 34장은 모세가 시내산에서 하나님을 만난 뒤 십계명을 들고 산을 내려오는 이야기를 담고 있다. 사람들은 "모세의 얼굴 피부에 광채가 남을 보고"(출 34:30) 그를 두려워했다. 하나님의 영광 가운데 머물렀기 때문인지 모세의 겉모습이 변화된 것이다. 그의 얼굴은 글자 그대로 빛이 났는데, 히브리어는 **광선** 또는 **빛줄기**라고 표현했다. 그런데 성 제롬이 고대의 성서를 라틴어로 옮기는 과정에서 이 단어를 "뿔"로 오역한 것이다. 그래서 미켈란젤로는 성경을 읽고 모세가 산에서 하나님을 만나는 동안 뿔이 생겼기 때문에 사람들이 모세를 보고 놀란 것이라 믿었다.

성 제롬이 라틴어로 번역한 성경인 불가타 성서Vulgate는 미켈란젤로가 이 조각상을 깎아내기 전 거의 1,000년 동안 사용되어왔다. 번역상 오류로 뿔이 생겨난 모세의 예는 대중적인 신념일지라도 의문을 품는 것이 중요하다는 사실을 잘 보여준다. 그러나 불행하게도 모세가 산에서 하나님과 함께한 체험은 오늘날에도 여전히 대단히 잘못 이해되고 있으며 대부분 별다른 의구심을 품지 않는다. 우리는 더 이상 모세가 뿔을 달고 있었다는 어리석은 생각은 하지 않을지 모르지만, 모세가 시내산에서 겪은 체험을 잘못 이해하고 있다는 점은 사실상 주일마다 당황스러운 형태로 드러나고 있다.

우리는 출애굽기 34장에서 모세가 자신의 겉모습 때문에 사람들이 놀라지 않도록 그의 얼굴을 가렸다고 알고 있다. 그러나 신약 성서의 사도 바울에 따르면 모세가 자신을 가린 목적은 하나님의 영광이 사라지는 것을 사람들이 주목하지 못하게 하려는 것이었다(고후 3:13). 시내산의 하나님 존전 앞에서 모세가 경험한 변화가 어떤 것이었든 간에 그것은 순간적인 것이다. 그래서 수건을 써서 일시적일 수밖에 없는 그 영광의 본질을 사람들에게 감추려던 것이다. 산 정상에서 모세가 겪은 체험은 진실하며 영광스럽고 하나님의 임재로 가득했지만 영원한 변화를 가져다주지는 못했다. 이야말로 우리가 놓치고 있는 이 이야기의 핵심이다.

모세와 같은 체험은 오늘날 그리스도인 사이에도 빈번하게 일어난다. 소비자지상주의 문화가 들어오면서 우리는 외적인 체험을 통해 변화가 일어난다고 믿게 되었다. 그리고 우리가 이미 살펴보았듯이 많은 교회는 종교 소비자인 대중에게 이러한 체험을 제공하도록 사역을 꾸미고 있다. 우리는 다양한 매체가 달린 무대 장치를 갖춘 교회 건물을 하나님의 영광이 거하는 산 정상으로 여기고 그곳에서 하나님이 미천한 인간을 만나주시리라 생각하게 되었다. 한 목사는 도시 건너편에 교회를 하나 더 개척한 이유를 설명한다. "우리는 결정했습니다. 사람들을 산으로 데려갈 수 없다면 반대로 사람들에게 산을 가져오겠다고 말입니다."[15]

주일 아침마다 산에 오르는 수백만 명의 그리스도인은 하나님을 체험하기 원하고 교회는 바로 그 점을 약속한다. 그리고 많은 사람이 변화와 영감의 느낌을 가진 채 만족하며 체험의 장소를 떠나간다. 그들은 "채워지고" "공급받으며" "주님을 향해 불타는" 것처럼 느낀다. 확실히 많은 사람이 모세와 마찬가지로 이러한 행사들을 통해 하나님을 진정으로 체험한다. 몇몇 사람은 단지 음악이나 사람들, 실내 분위기에 끌릴 수도 있다. 그 이유가 하나님이든 모임이든 무엇이든 간에 한 가지 분명한 사실은 많은 사람이 영적으로 원기를 회복하고 나머지 6일 동안 삶을 살아갈 힘을 얻는다는 점이다.

그런데 모세가 깨달았듯이 이러한 외적 체험이 지닌 치명적인 문제는 그러한 변화가 지속되지 않는다는 점이다. 며칠 지나지 않아서, 아마도 주일 점심시간이 되기도 전에 영광은 사라지기 시작한다. 우리의 삶을 평생 바꾸리라 확신한, 산 정상에서 하나님과 함께한 체험은 또 다른 덧없는 영적 황홀감에 지나지 않았음이 드러난다. 진정한 변화가 없었음을 숨기기 위해서 다시 산에 올라가 충전될 때까지, 우리는 그리스도인의 경건함이라는 허울 뒤에 삶의 부끄러운 진실을 감춰놓는다.

외적인 체험을 소비하여 영성을 형성하는 원리 때문에 예배 폐인이 생겨난다. 이 그리스도인들은 사라지지 않는 영광을 찾아 어느 산 정상에서 또 다른 산 정상으로, 하나의 영적 황홀감에서 또 다른 영적 황홀감으로 정신없이 뛰어다닌다. 이에 발맞추어 교회와 기독 컨퍼런스들은 이러한 기대를 충족시켜줄 만한 더 웅장한 체험과 교묘한 연출을 만들어내는 데 힘을 다한다. 샐리 모겐살러Sally Morgenthaler에 따르면 얄궂게도 이러한 웅장한 예배는 오히려 진정한 예배자를 만들어내지 못한다.

> 우리는 이 나라에 진정한 예배자를 만들어내지 못하고 있다. 우리는 오히려 구경꾼, 종교적 방관자 세대를 낳았다. 많은 경우에 이들은 하나님과 진실하게 만난 기억이 전혀 없을 뿐 아니라 하나님의 실존하심을 생생하게 느끼는 감각과 그들 깊숙한 곳에 자리한 영이 갈망하는 초자연적인 관계를 박탈당했다.[16]

아무리 의도가 정당할지라도 영적인 체험을 만들어내는 데 집중하는 사역은 사람들을 체험에 의존하게 만들기 때문에 실질적으로는 그들의 영적 성장을 방해한다. 우리에 갇힌 동물처럼, 소비자지상주의 그리스도인은 하나님이 인간을 창조하신 목적(그리스도와 활기차면서도 스스로 열매 맺는 관계를 형성하는 것)대로 살아가는 능력을 잃어버리게 된다. 대신에 그들은 자신의 영양 상태와 생명을 동물원 관리자 같은 목회자에게 맡겨야 한다. 이러한 포로와 관리자의 관계는 교회 구성원과 교회 지도자가 그러한 관계에 서로 만족하는 한 바꾸기가 힘들다. 그러나 그리스도인의 삶이 이런 것이란 말인가? 샐리 모겐살러가 쓴 것처럼 우리 깊숙한 곳에 자리한 영이 갈망하는, 하나님의 실존하심을 생생하게 느끼는 감각은 어디로 간 것인가?

신약에서 예수님과 그분의 사도들은 하나님과 만나는 방법으로 외적인 체험을 강조하지 않았다. 대신 그들은 성령이 우리 안에 거하실 때 일어나는 하나님과의 신비한 교제에 관심을 기울였다. 사도 바울은 모세가 시내산에서 체험한 사라지는 영광과 대조하여 우리는 "영광에서 영광에" 이르며 이러한 변화는 주의 영으로 말미암는다고 말한다(고후 3:18). 이 변화는 밖에서부터 안으로 작용해 들어가는 것이 아니라 안에서 밖으로 작용해 나오는 것이다. 예수님이 요한복음 4장에서 말씀하신 바가 이루어졌다. 우리는 더 이상 산이나 예루살렘에서 아버지께 예배하지 않고 신령과 진정으로 예배한다(요 4:21, 24). 하나님의 영광과 만나기 위해 더 이상 산에 오르지 않아도 되지만 거룩한 비밀, 즉 그리스도("너희 **안에** 계신 그리스도시니 곧 영광의 소망이니라"[골 1:27, 저자 강조])를 받아들이는 법을 배워야 한다.

외적인 체험을 통해 변화가 일어나기를 바라는 것은 영성 형성에서 열등한 모델이다. 결과적으로 많은 소비자지상주의 교회가 고의적이지는 않더라도 그리스도가 세우신 새 언약을 버리고, 사라질 수밖에 없는 영광의 흔적이라도 부여잡기 위해 성전을 짓고 산에 오르던 옛 언약의 어두운 그늘로 되돌아갔다. 이러한 영적 퇴화가 일어난 이유는 간단하다. 올바르게 이해된 신약의 영성은 소비자지상주의의 영향력을 이기고도 남는다. 성령을 통한 하나님과의 내적 연합은 포장될 수도, 상품화될 수도, 종교 소비자에게 팔릴 수도 없다. 이는 손님을 끌기 위해 포장되거나 브랜드가 되거나 진열될 수 없는 것이다.

주의할 점은 예배 모임 자체가 반드시 문제는 아니라는 것이다. 초기 그리스도인들은 예배를 드리기 위해 정기적으로 모였다. 히브리서 기자는 독자들에게 모이기를 폐하는 어떤 사람들의 습관과 같이 하지 말라고 명령하기까지 했다(10:25). 문제는 모임 자체가 아니라 우리가 모일 때 무엇을 기대하느냐다. 단체로 모여 예배를 드리더라도 그 예배 안에 거하시는 그리스도의 영광이라는 내적인 실체를 외적으로 드러내기만 한다면, 그 모임이 수동적인 구경꾼으로만 가득하지는 않을 것이다. 이러한 예배는 그 분위기가 축제처럼 흥겹든 반성적이든 심지어 참회적인 성격을 띠든 상관없이 그리스도인들이 모여서 드리는 끊임없는 예배가 그들의 삶을 어떻게 특징짓는지 세상에 보여주는 좋은 예가 될 것이다.

그러나 내재하시는 성령을 통해 그리스도와 꾸준한 관계를 맺지 않는 사람들은 스스로를 지탱하기 위한 순간적인 충만, 즉 일시적인 영광을 투여 받기 위해 예배를 찾는다. 그리고 이러한 모임은 성경, 특히 시편에 나타난 것과 같이 하나님과 인간이 맺은 관계의 다양성을 깊게 숙고하는 대신 축제와 같은 흥겨움이라는 한 가지 요소에 병적으로 집착한다. 따라서 시간이 흘러 체험에 익숙해지면서 점차 모임에서 받는 고양된 느낌이 줄어들면, 종교 소비자들은 새로운 것을 도입해서 더 많은 에너지를 제공해 달라고 요구하든지 새로운 체험을 찾아 다른 교회로 떠나갈 것이다. 변화의 약속과 하나님과의 진정한 만남에 이끌려 나왔지만 돌아갈 때 이들은 과연 주님의 시들지 않는 영광을 발하고 있을까? 아니면 단지 소비자지상주의의 뿌리가 자라났을 뿐일까?

오 형제여, 당신은 어디에 있는가?

미리 조작된 체험을 통한 영성의 대안으로 수세기 동안 그리스도인이 훈련해 온 것이 있다. 바로 기도다. 나는 오늘날 많은 사람이 이해하는 의미의 기도를 말하는 것이 아니라 로렌스 형제Brother Lawrence로 알려진 17세기의 한 수사가 평생 경험한, 매우 친밀하고 내적이며 영적인 하나님과의 연합을 이야기하는 것이다. 로렌스 형제는 신약에 나타난 영성뿐 아니라 내주하시는 성령을 통해 우리가 삶에서 이룰 수 있는 영광을 깊이 이해했기 때문에 가톨릭과 개신교 신자 모두에게 존경을 받아왔다. 존 웨슬리와 더 근래 인물인 A. W. 토저 모두 로렌스 형제의 묵상과 대화 모음집인 「하나님의 임재 연습」 The Practice of the Presence of God을 읽으라고 권고했다.

로렌스 형제는 프랑스 동부에서 니콜라스 헤르만 Nicholas Herman 이라는 이름으로 태어났다. 가난한 생활 때문에 의식주를 해결하기 힘들던 그는 적은 급료라도 받기 위해 군에 입대했다. 18세 되던 해 겨울, 한 나무를 보고 그리스도께로 회심했다. 사실 하나님이 앙상한 나무를 이용하셔서 젊은 군인의 마음에 계시를 주신 것이다. 니콜라스는 그 나무를 보며 "하나님의 섭리와 능력을 볼 수 있는 고결한 눈을 가지게 되었다"면서 "이는 하나님을 향한 강렬한 사랑을 불타오르게" 했는데, 이 사랑은 그의 영혼에서 절대 사그라지지 않았다고 한다. 6년이 지나 수도원에 들어간 그는 자신의 이름을 "부활의 로렌스"라고 지었다.

남은 평생 동안 로렌스 형제는 주방에서 일했다. 그가 하나님과 감미로운 연합을 경험한 것도 바로 이런 그릇과 냄비 사이에서다. 그는 인생의 모든 순간이 신성하다고 여겼다. 공동 예배 시간에 하나님께 더 가까이 나갈 수 있다고 생각하는 사람은 "큰 착각"에 빠진 것이라고 굳게 믿었다. 로렌스의 말은 지금도 그대로 적용된다. "사람들은 하나님의 사랑을 얻기 위해 온갖 수단과 방법을 만들어 낸다. 또 그 사랑을 기억해내기 위해 법칙을 배우고 장치를 만들어 낸다. 하나님의 임재를 의식하는 순간에도 문제 많은 세상이 개입되는 것이다. 그러나 하나님의 임재를 의식하는 방법은 매우 단순하다. 모든 평범한 일을 할 때마다 온전히 하나님을 사랑하는 마음으로 하는 것이다. 이보다 쉽고도 빠른 방법이 있을까?"[17]

로렌스 형제는 자신의 영성을 살찌우는 데 외적인 체험을 찾기보다는 사도 바울이 말한 것처럼 끊임없이 기도하는 삶을 살았다(살전 5:17). 그는 성화된 상상을 통하여 늘 하나님의 임재를 의식하며 자신이 맡은 "평범한 일"을 열정적으로 해나갔다. 그는 회상한다. "나는 최대한 자주 나 자신을 하나님 앞에 예배자로 드리는 내 마음이 하나님을 떠나 종잡을 수 없을 때마다 그분의 거룩한 임재에 집중한다. 이는 종종 매우 고통스러운 훈련임을 깨닫지만 모든 어려움 속에서도 꾸준히 이 훈련을 지속하고 있다." 로렌스 형제는 언제나 그리스도의 기쁨과 평화를 발산하고 다녔기 때문에 다른 사람들도 그의 단순한 훈련에 이끌렸다. "하나님과 끊임없는 대화를 나누는 삶보다 더 행복하고 기쁜 삶은 세상에 없다. 오직 그것을 연습하고 체험한 이들만이 그 사실을 이해할 수 있다."[18]

기도하면서 상상력을 사용하는 방법은 로렌스 형제가 만들어낸 것이 아니다. 교회사를 살펴보면 다른 많은 위인도 하나님과 연합하는 데 비슷한 방법을 줄곧 이야기해왔다. 오리게네스Origen, 니사의 그레고리우스Gregory of Nyssa, 노르위치의 줄리안Julian of Norwich, 프란시스 드 살레Francis de Sales, 그리고 가장 유명한 로욜라의 이그나티우스Ignatius of Loyola 등이 있는데, 이들은 일부에 지나지 않는다. 이그나티우스는 그리스도인들에게 오감을 사용하여 예수님과 자신이 같은 장면에 있다고 상상하며 성경 이야기 속으로 들어가라고 가르쳤다. 현대 복음주의자에게는 기이하게 들리겠지만, 성경 기자들이 이러한 훈련을 의도했다는 증거가 있다. 어쨌든 목자를 떠올리지 않고 어떻게 예수님을 선한 목자로 묘사하는 성경 본문을 읽을 수 있겠는가? 그러한 생생한 언어는 상상력을 자극하도록 의도된 것이다.

NASB 역자들이 쓴 글은 더욱 호기심을 자아낸다. 그 성경 머리말에 "헬라어 시제의 번역과 관련하여"라는 글이 있다.

> 역사적 현재 시제 사용과 관련하여, 편찬위원회는 몇몇 맥락에서 이 시제들을 과거 시제가 아닌 현재 시제로 옮기는 것이 적절하지 않고 독자 역시 이해하기 힘들다는 사실을 인지했다. **그러나 헬라어 저자들은 종종 현재 시제를 사용하여 사건의 생생함을 더하였고, 그러한 상상을 통해 독자들이 그 사건이 일어난 바로 그때 그 장면에 있는 것처럼 느끼게 했다.** 그렇지만 편찬위원회는 이러한 역사적 현재 시제들을 영어의 과거 시제로 옮기는 것이 더 적절하리라 생각한다.[19, 강조는 저자]

복음서 기자들은 그들의 고유한 히브리적 세계관에 적합하기 때문에 이러한 헬라어의 문학적 장치를 사용했을 것이다. "히브리인에게 기억한다는 것은 지난 사건이 끼친 영향력과 효과를 현재에 재경험하는 것을 뜻한다."[20] 기억은 단지 지난 일들을 회상하는 것이 아니라 다시 살아내는 것이다. 히브리인의 심리상 이것은 논리적인 능력을 넘어서는 것, 즉 상상력을 요구한다. 어느 목사는 이러한 견해와 동일선상에서 다음과 같이 썼다. "정보만으로는 변화를 이끌어낼 수 없다. 우리 내면에서 실제처럼 체험한 것만이 우리를 변화시킨다. 이것이 상상력을 사용하는 이유다."[21]

불행히도 현대 그리스도인이 오랜 훈련인 상상하는 기도imaginative prayer를 드리는 모습을 찾기란 매우 드물다. 거기에는 적어도 두 가지 이유가 있다. 첫째, 일반적으로 많은 교회가 기도의 가치를 높이 평가하지 않는다. 조지 바나는 기도를 우선순위에 놓은 교회가 25개 교회 가운데 한 교회도 안 된다고 보고했다.[22] "하나님과 인격적인 관계"를 가져야 한다는 미사여구는 넘쳐나지만 실제로 하나님과 그러한 연합을 가르치고 본보기를 보여주는 교회는 비참할 정도로 적다. "일상생활"에서 하나님을 내적으로 체험하도록 사람들을 준비시키기보다는 주일 오전의 체험을 만들어내는 데 심혈을 기울이는 형편이다.

오늘날 상상하는 기도가 낯설어진 다른 이유는 상상할 수 있는 능력 자체가 약해졌기 때문이다. 이미지가 넘쳐나는 문화에서는 예전처럼 상상하는 능력이 필요하지 않다. 텔레비전, 영화, 비디오 게임을 만들어내는 사람들이 우리 대신 상상하는 작업을 맡고 있다. 우리는 정크푸드처럼(순간적으로 우리를 만족시키지만 궁극적으로는 우리 마음이 지닌 힘을 약화시키는) 이미 만들어진 이미지들만 섭취한다. "사용하지 않으면 녹슨다"라는 상식이 우리 상태를 잘 묘사한다. 영국국교회 신부이자 복음주의자이며 상상하는 기도의 지지자이기도 한 릭 리처드슨Rick Richardson은 다음과 같이 말한다.

> 우리는 하나님의 임재를 연습하고 하나님의 실재를 우리 마음의 눈앞으로 모셔오는 데 심각한 어려움을 겪고 있다. 직관으로나 상상으로 하나님을 이해하고 만나는 능력을 버리거나 훼손했기 때문이다. 우리는 상상력과 직관력을 잃어버렸다.[23]

오랜 훈련인 상상하는 기도를 다시 불붙이는 일은 수백만 달러의 강단이나 화려한 디지털 예배 쇼를 통해서 일어나지 않는다. 차에 탄 채 하나님을 만나는 것처럼 편안한 경험들은 인상적이기는 하지만 수동성을 강화하기 때문에 실제로는 우리의 상상력을 퇴화시킨다. 이러한 경험들은 노력과 직관이 필요한 끊임없는 기도의 삶을 통해 기쁨과 행복을 누리도록 우리를 성장시키지 못한다. 그렇기 때문에 이를 위해서 우리에게는 로렌스 형제, 아빌라의 테레사Teresa of Avila, 토마스 켈리Thomas Kelly, 이블린 언더힐Evelyn Underhill, 또는 이들에 상응하는 현대 인물과 같이 우리를 인도해 줄 수 있는 멘토(산 사람이든 죽은 사람이든 여자든 남자든 관계없이)가 필요하다. 기도에서 개인적인 멘토링은 꼭 필요하다. 로렌스 형제가 말했듯이 기도는 "그것을 연습하고 체험한 자만이 이해할 수 있기" 때문이다.

스스로 존재하는 빛

기도에 깊이 빠져 있는 노인의 밑그림을 목탄화로 그린 지 8년이 지나서 고흐는 유화로 이 작품을 완성했다(그림6). 고흐가 수천 점이 넘는 밑그림 가운데 왜 이 이미지를 다시 그리기로 선택했는지는 알 수 없다. 그렇지만 당시 상황을 살펴보면 몇 가지 단서를 찾아볼 수 있다.

1890년, 고흐는 생레미의 정신병원에 입원해 있었다. 자신을 괴롭히는 정신질환과 치열하게 투쟁하던 그는 어쩌면 하나님의 임재를 구하며 손에 얼굴을 묻고 기도하는 노인과 자신을 동일시했는지도 모른다. 고통에 시달리면서도 고흐는 하나님을 친밀하게 체험하기를 열망했으며, 영원의 문에 이르러 자신을 둘러싼 환경을 초월하고 싶어했다.

유화로 그린 〈영원의 문에서〉의 독특한 점은 노인이 입은 옷이다. 흑백 목탄화에서 고흐는 노인의 옷을 회색의 음영으로 표현했지만 유화에서는 노인의 윗옷과 바지, 심지어 양말까지 한 가지 색, 바로 청색으로 그려냈다. 우리는 그가 작품에서 무한을 상징할 때 청색을 사용한다는 사실을 알고 있다. 이 농부는 아무도 없는 방에 홀로 의자에 앉아 기도하면서 무한하신 한 분의 임재로 들어간다.

고흐는 신앙 여정 초기부터 기도를 특히 비범한 것으로 여겼다. 아직 아버지 집에 거할 때, 고흐는 프리드리히 슐라이어마허Friedrich Schleiermacher의 작품에 많은 영향을 받았다. 슐라이어마허의 의견 가운데 많은 부분은 정통 가르침에서 벗어나 있지만, 종교 기관과 조직화된 예배의식이 종교의 외적인 표식에 지나지 않는다고 한 그의 믿음은 옳은 것이다. 그는 진정한 영성의 본질은 내적이며 무한한 것이라고 주장했다. 고흐는 엄격하게 외적 규율에 집착하면 영원과 만나는 것을 방해하기 때문에 해로울 수 있다고 믿었다. 따라서 제도적인 교회생활보다는 기도가 하나님과 연합하는 방법으로 더 본질적이라고 생각했다.

그 후, 고흐는 토마스 아 켐피스Thomas à Kempis의 고전 「그리스도를 본받아」Imitation of Christ를 성경 다음가는 영적 보고로 삼았다. 그는 평생 동안 계속해서 이 책을 읽었다. 이 책에서 켐피스는 중재자를 거친 교제보다 하나님과 직접 나누는 교제가 압도적으로 탁월하다고 칭송했다. "그러나 차이는 극명합니다. 창조자를 기뻐하는 것과 창조물을 기뻐하는 것, 영원을 기뻐하는 것과 한정된 시간을 기뻐하는 것, 스스로 존재하는 빛을 기뻐하는 것과 반사된 빛을 기뻐하는 것. 그렇습니다, 그 차이는 실제로 매우 극명합니다."[24]

전도사 사역을 마치고 제도권 교회를 경멸하게 된 후, 고흐는 교회에 존재하는 모든 영광은 반사된 빛일 뿐이라고 생각하게 되었다. 그렇지만 작품들이 말해 주듯이 그는 제도권 교회에는 대부분 빛이 전혀 없다고 보았다. 대중에게 하나님의 영광을 비추고 전파하려는 제도권 교회의 노력은 아무 효과가 없었다. 그들은 진정한 종교의 본질인 아름다움과 효력을 상실했다. 대신 고흐는 기도를 통해 누구나 다가갈 수 있다고 믿은 "스스로 존재하는 빛"을 찬양했다. 영원의 문을 통과하려는 우리의 갈망은 어떠한 외적인 체험으로도 이루어질 수 없다. 오직 하나님이 내주하심으로 가능할 뿐이다. 외적인 체험에 의존하는 것은 반사된 영광을 희미하게 감지하는 것에 지나지 않으며 그 기쁨도 덧없다. 대신에 우리의 갈망은 토마스 아 켐피스가 다음과 같이 말한 것이어야만 한다.

> 오, 영원한 빛이여, 만들어진 모든 밝음을 압도하시니, 위로부터 번개처럼 내리사 내 마음 가장 깊은 곳까지 비추소서. 그 모든 능으로 내 영혼을 씻으시고, 위로하시며, 비추시고, 살리셔서 내 영이 기쁨의 환희 가운데 당신만을 의지하게 하소서. 오, 당신의 임재로 나를 채우시고 내 가장 귀중한 것이 되어주실, 저 고대하는 행복한 시간은 언제 올 것인가? 이것이 내게 주어지지 않는 한 내 기쁨도 온전치 않으리.[25]

5장
병 속의 바람

대성당보다 사람들의 눈을 그리는 것이 더 좋아. 대성당이 아무리 장엄하고 인상적이더라도 그곳에 없는 무언가가 사람의 눈에는 있거든. 거지든 매춘부든 인간의 영혼은 내게 더 큰 감흥을 준다네.

빈센트 반 고흐

정기선에서 여객선으로

20세기 전반 뉴욕항은 매주 유럽과 북미를 오가며 수천 명의 사람들을 실어 나르는 원양 정기선들로 붐볐다. 퀸 메리호Queen Mary나 노르망디호Normandie와 같이 엄청나게 큰 배들은 떠다니는 궁궐이라는 칭송을 받았지만 이들은 한 지점에서 다른 지점으로 승객과 화물을 옮기는, 대단히 실용적인 기능만 담당했기 때문에 "정기선"으로 불렸다. 이 배들은 구세계와 신세계를 연결하는 생명선이었다. 이러한 중요성 때문에 북대서양은 양차 세계대전에 걸쳐 가장 중요한 전장이 되기도 했다.

뉴욕항은 언제나 북적거렸지만 해운 회사들 사이의 경쟁은 부수적인 일이었다. 대부분의 정기선은 국가 소유로 정부가 관리해서 선택의 여지가 거의 없었기 때문이다. 영국으로 가려고 한다면? 커나드/화이트 스타호Cunard/White Star를 타야 한다. 암스테르담? 호보컨에 있는 홀랜드-아메리카 라인Holland-America Line 부두에서 출발하면

된다. 봄이 완연한 파리를 보고 싶은가? 프렌치 라인French Line을 타면 갈 수 있다. 게다가 유럽과 북미를 오가는 승객의 수요는 넘쳐났기 때문에 해운 회사들은 서로 경쟁할 필요조차 없었다. 북대서양을 가장 빨리 횡단하는 배에게 돌아가는 블루 리밴드Blue Riband라는 최고 영예상을 놓고 벌이는 속도 경쟁이 유일한 경쟁이었다. 그러나 이것은 국가적 자존심의 문제이지 사업적인 경쟁은 아니었다. 이 우승컵을 안은 마지막 정기선은 1952년의 S. S. 유나이티드 스테이츠호United States다. 그러나 이 승리감은 그리 오래가지 못했다.

다음해에 한 혜성이 큰 빛을 내뿜으며 북대서양 위로 떠올랐기 때문이다. 드 해빌랜드 코메트De Havilland Comet라 이름 붙은 첫 상업 제트기가 등장한 것이다. 이 제트기는 S. S. 유나이티드 스테이츠호가 6일 걸려 이동한 거리를 6시간 만에 주파했다. 하룻밤 사이에 광활한 대서양이 말 그대로 "연못"이 되어버린 것이다. 비행기 여행이 점차 보급되면서 정기선을 찾는 승객 수는 빠르게 감소했다. 정부 보조금은 철회되었고 배들은 항구에 묶인 채 방치되었다. (유나이티드 스테이츠호는 1969년 이후 필라델피아의 한 부두에서 녹슬고 있다.) 대양을 호령하던 정기선의 황금시대는 막을 내렸으며 많은 이들은 승객을 배로 운송하는 일은 앞으로 없으리라 예상했다.

그러나 몇몇 창조적인 선주들은 무용지물이 된 선박을 이용하여 어떻게든 수익을 내고자 새로운 방법을 고안해냈다. 바로 여객선이다. 여객선은 사람들을 한 지점에서 다른 지점으로 운송하는 실용적인 기능을 버리고 같은 장소에서 승객을 싣고 내리며 순회하는 항해를 하게 되었다. 정기선이 지닌 실용적인 목적과 달리 여객선은 여가를 위해 만들어졌기 때문이다. 고철 장수들에게 팔려간 몇몇 오래된 정기선이 다시 광을 내고 따뜻한 지역으로 이동되었다. 자유의 여신상을 보려고 애쓰던 가난한 이민자들로 가득하던 갑판이 이제는 바나나 칵테일을 마시며 연금으로 풍족하게 생활하는 관광객들로 채워졌다.

배를 통한 여가활동이라는 새로운 관점은 엄격한 의미에서 배가 더 이상 수송 수단이 아님을 뜻하게 되었다. 이제 배 자체가 목적지가 되어버렸다. 예전 대서양 운송선들과 달리 여객선 경영자들은 기항지마다 손님들을 내려놓을 이유가 전혀 없었다. 배 위에 머무르는 손님들이 배 위에서 돈을 쓰기 때문이다. 따라서 배 위에서 즐길 수 있는 오락거리를 늘려나가는 것이 그들의 목표가 되었다. 이 때문에 여객선 회사에서 건조하는 배의 크기는 급격히 커졌을 뿐만 아니라 건조되는 배마다 휴가를 즐기려는 사람들이 원하는 시설을 더 많이 들여놓게 되었다. 그 결과 으리으리하고 거대해진 오늘날의 여객선에 비하면 과거 원양 정기선은 꼬마 배일 뿐이다. 여객 수송이 임종을 맞이했다고 여기던 40년 전에는 아무도 예측하지 못한 모습이다.

2005년 5월, 한때 퀸 메리호와 노르망디호가 지배한 뉴욕항에 지금까지 건조된 가장 큰 여객선인 로열 캐리비안사 Royal Caribbean의 프리덤 오브 더 시즈호 Freedom of the Seas가 입항했다. 이 배는 퀸 메리호나 노르망디호의 두 배 크기로, 수영장 5개, 등반용 인공 암벽, 미니 골프 코스와 여러 개의 극장과 식당, 그리고 심지어 아이스 스케이트장까지 갖추고 있다. 이 여객 회사 회장은 배 이름을 "프리덤 오브 더 시즈"로 지은 이유를 다음과 같이 말한다. "우리는 이 놀라운 배 위에서 제공되는 엄청나면서도 어디에도 없는 특별함과 쾌적한 설비들을 잘 전달하는 이름을 선택해야만 했습니다. '프리덤 오브 더 시즈'라는 이름은 말 그대로 선택의 자유를 말합니다. 이 배에는 탐험의 자유, 휴양의 자유, 각자의 취향과 관심사에 맞춰 저마다의 휴가 계획을 짤 수 있는 자유가 있습니다."[1] 프리덤 오브 더 시즈호는 항해마다 몇몇 카리브해 군도에 기착하기는 한다. 그러나 한 여행 작가는 다음과 같이 썼다. "배에서 한 발자국도 떼지 않아도 당신 평생에 최고의 휴가를 만끽할 수 있을 것이다." 이야말로 정확히 여객 회사가 원하는 것이다.

대형 교회가 출항하다

교회 간의 경쟁이 아주 미미하던 시절이 있었다. 도시마다 교회가 여러 개 있고, 가끔 "수평 이동"sheep swapping이 일어나기는 했지만 대부분의 사람들은 자신의 교회에 헌신했다. 많은 미국인이 교회 출석을 당연하게 받아들였으며, 교회에 나가는 것이 일종의 규범이기 때문에 교회 자리를 채울 사람들은 넘쳐났다. 교회를 옮긴다는 생각 자체가 드물었고, 심지어 기괴하게 여겨지기도 했다. 다른 교회로 가서 무엇을 어쩌겠다는 것인가? 서로 다른 신학 노선은 차치하고서라도, 교회는 어느 곳이나 공동체를 이루어 하나님과 관계 맺게 하는 실리적 기능을 제공했다. 영적으로 사람들을 한 지점에서 다른 지점으로 운송하는 역할을 수행한 것이다.

미국 교회 연구가 라일 쉘러는 교회 간 경쟁이 없던 이 시기를 다음과 같이 말한다. "1920-1970년은 미국 개신교가 절정에 달한 시기로 에큐메니즘ecumenism, 초교파적인 협력, 교파 간 통합, 공동체 형성, 기독교 연합과 같은 개념과 활동이 특징적으로 나타난다."[2] 이 시기에는 교회에 대한 수요가 높고, 교회 간 경쟁은 필요하지 않으며 심지어 격에 맞지 않는 것으로 여겼다.

그러나 제트기가 원양 정기선으로부터 대서양을 횡단하는 손님을 양도받기 시작할 무렵, 교회에서도 변혁의 움직임이 생겨났다. 베이비 붐 세대가 어른이 되면서 교회에 가지 않게 된 것이다. 대중문화가 급격하게 세속주의에 물들었고, 따라서 베이비 붐 세대에게는 교회 가는 것이 더 이상 당연하지 않았다. 주류 교회들이 수세기 동안 누려온 전통적 종교에 대한 높은 수요가 갑자기 사라졌다. 유럽의 후기 기독교 세대는 특히 파괴적이어서 교회 출석률은 곤두박질 친 채 다시는 회복되지 않았다. 호화로운 원양 정기선처럼, 유서 깊고 아름다운 서구 세계의 많은 교회가 쇠퇴해 갔다.

북미 상황은 약간 다르게 진행되었다. 전통적인 교회들이 여전히 고투하는 반면, 새로운 기독교 지도자들은 기독교 황금시대로 다시 돌아갈 방안을 마련하기 시작했다. 1975년, 빌 하이벨스Bill Hybels라는 젊은 목사는 왜 그토록 많은 현대인이 여전히 믿음은 고백하면서도 교회 가는 것은 꺼리는지 의아하게 여겼다. 23세의 빌 하이벨스 목사는 교회 청년들과 함께 시카고 지역 주민들을 직접 찾아가 조사하기 시작했다. "당신은 적극적으로 지역 교회에 출석하고 계십니까?" 주민이 "아니요"라고 대답하면 이어서 "왜 안 나가시나요?"라고 묻고 답변을 기록했다. 하이벨스는 교회가 텔레비전과 로큰롤, 그리고 도전적으로 공세를 펼치는 연예산업과 경쟁해야 한다는 사실을 발견했다. 공동체를 이루어 하나님과 관계 맺게 하는, 실리적이면서도 고전적인 교회의 목적은 더 이상 적합하지 않았다. 미국인들은 교회가 편안하고 즐겁고 자신의 삶에 적합하면서도 강압적이지 않기를 바랐다.

이 조사 결과에 따라 윌로우 크릭 커뮤니티 교회Willow Creek Community Church가 설립되었다. 논란의 여지는 있겠지만 이 교회는 지난 30년 넘게 가장 큰 영향력을 끼쳤으며, 오늘날 대형 교회의 원형으로 여겨지고 있다. 시장 조사에 따라 시장의 요구를 잘 조율하고 실천한 결과, 윌로우 크릭 교회의 성도 수는 2년 만에 125명에서 2,000명으로 급증했으며, 현재는 매주 20,000명이 넘는 사람이 교회를 방문한다. 하이벨스 목사와 유망한 다른 목사들은 사람들은 자신의 필요와 욕구가 충족된다면 후기 기독교 문화에서도 여전히 교회에 출석한다는 사실을 증명했다.

의도적이든 우연이든 간에 종교 시장의 욕구를 충족하는 데 우선을 둔 실용주의 지도자들로 인해 교회의 목적은 다시 정의되었다. 이들은 교회를 목적(사람들을 하나님과 관계 맺게 함)에 이르는 **수단**으로 보지 않았다. 교회 자체가 목적이 되었다. 논리는 간단하다. 사람들이 하나님과 관계 맺을 필요를 느끼지 못한다면, 교회 안에 다른 "필요"feltneed를 만들어내어 교회로 이끌어야 한다는 것이다. 일단 경쾌한 음악과 후원 모임, 드라마, 실용적인 메시지로 관심을 끌면, 결국에는 하나님도 찾게 되리라는 생각이다. 때때로 "목회 기업가"pastorpreneurs로 불리기까지 하는 이러한 혁신적인 목회자들도 물론 본질적으로는 사람들을 하나님과 관계 맺도록 하기 원했다. 시작은 전략을 새롭게 세워 이런 본질적인 목적을 달성하는 것이었다. 그러나 소비자의 욕구에서 출발하다 보니 이들은 정기선에서 호화 유람선으로 변모하는 과정을 그대로 답습하게 된 것이다. 즉, 교회는 매개체가 아닌 목적지가 되었다. 이러한 관점의 전환을 잘 보여주는 신조어가 있다. 전통적으로 선교 사역은 "비그리스도인"non-Christian에게 다가가려 하지만, 새로운 접근법에서는 "교회 다니지 않는 이들"unchurched을 유인하려 한다.

교회가 매개체인 동시에 목적지로 자리매김하면서 회중 규모는 폭발적으로 증가했다. 논리에 따르면 경쟁적인 종교 시장에서는 (더 큰 여객선이 그렇듯) 교회가 클수록 소비자에게 더 많은 선택권을 줄 수 있었다. 결과적으로 교회 성장은 교회가 사명을 충실히 따를 때 얻어지는 부산물이 아니라 교회 사명의 핵심이 되었다. 규모가 성공 기준이 된 것이다. 1970년에는 대형 교회(매주 출석교인 2,000명 이상 기준으로)가 10개뿐이었다. 1980년에는 그 수가 50개로 증가했고, 10년 후에는 250개가 되었다. 그리고 2005년에는 1,200개가 넘는 대형 교회가 존재했다. 오늘날 미국에서 교회에 출석하는 사람들의 절반이 규모상 상위 10퍼센트에 해당하는 교회에 출석하고 있다. 그러나 종종 놓치고 있는 점은 매주 작은 규모의 교회가 50개씩 문을 닫고 있다는 사실이다. 라일 쉘러의 말이다.

> 작은 교회를 오랫동안 담임한 두 목회자가 질문한다. "왜 이곳에서 옮겨간 사람들마다 우리 교회보다 대형 교회를 더 좋아하는 겁니까?" 무례하게 들릴 수도 있겠지만, 내가 가장 자주 하는 현실적인 대답은 다섯 어절로 정리할 수 있다. "당신의 교회는 경쟁력이 없기 때문입니다."[3]

어떻게 이런 일이 가능해졌는가? 전통적인 교회는 실리적인 목적을 위해 세워졌다. 따라서 신앙인들을 한 지점에서 다른 지점까지 이동시킬 최소한의 장비만이 필요했다. 그러나 목적지로서의 교회는 계속해서 더 많은 신앙 소비자를 끌어들이기 위해 새로운 것을 도입한다. 이러한 변화를 인식하지 못한 교회는 속수무책으로 남겨지는 것이다. 다시 쉘러는 명료하게 말한다. "과거 규정집에 따르면 지방에서 사역하는 교회는 생존하기 위해 서로 협력해야 한다. 현재 규정집에 따르면 지방에서 사역하는 교회는 미래의 성도들을 놓고 경쟁하기 위해 서비스 지역을 넓혀야 한다."[4]

경쟁으로 인해 교회는 불과 수십 년 전에는 상상도 못할 "휴게소"service areas와 같은 시설을 갖추도록 강요받고 있다. 오늘날 번창하는 교회들은 다양한 매체를 갖춘 예배당은 물론 커피숍, 서점, 푸드코트, 자동차 수리점, 탁아소, 헬스장뿐 아니라 닌텐도와 말하는 동물들이 있는 어린이 테마 놀이시설까지 가지고 있다. 제임스 트위첼James Twitchell은 이러한 교회를 중세시대 요새에 비유한다. 때때로 사람들은 위험을 무릅쓰고 그 바깥으로 나오기도 하겠지만, 그들에게 필요한 것은 이미 교회 조직체라는 성벽 안에 모두 갖추어져 있다. 이러한 대형 교회는 성도들이 예배하고, 먹고, 쇼핑하고, 일하고, 놀 수 있는 모든 것을 완비한 도시와 같다. 어느 누구든 그곳을 떠나는 것은 상상할 수 없으며, 그곳에서 그리스도인의 삶을 모두 체험할 수 있다고 느끼게 하는 것. 바로 이것이 교회가 원하는 것이다.

그렇지만 대형 교회의 눈에 있는 티끌을 지적하는 것이 우리 눈에 있는 들보를 지적하는 것보다 훨씬 쉽다는 점은 인정해야겠다. 공평하게 따지자면, 대형 교회를 가능케 한 문화적 영향력은 작은 교회에서도 대부분 비슷한 위세를 떨치고 있다. 이머징 교회emerging church나 대안 교회alternative church, 가정 교회house church와 같은 새로운 교회 모델이 속출하는 것도 어찌 보면 소비자지상주의의 산물이다. 그들은 세븐업이 콜라가 아니라고 광고하는 것처럼 스스로 대형 교회가 아니라고 규정하겠지만, 시장은 다르더라도 여전히 시장의 요구를 충족하고자 노력한다는 점에서는 같다. 그리고 규모가 작든 크든 교회라는 조직체를 사역 수단인 동시에 목적으로 보고 있다는 점에서도 마찬가지다. 따라서 조직체를 유지하고 확장하며 그 조직체에 힘을 실어주려는 것이 사실상 모든 교회의 최대 관심사다. 문화적 영향력을 그대로 삼켜버린 우리는 교회라는 조직체가 이 세상을 향한 하나님 사역을 이루는 수단이자 목적이라고 믿게 되었다.

그림1 별이 빛나는 밤
Vincent van Gogh, *Starry Night*
1889, oil on canvas

그림2 난개발된 교외의 별이 빛나는 밤
Ron English, *Starry Night Urban Spawl*
2003, oil on canvas
Reprinted with persmission

그림3 나사로의 부활
Vincent van Gogh, *The Raising of Lazarus*
1890, oil on canvas

그림4 선한 사마리아인
Vincent van Gogh, *The Good Samaritan*
1890, oil on canvas

그림5 영원의 문에서
Vincent van Gogh, *At Eternity's Gate*
1882, lithograph

그림6 영원의 문에서
Vincent van Gogh, *At Eternity's Gate*
1890, oil on canvas

그림7 오귀스틴 룰랭 "요람을 흔드는 사람"
Vincent van Gogh, *Augustine Roulin "La Berceuse"*
1888, oil on canvas

그림8 성경이 있는 정물
Vincent van Gogh, *Still Life with Open Bible*
1885, oil on canvas

그림9 올리브나무
Vincent van Gogh, *Olive Trees*
1889, oil on canvas

그림10 노란 집
Vincent van Gogh, *The Yellow House*
1888, oil on canvas

그림11 감자 먹는 사람들
Vincent van Gogh, *The Potato Eaters*
1885, oil on canvas

그림12 씨 뿌리는 사람
Vincent van Gogh, *The Sower*
1888, oil on canvas

"사랑해요, 도요타!"

소비문화에서 가장 우세한 기관은 기업corporation이라는 데 이견이 없다. 원래 기업이란 위기 시 국가를 보호하고 공익사업을 추진하기 위해 정부가 내리는 특별 면허장에 의해 만들어졌다. 면허를 취득한 기업은 다리를 건설하고, 천연 자원을 추출하며, 식민지 간 물자를 운송했다. 그리고 특정 업무를 완수하면 국가는 그 기업을 해체할 수 있었다. 즉, 기업은 목적을 위한 수단이었다. 따라서 150년 전만 해도 기업이란 그다지 중요한 문화적 영향력을 갖지 않은 기관일 뿐이었다. 그러나 남북전쟁 이후 상황은 달라졌다.

당시 해방된 노예들의 동등한 권리를 보장하는 미국 헌법 수정 제14조 초안이 작성되었는데, 기업의 변호사들이 이 수정안의 맹점을 파고들었다. 이 수정 조항을 들어 그들은 기업도 법 아래 동등한 권리를 보장받아야 하는 인격체라고 주장했다. 법정도 이를 승인했다.[5] 법적으로 인간이 더 이상 재산의 대상이 될 수 없음을 선포하는 그 법안이 역설적이게도 법적으로 재산이 인간과 같은 지위를 지니는 개체임을 보장하게 된 것이다. 기업들은 이제 매매하고, 계약에 서명하며, 독립체로서 관리체계를 활용할 수 있게 되었다. 이는 더 이상 사업 소유자나 경영자, 주주에게 법적 책임이 있는 것이 아니라 기업이라는 "개체"個體에게 책임이 있다는 뜻이다. 20세기가 시작되면서, 이전에는 동업자나 한 명의 소유자에게 속하던 사업체들이 새로운 법 아래 재조직되어 이익을 내기 시작했다.

이와 같은 기간에 광고 산업을 통해 한 기업을 다른 기업과 구분하는 시대가 등장했다. 벤자민 바버Benjamin Barber는 "소금이면 다 같은 소금인데, 왜 소금 회사가 두세 개나 있어야 하는가?"라고 지적한다. 3장에서 다루었듯이 브랜드란 고객이 같은 상품을 경쟁사가 아닌 자기 기업에서 사도록 유혹하는 심리적 장치다. 미소 짓는 퀘이커교도 남자(Quaker Oats 로고 그림_옮긴이)에게 오트밀을 사고, 제미마 아줌마(Aunt Jemima 로고 그림_옮긴이)에게서 시럽을 살 수 있는데, 왜 군이 얼굴 없는 상품을 사겠는가? 브랜드를 통해 기업은 이름과 얼굴, 심지어 성격까지 소유할 수 있게 되었다. 기업은 법적으로 이미 인격체로 보장받았고, 사람들의 마음에도 인격체로 자리 잡게 되었다. 광고를 통해 우리는 우리가 소비하는 상품뿐 아니라 그 상품을 공급하는 인격화된 기업에게도 애정을 품는다. 우리는 말한다. "사랑해요, 도요타!" 이 자동차 제조업체는 이름 없는 30만 명의 노동자들로 조직화되어 이윤을 추구하는 다국적 기업이 아니다. 인정 넘치는 아저씨쯤으로 여기는 것이다.

　인격화된 기업들과 관계 맺으며 지낸 100년 동안, 우리의 생활방식에도 본질적인 변화가 생겨났다. 삶을 살아간다는 것이 재봉사, 의사, 식료품상인, 목사처럼 실재하는 사람들과 관계를 형성하는 것을 의미하던 때가 있었다. 그들은 저마다 다른 이름, 다른 얼굴, 다른 성격을 지녔다. 호감이 가는 사람도 있지만 억지로 참고 지내야 하는 사람도 있었다. 이러한 연결망을 통해 우리는 일용할 양식을 얻었다. 오늘날에도 여전히 생존을 위해 이런 연결망에 의존하지만, 이 연결망은 육체는 없지만 브랜드를 통해 각자의 이름과 얼굴, 개성을 우리 마음에 깊게 새긴 기업들로 넘쳐난다. 올드 네이비Old Navy는 우리의 재봉사며, 블루 크로스Blue Cross는 우리의 의사, 코스트코Costco는 우리의 식료품상이다. 그렇다면 우리의 목사는 누구인가? 그는 이제 우리가 향수에 젖어 "교회"라고 부르는 기관에서 하나로 통합되고 조직화되어 진행되는 일련의 프로그램일 뿐이다.

주일 아침, 교회 건물에 들어서면 우리는 아마 교회 프로그램을 소개하는 소책자가 전시된 벽면과 마주칠 것이다. 이 진열품은 종교 소비자가 자신의 배고픔을 달래기 위해 살펴보는 차림표와 같은 역할을 한다. 영적인 필요를 느낀다면, 교회 기관에는 아마도 그 필요를 다룰 프로그램이 있을 것이다. 그 교회에 없을지라도, 길 아래쪽에 있는 더 큰 교회에는 반드시 적절한 프로그램이 있을 것이다. 역사적으로 기독교 신앙은 대부분 삶에서 삶으로 전수되어 왔다. 제자에게서 제자로 말이다. 그러나 우리는 더 이상 이러한 일을 기대할 수 없다. 이제 우리는 인간관계에서 생겨나는 실제적이고 복잡한 문제들을 피할 수 있다. 어딘가에서 우리의 영적 욕구를 만족시켜줄 교과과정이 만들어지고 책이 출간되며 프로그램이 개설되기 때문이다. 누가 영적인 어머니나 아버지를 필요로 하겠는가? 신앙 가운데 우리를 목자처럼 보살펴줄 기관이 있는데 말이다.

좀 더 큰 교회에 출석하고 있는 사람이라면, 소책자가 전시된 벽면에서 멀지 않은 곳에서 아마도 설교 CD나 기독교 서적을 팔고 있는 상점을 발견할 수 있을 것이다. 그곳에는 교회 로고가 새겨진 성경 표지나 골프 티셔츠, 모자, 머그컵, 범퍼 스티커("내 가족과 십일

조는 페이스 커뮤니티 교회로 갑니다.")와 같은 상품도 있을 것이다. 이러한 로고를 구매하고 드러내는 것은 종교 소비자가 교회 기관과 맺은 관계를 강화시켜준다. 브랜드를 통해 한 교회는 "하나님"이라는 같은 상품을 제공하는 다른 교회와 구별되는 것이다. 결국, 경쟁적인 종교 시장의 목표는 신자로 하여금 하나님께 헌신하도록 하는 것이 아니라 하나님을 공급해 주는 특정한 기관에 헌신하도록 만드는 것이다(스타벅스는 우리가 커피를 마시길 원하지 않는다. **그들의 커피를 마시길 원한다**). 얼굴(로고)과 개성(브랜드)을 제공받은 기관은 추상적인 기구로 머물지 않고 우리 마음에서 점차 한 인격체가 된다. 불현듯 우리는 페이스 커뮤니티 교회에 애정을 느낀다. 우리가 알고 있는 교회 사람들이 아니라 말이다. 우리는 영적으로 양육하고 먹여 주마 약속하는 인격화된 기관과 관계를 맺는다. 그때 우리는 진심으로 고백한다. "사랑해요, 페이스 커뮤니티 교회!"

이 시대 문화에서 나타나는 기관의 인격화 현상은 피와 살을 지닌 살아 있는 하나님의 사람들이 아닌 제도적 교회가 이 세상에서 하나님의 사역을 이루는 주체가 되었다는 것을 뜻한다. 우리는 올바른 공동 비전과 적절한 체계, 알맞은 수단으로 잘 갖춰진 교회야말로 그리스도의 일을 할 만한 거룩한 능력을 받았다고 믿는다. 따라서 목회자가 할 일은 프로그램을 계획하고 잘 관리하여 구성원 사이에 영적인 성숙을 계발하는 것이다. 그러나 이는 조직체를 통한 구원이자 프로그램을 통한 낙원이다. 그리고 그 프로그램은 저쪽 길 아래 있는 다른 교회의 프로그램이 아닌 **우리의** 프로그램이

어야 한다.

좋은 의도로 포장은 되었지만

당장이라도 토할 것만 같았다. 차가 앞뒤로 심하게 흔들렸다. "놀랍지 않아요?" 마치 놀이동산에 온 어린아이처럼 클리프 목사는 운전석에서 핸들을 마구 돌리며 외쳤다. "자갈 주차장일 때는 절대 이렇게 못했죠." 그는 웃어대며 말했다. 차는 날카로운 소리를 내며 보도의 연석을 아슬아슬하게 비껴갔다. 핸들을 꺾을 때마다 뷰익Buick의 푹신푹신한 서스펜션에서 물컹한 충격이 전해져 왔다. 마치 물침대를 운전하는 것 같았다. 클리프 목사가 텅 빈 주차장을 빠른 속도로 활강하며 달리는 동안 나는 어디에다 토해야 할지를 두고 고민했다. 차 안에 해야 하나 아니면 홈집 하나 없는 아스팔트 주차장에 해야 하나? 도대체 어디에 토하면 그의 마음이 덜 상할지 알 수가 없었다.

마침내 차가 멈춰 섰다. 목사의 얼굴은 자부심으로 빛났다. "평생 이보다 더 매끄러운 주차장에서 운전해 본 적 있소?" 그는 점잔 빼듯이 물었다.

"아니요." 조수석 앞 계기판에서 손을 떼면서 말했다. "정말 대단하군요." 나는 거짓말을 했다.

클리프 목사는 40년 넘게 교회 사역에 몸담고 있었다. 그는 첫눈에 손쉽게 사람들의 호감을 끄는 활기차며 강인한 목사다. 한 교회에서 그렇게 오래 살아남을 수 있는 이유를 쉽게 알아낼 수 있었다.

그의 의욕적인 정신 자세를 보면, 은퇴를 하더라도 석양을 바라보며 달콤한 차를 마시는 모습은 상상조차 되지 않았다. 클리프 목사는 현관에 묶어 놓고 길러야 할 만큼 거친 견공처럼 논쟁을 좋아하는 사람이다. 나는 곧 이 노인이 좋아졌다. 운전만 하지 않는다면 얼마든지 내 목사님으로 모시고 싶은 생각이 들 정도였다.

내가 클리프 목사를 찾아간 이유는 인터뷰 기사 때문이었다. 나 역시 젊은 교회 지도자로서, 미리 경주를 하고 선한 싸움을 하신 선배 목회자에게 어떤 조언을 들을지 무척 기대되었다. 아침 일찍부터 사무실에 나온 클리프 목사는 자신의 사역을 회상하기 시작했다. 내가 물었다. "사역을 돌아보시면서 가장 즐거웠던 일이 무엇인가요?"

"32년간 저는 교회를 **다섯 번** 건축했습니다." 클리프 목사가 말했다. "교회 건축보다 진력을 빼는 일은 없어요. 그렇기 때문에 웬만한 목사들은 한 번만 하고도 나가떨어지죠. 돈 모아야지, 위원회 조직해야지, 건축업자, 설계업자하고 씨름해야지, 준공도 받아야지……. 문제투성이입니다. 쉽지 않아요. 그렇지만 저는 **다섯 번**이나 해냈죠. 그게 자랑스러워요."

무엇이 클리프 목사가 그러한 사역을 하는 데 원동력이 되었는지를 찾아내길 바라면서 나는 더 깊게 들어갔다. "교회 건축을 하면 왜 그렇게 만족스러운 걸까요?"

"처음 이 교회에 부임해 왔을 때는 성도수가 150명밖에 안 되었어요. 그렇지만 우리는 도시 변두리에 2만 평 정도 되는 부지를 사려고 돈을 모았습니다. 그리고 5년 만에 새로운 교회를 건축했죠. 참 힘든 도전이었습니다. 그러나 새로운 건물에 입주한 첫날은 절대 잊을 수 없습니다. 정말 놀라웠어요. 우리는 네 번이나 더 그렇게 했습니다. 교실을 만들고, 체육관도 짓고, 새로운 지붕도 얹고, 그 후에 더 큰 예배당을 만들었죠. 나는 아직도 우리가 이룬 일들에 놀랍니다." 그는 믿을 수 없다는 듯 팔을 허공에 쳐들며 말했다. "그리고 기술이 발전하면서 교회 로비에 모니터도 설치했습니다. 상상할 수나 있나요? 로비에 모니터를 설치하다니!" 클리프 목사는 흥분에 겨워 의자에서 일어섰다.

일이 이렇게 되자 나는 불안해졌다. 체육관이나 모니터 이야기를 듣자고 시카고에서 날아온 게 아닌데……. 나는 목회자의 진정한 **목회** 이야기가 필요했다. 모두 알다시피, 감방에 갇힌 마을 술주정꾼을 붙들고 기도하고 났더니 삶이 달라졌다든가, 하나님이 좀 일찍 데려가셨으면 하고 속으로 생각한 괴팍하고 나이 많은 여성도의 장례식장에 갔는데 뜻밖에도 눈물이 터져 나왔다든가 하는 이야기들 말이다. 사역에 대한 내 신념뿐 아니라 기사를 위해서도 생생한 **사람** 이야기를 들어야만 했다. 사역이 건물을 유지하는 것 이상을 의미하는 그런 증거들 말이다.

클리프 목사에게 한 번 더 기회를 주었다. "그 모든 일 가운데 특히 목사님께 의미 있는 일이 있었나요? 특별히 자랑스러운 일 말입니다. 하나님이 성도들에게 어떤 놀라운 일을 행하신 적은 없나요?"

"오, 물론 있습니다." 그는 답했다. "저는 장로님들이 지난 건축 과정에 나서지 않으리라 생각했습니다. 몇 년 동안 주차장을 넓혀야 한다고 말했지만 듣지 않았거든요. 저는 이 문제를 놓고 2년 동안이나 다퉈왔죠. 그러나 인내와 기도가 마지막에 힘을 발했다고 생각합니다. 장로님들이 마음을 바꿔먹었거든요. 새로 지은 주차장을 보세요. 아름답지 않습니까? 그건 분명히 제가 이룬 가장 자랑스러운 일들 가운데 하나입니다." 클리프 목사는 창문 너머로 밖을 쳐다보라고 손짓했다. 마치 노부부가 손자들 사진을 보여주며 자랑스러워하는 모습 같았다. 나 또한 진심으로 감탄하는 모습을 보여주어야 했다.

"주차장이 정말, 참…… 반질반질하군요." 나는 말했다.

"물론이죠." 클리프 목사는 흠모하듯 대답했다. "그러나 진가를 알아보려면 주차장이 어떤지 반드시 몸으로 **느껴봐야** 합니다. 이리 와요." 무슨 일이 일어나고 있는지 알아차리기도 전에 이미 이 들뜬 목사는 문을 박차고 나가 있었다.

차로 걸어가는 동안 클리프 목사는 장광설을 늘어놓았다. 분명 장로들에게도 이와 똑같이 이야기했으리라. "몇 년 전만 해도 교회 주차장을 얼마나 크게 지어야 하는지를 결정하는 일은 간단했어요. 5월이나 10월에 출석하는 평균 성도 수를 넷으로 나누면 되거든요. 그러면 필요한 주차 공간을 알 수 있습니다. 그런데 지금은 잘 맞지 않아요. 요즘은 운전하는 사람이 더 많아졌으니까요. 모든 컨설턴트가 둘로 나누어야 한다고 말하죠. 특히 노상 주차를 할 수 없는 지역은 더욱 그래요.

장로님들이 동의해서 3년 전에 큰 자갈 주차장을 만들었지만 만족스럽지 않았어요. '이 동네에 사는 사람들은 비엠더블유^{BMW}나 캐딜락^{Cadillac}을 많이 몰고 다닙니다.' 내가 제안했죠. 그 사람들은 어쨌든 자갈 주차장에 주차하고 싶어하지 않으니까 말이오. 그들은 아스팔트 주차장을 찾는단 말이지! 요즘 세상에 아스팔트 주차장이 없는 교회는 뒤쳐졌다는 소릴 듣지요. 별로 신뢰가 가지 않거든요. 결국 장로님들이 돌아섰습니다. 괜찮은 교회에서는 자갈에 주차하도록 하지 않죠.

우리는 비용을 아끼지 않았습니다. 이 주차장은 걸작입니다. 유리처럼 매끈합니다. 이 근처 어느 교회 주차장보다 뛰어나요. 돈을 탈탈 턴 가치가 있어요. 지난봄에 완공된 이후 출석률이 4퍼센트나 늘었습니다."

차문이 쾅 하고 닫히고 엔진이 굉음을 울렸다. 클리프 목사는 레이스를 시작했다. 파일럿이 착륙할 활주로를 찾듯이 그는 핸들 너머로 고개를 쑥 내밀었다. 나는 주차장에서 느긋하게 달릴 것을 기대했기 때문에 안전띠를 매지도 않았다. 그렇지만 레이서 안드레티 목사가 타이어를 워밍업하자마자 나는 레이지보이$^{La-Z-Boy}$ 안락의자만 한 가죽 좌석에서 죽 미끄러졌다.

집에 오는 비행기에서 클리프 목사를 만난 일을 일기장에 적었다.

클리프 목사는 매우 유쾌한 분이다. 따뜻하고, 동정심이 많고, 채티 캐시 인형(Chatty Cathy doll)처럼 끊임없이 말하고, 이야기하길 좋아하신다. 그렇지만 수십 년의 목회 사역에 대해 던진 질문은 모두 건축 이야기로 돌아갈 뿐이었다. 클리프 목사는 건축을 목회자로서 자신이 이룬 사역의 실체적 상징으로, 자신이 하나님을 섬겼다는 기념물로 여기는 것 같다.

여기서 나 자신을 돌아본다. 내가 남긴 유산이 건축이고 싶지는 않다. 예순여섯 살이 되었을 때, 주차장과 건축에 대한 이야기로만 채우고 싶지도 않다. 클리프 목사는 괜찮은 분이다. 목사님의 사역에 오늘 내가 본 것 이상이 있으리라고 생각한다. 내 사역에도 그 이상의 것이 있어야만 한다.

당신의 하나님은 사탕 뽑기 기계

니고데모와 같은 바리새인들은 신학적 정확성을 좋아했다. 그들에게 애매함은 적으며, 은유는 무용한 것일 뿐이다. 그렇기 때문에 예수님이 하나님 나라를 보려면 "거듭 나야" 한다고 말씀하셨을 때, 니고데모가 완전히 잘못 이해한 것이다. "사람이 늙으면 어떻게 날 수 있사옵나이까. 두 번째 모태에 들어갔다가 날 수 있사옵나이까?" 니고데모는 크게 놀라 소리쳤다. 예수님은 문자적 의미에 사로잡힌 바리새인에게 이 말씀이 육체가 아닌 영적 부활을 말한다고 말씀해 주신 뒤, "이스라엘의 선생"이라는 자가 하늘의 것을 이해하지 못하느냐고 질책하셨다.

그리고 예수님은 니고데모가 하나님 나라에 대한 다른 은유를 이해하고 있는지 시험하셨다. 이번에는 동음이의어로 된 것이다. 니고데모가 자신의 질문을 가지고 예수님을 찾아간 밤은 바람이 많이 부는 날이었을 것이다. 내 생각에 그렇다는 것일 뿐이다. 예수님이 그에게 말씀하셨다. "바람이 임의로 불매 네가 그 소리는 들어도 어디서 와서 어디로 가는지 알지 못하나니 성령으로 난 사람도 다 그러하니라"(요 3:8, 헬라어와 히브리어 모두 "바람"을 뜻하는 단어는 동시에 "숨"이나 "영혼"을 의미한다).

예수님은 바리새인이 지닌 세계관의 중대한 오류를 보여주고 있다. 종교적 정확성을 주장하는 이들에게는 신비의 영역을 위한 자리가 없다. 이들의 견해에 따르면 하나님은 일정하고 인식할 수 있는 방식으로만 일하시기 때문에 모든 인간사에 대한 그분의 반응은 예측하고 제어할 수 있다. 예를 들어, 바리새인에 따르면 부는 의인에게 베푸시는 하나님의 축복이다. 반대로 가난하거나 아픈 자는 분명히 죄를 지은 것이다. 따라서 적절하게 자신을 통제하고 하나님의 율법을 잘 따르면 축복은 보증된다.

이러한 태도는 새로운 것이 아니다. 고대 세계에서 대부분의 종교는 신을 통제하고 그 행동을 예측하려고 시도한 특징을 보인다. 점술로 알려진 행위는 여러 가지 형태를 띠고 있다. 제물로 바친 동물의 내장에 나타난 표시를 해석하여 신의 행위를 결정하고 앞으로 일어날 사건을 예측하기도 했다. 점성술은 점술과 비슷한데 그 영역을 하늘로 옮긴 것뿐이다. 무의식 상태가 되어 영들과 대화하며 강신술을 행하고 죽은 자와 이야기하는 것은 오늘날에도 정령을 숭배하는 종교에서 빈번하게 일어나고 있다. 그리고 한 신의 이름을 내세워 주문을 외우면 그 사람이 자신의 목적대로 신을 조종할 수 있다고 믿었다.

이러한 행위들이 고대 근동에서는 흔했지만, 본질적으로 그런 신들과는 전혀 다른 방식으로 하나님과 관계를 맺은 이스라엘인에게는 엄격하게 금지되었다. 하나님을 제어하고 조종하려고 한, 미신이나 점술을 행하는 종교와 달리 히브리어 성서는 그들에게 "너는 마음을 다하고 뜻을 다하고 힘을 다하여 네 하나님 여호와를 사랑하라"(신 6:5)고 명령한다. 그들이 하나님의 성실하심과 선하심을 신뢰한다면, 미래를 예측하거나 영적인 힘을 제어하려는 시도를 버려야 했다. 창조의 하나님이 우리와 약속하셨는데, 미래를 두려워하고 그보다 못한 신들과 관계해야 할 이유가 있는가? 게다가 이집트의 신들과 군대에 자신의 힘을 이미 증명하신 이스라엘의 하나님을 제어하려는 시도는 어떤 형태라도 소용이 없다.

이러한 이유들 때문에 이스라엘인은 점술을 행하는 것을 엄청난 중죄로 여겼다. 하나님을 사랑하고 신뢰하라는 명령을 어기고, 하나님을 제어하며 다스리려고 한 것이기 때문이다. 그들은 자신의 유익을 위해 끈 달린 인형처럼 하나님을 조종하고, 무한하신 하나님을 한낱 도구로 전락시키고자 한 것이다.

예수님 시대에 이르러 바리새인들은 다른 방식으로 점술을 치고자 하였다. 하나님을 바라보는 기계적이고 규정적인 관점에 따라, 점술의 본질을 유대인의 사고방식에 받아들여질 만한 형태로 변형한 것이다. 그들은 종교적 규율을 엄격하게 고수하면서 하나님을 이해하고 제어하려고 했다. A를 제물로 바치고, B 기도문을 암송하며, C를 삼가면 하나님은 D로 우리를 **축복할 것이다**. 결과는 보장되어 있다. 그들은 하나님을 거룩한 사탕 뽑기 기계로 만들었다. 정확한 동전을 넣고(정확한 제사를 드리고) 손잡이를 비틀면(규율에 순종하면) 사탕이 나온다(축복을 받는다). 그들이 그토록 공들여 박하와 회향의 십일조를 꼬박꼬박 드리고 기도 숄에 다는 술의 길이를 정확하게 따지는 이유가 바로 여기에 있다. 하나님의 법을 정확하게 따르려는 동기는 사랑이 아니라 하나님을 조종하고 결과를 제어하려는 욕망이었다.

그러나 예수님은 하나님이 사탕 뽑기 기계가 아니라고 말씀하신다. 하나님은 오히려 바람 같은 분이다. 예측할 수 없고, 제어할 수 없으며, 병 속에 바람을 담기보다 더 담기 어려운 분이다. 바람은 임의로 불기 때문에 어디서 와서 어디로 가는지 규정하려는 시도는 헛될 뿐이다. 성령으로 난 자는 하나님을 담고 제어하기 위해 그분의 방법을 규정하려고 열렬하게 집중하는 사람이 아니라 성령의 예측할 수 없음에 겸손히 복종하고 그분의 숨결에 따라 기꺼이 따라가는 사람이다. 그런데 니고데모는 이해하지 못했다. 예수님이 말씀하셨듯이 이런 것을 경험해 보지 못했기 때문이다.

바리새인과 옛날 이교도 제사장들처럼 우리 또한 하나님을 담고 제어하고 싶어한다. 로리 베스 존스Laurie Beth Jones가 1995년에 쓴 베스트셀러 「최고경영자 예수」(한언)는 현대적 의미의 점술을 단적으로 보여준다. 존스는 예수님의 경영 방식을 검토하고 세 가지 핵심 원리를 꼽아낸다. 바로 자아극복, 행동, 인간관계의 기술이다. 그는 이를 예수님의 "오메가 경영 방식"이라고 부르며, 이 원리가 사업, 행정, 종교에 똑같이 적용된다고 생각한다. 존스는 이렇게 단언한다. "누구라도 이러한 영적 원리를 실천하는 사람은 성공을 경험하게 되어 있다. 사실 영적 원리를 연구하고 적용하는 것은 성공을 보장한다."[7]

예측할 수 없는 하나님을 제어할 수 있는 원칙으로 대체하는 모습은 교회 안에서도 흔히 볼 수 있다. 제도적이고 계획적인 프로그램에 따른 믿음을 강조하는 것은 점술을 교묘하게 변형한 것일 뿐이다. 엄청난 수적 성장을 경험한 교회들은 항상 그들의 방법론을 소개하는 책을 출간하고 컨퍼런스를 개최하여 다른 지도자들이 그들 교회에서 성공을 재생산하도록 한다. 이러한 생각은 올바른 커리큘럼과 올바른 원칙, 올바른 프로그램만 있으면 하나님의 영이 언제나 우리가 기대하는 결과를 얻도록 일하실 것이라고 보는 것이다. 그리스도인의 삶에 대한 "꼽으면 작동한다"plug-and-play 식의 이런 접근법은 하나님을 우주적인 자동판매기로 만들고 있으며, 성령이 사람들 가운데가 아닌 잘 만들어진 조직체와 체계 속에 거주하신다고 믿게 한다.

경건한 지도자가 죽거나 떠나면, 종종 성령의 힘을 병에 넣고 재생하여 영속시키려는 열망이 확연히 드러난다. 성령의 숨결에 강렬하게 사로잡힌 사람은 그리스도를 위해 놀라운 일들을 해낸다. 그러면 사람들이 그 지도자에게 몰려들고 시간이 지나면서 공동체가 형성된다. 그러나 성령 충만한 지도자가 떠나고 나면, 남아 있는 사람들은 그 사역이 계속될 수 있고 또 계속되어야 한다고 믿는다. 바람은 이리저리 부는 법인데 사람들은 바람이 같은 방향으로 일정하게 불어주기를 바란다. 그렇기 때문에 고인이 된 지도자의 가치와 방법, 비전에 따른 기관이 세워진다. 그러한 것들이 굳건하게 유지된다면 지도자의 일생에 드러난, 성령께서 가능케 한 사역들이 그의 이름을 내세워 설립된 기관을 통해서도 똑같이 계속될 것이라고 믿기 때문이다. 많은 사역과 교파가 이러한 방식으로 태어났다.

그러나 지도자가 올바른 가치를 지녔다거나 올바른 전략을 사용하였기 때문에 성령님이 지도자의 삶을 통해 일하신 것은 아니라는 사실을 우리는 매우 자주 놓친다. 달라스 윌라드가 말한 "하나님의 불"은 예수 그리스도를 향한 열정적인 사랑으로 인해 그들의 영혼에 자리 잡은 것이다. 지도자가 행한 사역의 방법론을 재현하기보다는 하나님을 향한 그의 헌신을 재현하는 데 집중해야 한다. 이것이야말로 훨씬 가치 있는 일이 될 것이다. 우리는 체계와 프로그램을 베끼는 데 전문가가 되었다. 그러나 그리스도를 향한 불타는 사랑에 휩싸인 영혼처럼 신비한 것은 어떻게 재현할 수 있을 것인가? 윌라드가 썼듯이, "어느 누구도 이에 대한 방법론을 기록할 수는 없다. 이것은 개인적인 문제로서 저마다 다르고 자유로운 영역이기 때문이다. 우리 삶에서 우리 힘으로는 이룰 수 없는 것을 이루시는 하나님의 일하심, 바로 은혜에 달려 있기 때문이다."[8]

마치 부부간의 사랑이나 부모와 자식 간의 사랑이 그렇듯이 거룩한 사랑으로 불타는 영혼은 만들어질 수도, 대량 생산될 수도 없다. 아무리 우리 마음속에 인격화되어 있다고 하더라도 기관은 사랑을 할 수 없다. 진실한 사랑은 오직 인격 사이에만 존재하기 때문이다. 따라서 신구약 통틀어 핵심적인 위치를 차지하는 것은 점술이나 하나님을 제어하는 종교적 체계의 구축이 아니라 하나님과 그분의 백성 사이의 관계성이다. 제한되고 제어될 수 있는 우상과 다르게 하나님은 스스로를 소멸시키는 불이라고 하셨다. 이는 꺼지지도 않고, 통제할 수도 길들일 수도 없다는 뜻이다.

상당히 제도적이 되어버린 소비자지상주의 기독교가 이해하지 못한 것이 바로 이 점이다. 우리는 바람이나 불처럼 우리의 통제를 벗어난 신비로운 하나님의 은혜라는 움직임에 복종하는 대신 하나님의 능력을 손에 넣고 이미 결정된 결과들을 만들어내기 위해 프로그램을 만들고자 한다. 그러나 하나님의 영은 프로그램에 힘을 실어주시지도, 기관 안에 머무시지도 않는다. 하나님의 영은 그분의 형상대로 창조되어 그분의 영광을 담는 그릇이 되고자 하는 **사람들을** 채우신다.

고흐가 만난 성녀 오귀스틴

1885년 고흐는 안트베르펜에 자리한 미술 아카데미에 등록한다. 많은 수업에서 좋은 성적을 거두면서도 그에게 학교는 답답한 곳이었다. 학교는 생생한 삶의 실재와 만나려는 그의 열정을 이해할 수 없었다. 고흐에게 이 학교는 매우 단조롭고 계획된 프로그램만 따르는 생기 없는 곳이었다. 그림에 표현되는 열정과 생기에 있어서는 좋은 평가를 받았지만 그는 여전히 실재하는 사람들 속에서 그림을 그리고 싶어했다.

이 학교 학생들에게 해골을 그리는 수업은 자연스러운 일이었다. 적절한 형태와 해부학적 구조를 배울 수 있기 때문이다. 그러나 고흐는 이 연습시간을 증오했다. 그에게 뼈는 학교가 만들어낸 생명력 없는 제도적 예술을 상징했다. 학교를 조롱하고 자신의 그림에 생명력과 자연스러움을 불어넣기 위해 고흐는 두개골의 이빨 사이에 불타는 담배를 그려 넣었다. 고흐의 강렬한 그림을 유치하고 비전문적인 것으로 폄하한 교수들에게 이 젊은 학생의 유치한 장난은 용인되지 않았다. 학교에서 1년을 보낸 뒤, 그는 더 이상 참지 못하고 살아 있는 사람들 가운데에서 예술을 하고자 학교를 떠났다.

1888년, 고흐는 꽃을 그리기 위해 프랑스 남부의 따뜻한 지역으로 옮겨갔다. 당시 그는 그의 마음을 사로잡은 일본의 그림 양식을 열심히 따라했다. 아를 지역 주위에서 볼 수 있는 많은 과수원과 꽃 피는 나무들은 고흐가 그 양식을 연마하는 데 최적의 장소였다. 그는 동생에게 받은 돈으로 마을에 있는 낡은 노란 집을 임대했다. 고흐를 아를로 이끈 것은 꽃이지만 그는 곧 집 옆 골목 근처에 자리한 카페에서 만나는 사람들에게 완전히 매혹되었다. 그는 군인과 양치기, 창녀와 술집 여자, 외눈박이 사나이와 학교 소년 등을 그렸다. 믿기 어려울 만큼 많은 초상화를 아를에서 그린 것이다. 어디를 가든 무엇을 그리고자 하든, 고흐의 관심은 변함없이 평범한 사람들이 지닌 신비한 매력으로 향했다. 예전에 그는 다음과 같이 썼다. "대성당보다 사람들의 눈을 그리는 것이 더 좋아. 대성당이 아무리 장엄하고 인상적이더라도 그곳에 없는 무언가가 사람의 눈에는 있거든. 거지든 매춘부든 인간의 영혼은 내게 더 큰 감흥을 준다네."[9]

아를에서 고흐가 가장 친하게 지낸 사람은 그 지역 우편 배달원 조셉 룰랭Joseph Roulin이다. 그는 짙은 감청색 제복에 모자를 쓰고 턱 아래로 수염을 무성하게 기른 룰랭을 여러 차례 그렸다. 사실 고흐는 룰랭의 가족을 모두 그렸지만, 특히 그의 마음을 사로잡은 인물은 룰랭의 아내 오귀스틴Augustine과 어린 아들이었다. 고흐는 항상 가족을 고귀하게 여겼으며 그의 작품에는 그러한 관계의 중요성이 잘 반영되어 있다. 일손을 놓고 건초 더미에서 잠시 쉬고 있는 부부나 요람 앞에 무릎 꿇고 있는 젊은 엄마, 막 걸음마를 떼는 아이를 바라보는 부부에서 볼 수 있듯이 그의 작품은 이러한 근본적인 인간관계의 성스러움을 찬양하고 있다.

고흐는 아를에 있을 때 오귀스틴 룰랭의 초상화 다섯 편을 연작으로 그렸다. 서른일곱 살 된 세 아이의 엄마가 위아래 모두 초록색으로 옷을 입은 채 의자에 앉아 있는 그림이다(그림7). 이 그림에서 고흐가 의도하는 바는 팔걸이에 걸친 왼쪽 팔꿈치 아래에 그가 적어 넣은 단어에서 알 수 있다. "요람을 흔드는 사람"La Berceuse. 오귀스틴이 잡고 있는 끈은 그림 가장자리에서 그가 흔들고 있는 보이지 않는 요람까지 이어져 있다. 고흐는 일부러 요람을 그리지 않았다. 대신 이 그림을 보려면 요람이 있어야 할 자리에 서 있어야 하기 때문에 관람자가 요람에 앉아 오귀스틴을 뒤돌아봐야 하는 것처럼 표현했다. 그는 이 그림을 보는 사람 누구나 자신이 요람에 있는 것처럼 평안하게 느끼는 동시에 어머니와 아이의 성스러운 관계를 다시 체험하길 원했다.

그러나 이런 차분한 순간은 약간 들뜬 듯한 느낌을 주는데 이는 고흐의 개성이 잘 드러나는 대담한 색 배합 때문이다. 이 또한 매우 의도적인 것이다. 그는 말했다. "나는 사람을 그릴 때마다 영원한 무언가를 나타내고 싶다네. 보통 후광을 사용해서 상징적으로 표현을 하기는 하지만 우리는 색이 지닌 강렬한 빛과 떨림으로 그것을 전달하려고 하지 않았나."[10] 그림의 배경을 채우는 것은 후광이 아니라 불꽃처럼 보이는 꽃무늬들이다. 소용돌이치는 다채로운 색의 꽃은 고흐가 6개월 후에 그리게 될 〈별이 빛나는 밤〉에 보이는 하늘의 원형일지도 모른다. 게다가 조화되지 않는 붉은색과 녹색의 배합은 색의 떨림을 만들어내는데, 이를 통해 고흐는 실재하는 거룩함을 표현하고자 했다. 그는 평범할 수도 있는 모성의 행위를 신성한 소명으로 격상시켰다. 그는 오귀스틴 룰랭을 성녀로 묘사한 것이다.

고흐가 아를에서 그린 다른 많은 초상화와 마찬가지로 오귀스틴 룰랭의 초상화는 그가 아카데미에서 경험한 것과 극명하게 대조된다. 사람은 하나님의 영을 담는 그릇이라는 것과 사랑은 관계라는 매개체를 통해서만 전달된다는 것을 그는 알고 있었다. 고흐에게 제도권 미술의 세계는 해골과 마찬가지다. 해골은 사람의 형태와 구조를 갖추고 있지만 사람에게 진정한 생명력을 주는 육체와 숨결과 감정 중 어느 것도 가지고 있지 않다. 학교에 갇혀 있는 동안 예술가들은 그들이 그려야 할 사명인 완전한 인간성을 경험하지 못한다. 이들은 작품의 대상인, 세상을 살아가는 사람들과 관계 맺지 못하며 그들을 진정한 사람으로 여기지도 않는다. 그들은 단지 캔버스에 모사될 빛과 색깔의 객체일 뿐이다. 그러나 고흐는 그가 그리는 대상들과 함께 살며 그 속에서 생활했다. 그들의 집에 들어가고, 카페에서 함께 차를 마시며, 들판에서 그들과 더불어 노동했다. 그렇기에 그가 그린 그림들에 있는 색채가 그러한 감정을 불러일으키는 것이다. 그는 단지 자신 앞에 있는 **사람**을 그린 것이 아니라 그가 맺은 **관계**를 그린 것이다.

고흐가 1888년 성탄절 직전에 〈요람을 흔드는 사람〉을 그린 것은 우연이 아니다. 편지에서 그는 요람이 그에게 의미하는 상징성을 말하고 있다. "그것은 사랑하는 아내와 나란히 앉아 요람에 있는 아이를 곁에 두고 있는 한 남자를 사로잡는 강렬하며 벅찬 감격 같은 거지. 마구간에 누운 아기가 있는 성탄절 밤을 노래하는 영원불멸의 시이기도 하고(옛적 네덜란드 화가들과 밀레, 그리고 브르통Breton이 이미 알아차린 것처럼 말일세). 암흑 속의 빛이며, 어둔 밤에 빛나는 별이란 말이지."[11] 예수님의 탄생에서 고흐는 인간에 대한 하나님의 긍정을, 평범한 사람들의 신성함을, 그리고 관계의 중요함을 보았다. 결국 성탄절의 기적은 하나님이 교과과정을 주시거나 제도적 기관을 만드신 것이 아니라, 그분의 아들을 보내어 육체를 입고 우리 가운데 거하도록 하신 것이다. 고흐에게 신성함이란 언제나 육신을 지니고 있었다.

영혼의 친구들

"세상을 떠들썩하게 하다", "획기적이다", "굉장히 놀랍다."[12] 이 표현들은 윌로우 크릭 커뮤니티 교회 담임목사인 빌 하이벨스가 자신 앞에 놓인 자료를 보고 한 말이다. 미국 대형 교회의 기함격인 이 교회는 2004년에 사역의 효율성을 측정하기 위해 자신들의 교회 사역을 조사했다. 양적으로야 누구나 윌로우 크릭이 성공했다고 생각했다. 미국에서 가장 큰 교회 중 하나로 "교회에 다니지 않는" 교외 거주자 수천 명을 제도권 교회로 효과적으로 불러들인 교회이기 때문이다. 그러나 실제로 사람들이 영적으로 성장하도록 도왔을까? 사람들을 그리스도께 완전히 헌신된 제자로 변화시키겠다고 공언한 사명을 이뤄냈을까?

윌로우 크릭 교회 행정 목사인 그렉 호킨스Greg Hawkins는 교회가 추구한 프로그램 중심 접근법을 다음과 같이 개괄했다. "우리는 사람들이 참여할 만한 많은 프로그램과 예배를 만들었습니다. 이것이 우리 전략입니다. 우리는 하나님에게서 멀어진 사람들을 이러한 활동에 참여시키려고 노력했습니다. 참여 빈도가 높은 활동에 꾸준히 참여하는 사람이 많아진다면, 이들이 그리스도의 제자가 되리라 믿었습니다. 하나님과 이웃을 점차 더욱 사랑하는 특징을 지닌 사람 말이죠. 이상한 소리처럼 들릴 수도 있다는 것을 알지만 어쨌든 이게 우리 교회에서 한 방법입니다. 우리는 참여도에 따라 등급을 매졌습니다."[13]

이러한 가정이 맞는지 검증하기 위해 윌로우 크릭은 사역을 질적으로 평가하는 작업을 시작했다. 교회 프로그램에 정기적으로 참여한 이후에 하나님과 이웃을 더욱 사랑하게 되었는가? 제도를 통해 제자를 만들어낼 수 있는가? 프로그램을 통해 사랑하는 마음이 생겨났는가? 윌로우 크릭과 다른 25개 교회에 출석하는 15,000명을 조사한 결과는 "아니오"였다. 호킨스는 말한다. "아무리 프로그램 참여도가 증가해도 사람들이 그리스도의 제자가 되어간다고 말할 수는 **없습니다**. 그들이 하나님과 이웃을 더욱 사랑한다고 말할 수도 **없습니다**."[14]

이 결과를 보고받았을 때, 빌 하이벨스 목사는 성인이 된 이후 잠들어 있던 삶을 "깨우는 소리" 같았다고 묘사했다. 다른 교회 지도자들에게 결과 내용을 보내면서 하이벨스는 이렇게 말했다. "사람들이 영적으로 성장하고 발전하는 데 진정으로 도움을 주리라 믿으면서 수백만 달러를 들여 마련한 몇 가지가 있습니다. 그러나 실제로는 이런 것들이 사람들에게 그다지 많은 도움을 주지는 못했다는 결과가 돌아왔습니다. 오히려 그렇게 많은 돈이나 인원을 들이지 않은 것들이야말로 사람들이 간절히 필요로 하는 것이었습니다."[15]

바로 이것이 이 연구조사에서 가장 분명한 결론일 것이다. 하나님과 이웃을 사랑하는 사람으로 성장하기 위해 필요한 것은 잘 짜인 프로그램이나 미리 기획된 활동이 아니다. 예수님을 따르는 것에는 제도가 필요하지 않다. 호킨스는 말한다. "사실 이해하기 힘든 일입니다. 우리는 사람들이 영적인 여정을 잘 헤쳐 나가도록 돕고 있다고 생각했습니다."[16] 그러나 자료에 따르면 영적으로 성숙한 사람일수록 교회에 만족하지 못했다. 사실, 그리스도 중심적으로 살아간다고 여겨지는 사람 가운데 교회 프로그램에 열정적으로 참여하는 사람은 적었다. 교회는 사람들을 하나님께로 더 가까이 운송하는 실용적인 원양 정기선이라기보다 주의를 산만하게 하는 오락거리로 가득한 육중한 호화 여객선처럼 보였다. 성숙한 그리스도인일수록 여기에서 내리고 싶어했다.

연구에서 밝혀진 또 다른 사실은 사람들의 영적 성장에 가장 영향을 준 요인이 개인적인 성경읽기, 기도와 묵상, 친구나 멘토와 맺은 의미 있는 관계, 다른 사람을 위한 봉사라는 점이다. 이러한 요인들은 대형 기관에서 이루어지는 것이 아니다. 사실, 이러한 훈련은 대형 교회가 존재하지 않던 수세기 전부터 실천되어왔다. 이 모든 훈련은 관계에 집중되어 있다. 성경묵상과 기도는 하나님과 교제하는 수단이다. 다른 그리스도인 형제자매와 영적으로 사귀는 것은 인격화된 기관과 맺는 인위적인 관계에서는 해줄 수 없는 방식으로 영혼을 살찌운다.

그렇다면 이러한 조사결과에 따라 우리는 교회에 모든 책임을 물어야 하는가? 교회를 하나님의 일과 관련 없는 기관으로 치부해야 하는가? 그리스도인들은 개인적인 신앙을 갖기 위해 교회를 버려야 하는가? 그렇지는 않다. 대신 이 결과를 살펴보며 잠시 멈춰 서서, 우리가 흔히 "교회"라고 부르는 기관에서 기독교적 완성품을 생산해내기 위해 조직한 프로그램들이 과연 사역적인 측면에서 가치가 있는지 물어야 한다. 크리스 암스트롱Chris Armstrong이 말했듯이, 우리는 교회를 "교회 경영자들에 의해 현대 서구인의 필요를 채워주는 현금인출기처럼 변해버린, 프로그램과 조직으로 이루어진 실용적인 구성물이 아닌, 사도 바울이 말한 강력하며 길들일 수 없고 성령에 의해 움직이는 신비한 몸"[17]으로 바라봐야 한다. 정확하게 이해한다면 교회는 기관이 아니다. 교회는 이 세상에서 그리스도를 따르는 자들(남자든 여자든 어린아이든 간에 하나님의 영으로 충만하여 하나님과 다른 이들, 그리고 세상과 연합하여 살아가는 자들)의 공동체다. 교회는 영적이며 관계적인 독립체다. **이러한 교회야말로** 우리의 영성을 형성하는 필수적인 구성요소로, 세상에서 하나님의 일을 증진시키는 데 중요한 역할을 한다.

이것은 교회가 조직화되어서는 안 된다는 의미도, 교회는 반드시 유동적이며 체계가 없는 공동체가 되어야 한다는 말도 아니다. 우리의 목적이 단지 소비자지상주의에서 빠져나오는 것이 아닌 것처럼, 우리는 제도적인 교회를 버려서는 안 된다. 이는 교회 조직의 무정부 상태를 요구하는 것이 아니다. 신약에서 우리는 초기 그리스도인들이 공동체를 이루어 가난한 자들을 돌보고 올바른 가르침을 전하며 신자를 세우고 바로잡는 훈련까지 담당했음을 본다. 가족은 물론 관계를 맺는 모든 공동체는 조직이 필요하다. 그러나 어떠한 조직이든 그 목적은 하나님이 변화의 사역을 행하는 데 사용하시는 인간관계를 강화하는 것이어야지 그 관계를 대체하는 것이어서는 안 된다. 성령님은 기관이 아닌 사람들 안에 거주하시기 때문이다.

이와 마찬가지로 이는 대형 교회를 비난하려는 것도 아니다. 대형 교회에서 가정 교회에 이르기까지 모든 조직체 유형은 나름의 강점과 약점이 있다. 제도화에 따른 비인간화라는 부작용에서 자유로운 조직은 없다. 하나님과 이웃과 건강한 관계를 맺도록 보장하는 왕도를 지닌 조직체는 없는 것이다. 우리의 목적은 한 가지 체계를 선호하여 다른 체계를 버리는 것이 아니다. 우리가 속해 있는 교회 조직이 어떠하든지 간에 의미 있는 인간관계를 통해 진정한 사역을 일으키는 것이다.

이렇게 하기 위해서는 먼저 소비문화가 어떻게 우리 마음에 기관을 인격화하고 실재하는 사람의 개성을 부여해서 그 기관을 숭배하게 만들었는지를 알아야 한다. 결과적으로 우리는 단지 사람들 사이의 관계를 촉진하기 위해서가 아니라 사람들이 기관과 관계를 맺게 하기 위해서 기관들을 만들어낸 셈이 되었다. 사람들이 그리스도와 관계 맺도록 이끌던 교회의 사명은 사람들이 기관과 관계를 맺도록 연결하는 것으로 미묘하게 변화했다. 소비자지상주의의 영향 때문에 우리는 기관을 사람으로, 수단을 사명으로, 프로그램을 성령의 힘으로 오해하게 되었다. 앨버트 아인슈타인이 날카롭게 지적했듯이, "목표를 이루는 방법에는 완벽을 기하면서도 목표 자체는 혼돈스러워하는 것이 오늘날의 특징이다."

이러한 문제를 바로잡기 위해 시도할 만한 한 가지 해결책은 관계의 사역에 중점을 두는 것이다. 기관과 교회는 결혼 중매업자처럼 관계를 맺게 하는 기능을 제공하는 정도로 그 역할을 재조정해야 한다. 멘토링, 코칭, 책임제나 소그룹과 같은 프로그램은 진정한 관계를 형성하는 결과를 낳을 수도 있지만, 때로는 단지 소비 기독교라는 해골을 살려내기 위해 입에 담배를 물리는 상징적 시도이기도 하다. 아마도 우리에게 필요한 것은 모든 교회 구성원이 마음속으로 교회의 본질을 다시 한 번 생각해 보는 일일 것이다. 제도적인 조직이 아닌, 관계로 맺어지는 공동체로 교회를 인식하는 생각을 계발하는 것이다. 아주 작은 일부터 시작하자면, 잊힌 우정의 기술을 다시 배우는 것이다.

고흐의 그림은 학교를 벗어나 그가 삶에서 맺은 관계와 융합되었을 때에 변화되었다. 나는 그리스도를 중심으로 실제 사람들과 관계를 맺는 것이야말로 소비자 중심 기독교의 악영향에 맞서고 우리가 기관에 기대하는 바를 억제하는 데 필요한 일이라고 생각한다. 고대 켈트 그리스도인은 이러한 관계를 이루는 것이야말로 그리스도인 삶의 핵심 요소라고 믿었다. 그들은 모든 이가 "아남 카라"*anam cara*, 즉 영혼의 친구를 가져야 한다고 했다. 이들은 신앙 가운데 우리를 이끌어줄 영적인 어머니나 아버지, 또는 성화의 길에 동행할 친구를 의미한다. 이 사람은 하나님의 영을 담은 그릇이며 우리 가장 깊은 곳에 기꺼이 빛과 정결함을 가져다줄 자다. 오래된 청교도 기도문은 이러한 친구를 "나를 붙잡아줄 하나님의 손과 손가락"이라고 표현한다. 켈트인들은 영혼의 친구가 없는 그리스도인이란 머리 없는 몸이라고 생각했다. 언제까지 무감각하며, 돌보지 않고, 사랑이 없으며, 하나님의 영이라는 예측할 수 없는 바람을 담을 수 없는 기관과 인위적인 관계를 맺는 것에 만족할 것인가? 이제 우리는 하나님의 숨결로 가득한 실재하는 사람들과 영성 넘치는 관계를 형성해야만 한다.

6장

욕망의 땅

신앙을 통해 우리는 "근심하는 자 같으나 항상 기뻐하고" 언제나 생기가 넘치지. 그렇기 때문에 우리의 성숙한 힘과 함께 젊음이 덧없이 사라져버려도, 불평할 것이 없단다.
빈센트 반 고흐

산타를 팔다

성탄절 직전, 일리노이 주에서 가장 큰 우드필드 쇼핑몰Woodfield Mall을 둘러보고 있을 때다. 나는 아이들이 줄을 서서 한 명씩 산타클로스를 만나던 산타의 집이 곧 개봉할 펭귄 영화 〈해피 피트〉Happy Feet을 선전하는 거대한 전시장으로 변해버린 것을 보고 조금 실망했다. 분명히 쇼핑몰 경영자들은 컴퓨터로 합성해낸 펭귄들의 거대한 이미지 속에서 산타를 찾기란 힘들 거라는 생각은 하지 못했을 것이다. 게다가 펭귄은 우리 반대쪽 남극에만 살지만 산타는 우리와 가까운 북극에 산다는 지리적 차이에는 아무도 신경 쓰지 않는 것 같았다. 더욱 슬픈 것은 내가 어릴 때부터 쇼핑몰 한가운데 서 있던 거대한 크리스마스트리가 사라졌다는 사실이다. 마치 산타가 자신의 활동 시기와 영혼을 워너브라더스 영화사Warner Brothers Studios에 팔아넘긴 것처럼 보였다. 그러나 한편으로는 백 년 전 성탄절을 상업화한 장본인이 스스로 고안한 덫에 걸린 희생물이 되었다는, 이 장면이 보여주는 역설에 어느 정도 위안을 느끼기도 했다.

그리스도인은 언제나 성 니콜라스Saint Nick와 껄끄러운 관계를 맺어왔다. 그의 기원은 교회 전승에 깊이 뿌리박고 있지만 성탄절의 상업화와 관련이 깊기 때문에 많은 교회에서 그는 환영받지 못하는 인물로 여겨지고 있다. 그러나 많은 사람이 성탄절 자체가 의심스러운 기원을 가진 축일이라는 사실을 잊고 있다. 청교도들은 성탄 축하를 단호하게 반대했다. 이 날에 대한 성경적인 근거가 전혀 없을 뿐더러 정확히는 오히려 이교적 축제일이 기독교적인 가면을 쓰고 축일이 된 것이기 때문이다. 이러한 관점은 19세기에 걸쳐 미국에서 널리 받아들여졌다. 1855년에 뉴욕의 신문들은 감리교, 침례교, 장로교 교회들이 성탄절에 교회 문을 닫을 것이라고 보도했다. "이 교회들은 성탄절을 거룩한 날로 받아들이지 않기 때문이다." 그리고 1860년대까지 오직 열여덟 개 주州만이 이 날을 휴일로 공식 승인했다.

개신교도 대부분이 성탄절을 받아들였을 때는 이미 미국 대중이 널리 성탄절을 받아들이고 나서다. 그 이유는 세속적 만신전pantheon에 산타클로스가 등장했기 때문으로 볼 수 있다. 1920년대에 이르러 할아버지 성 니콜라스는 성탄절을 최고 쇼핑 시즌으로 만들려던 소매업자들에 의해 마케팅을 위한 위대한 영웅으로 급부상했다. 교회 지도자들은 더 이상 이교도의 휴일이라는 이유로 성탄절을 반대하지 않았다. 대신에 그들의 관심은 그리스도의 이름으로 장려되는 사악한 물질주의와 욕망의 탐닉에 대한 대응으로 바뀌었다. 〈뉴욕타임즈〉New York Times는 1931년에 성탄절 설교들을 분석하여 공통된 주제("물질주의로 인해 그리스도가 배경으로 밀려난다면 성탄절은 지속될 수 없다")를 보도했다. 이 시기에 또 다른 보편적 설교 주제는 강림절이 "이윤을 추구하는 시기"에 지나지 않게 되었다는 강한 비난이었다.

성탄절의 이교적 기원이나 그리스도의 이름으로 범람하는 물질주의의 위험에 대한 설교는 요즘 거의 들을 수 없다. 최근 몇 년간 이 휴가철에 들리는 지배적인 메시지는 정확히 정반대다. 오늘날 많은 그리스도인은 억제되지 않은 12월의 물질주의가 명시적으로 그리스도와 연계되지 **않으면** 오히려 불편해하는 것처럼 보인다. 예를 들어 2005년에 미국 가족 협회American Family Association는 시즌마케팅에 "기쁜 성탄 되세요"Merry Christmas라는 용어를 사용하지 않았다는 이유로 "타깃"(미국 대형 할인점_옮긴이) 점포에 대해 불매운동을 펼쳤다. 다른 많은 공공 기관들처럼 타깃은 문화적으로 더 포용적인 "즐거운 연말연시 보내세요"Happy Holidays라는 용어를 선택한 것이다. 같은 해에 플로리다에 있는 한 교회는 "예수님이 성탄절의 존재 이유"임을 운전자들에게 깨닫게 하려고 "즐거운 연말연시와 함께 지옥으로"라고 적은 광고판을 세웠다. 보수적인 뉴스전문 케이블 방송국의 한 앵커는 "포위공격당하는 성탄절"Christmas Under Siege 캠페인을 벌여 광고 문구에 "기쁜 성탄"을 포함하지 않은 사업자와 소매업자의 광고를 방송하지 않았다(이 방송국은 블로거들이 위선적이라고 지적할 때까지 자체 쇼핑 사이트 "연말연시 모음점"Holiday Collection에서 "연말연시 장신구"Holiday Ornaments를 팔고 있었다).

한 세기 전만 해도 그리스도인들은 성탄절에 벌어지는 지나친 소비를 반대했지만 이제는 그 소비가 그리스도의 이름 아래 이루어져야 한다고 주장하고 있다. 아마도 수치가 그 이유를 설명할 것이다. 미국 경제의 3분의 2는 소비자의 지출에 기초하며, 소매상인 대부분의 1년 수입 가운데 50-75퍼센트가 12월에 발생한다. 따라서 이들에게 성탄절 직전 몇 주간은 소비가 정점에 이르는 거룩한 날들인 셈이다. 만약 그리스도인들이 이전 세대처럼 강림절 기간 동안 절제와 금욕의 모범을 보이며 이 연말연시를 전혀 무시하고 보낸다면 경제가 파탄에 이를지도 모른다. 상인들은 경제적 생존을 확보하기 위해서 해마다 소비자들이 지난해보다 이번 해에 더 많이 구매하겠다는 목적을 가지고 열광적으로 소비하도록 부추긴다. 산타클로스는 20세기 초반부터 이러한 시장 조작의 마스코트가 되었다. 그러나 더 많은 그리스도인이 지금처럼만 한다면 언젠가는 쇼핑시즌이 메이시 백화점Macy's의 추수감사절 행렬이 끝나고 예수 그리스도가 등장하는 것으로 시작될지도 모르겠다.

만연한 욕망

우드필드 몰에서 50킬로미터 정도 떨어진 시카고 중심가에는 소비자의 만신전에 산타클로스를 신격화하는 데 일조한 인물들을 본뜬 거대한 청동 흉상 여덟 개가 강을 따라 서 있다. 그들의 이름 대부분은 미국 쇼핑객에게 익숙하게 들릴 것이다. 프랭크 윈필드 울워스Frank Winfield Woolworth, 마샬 필드Marshall Field, 애런 몽고메리 워드

Aaron Montgomery Ward, 존 워너메이커John Wanamaker, 에드워드 앨버트 필린Edward Albert Filene 등이다. 이 청동상들은 "탁월한 미국 상인들을 영원히 기리기 위해" 만들어진 것으로 한때 세계에서 가장 큰 건물이었으며 현재에도 지구상에서 가장 큰 도매 쇼핑센터 가운데 하나인 머천다이즈 마트Merchandise Mart 바깥에 파수꾼처럼 서 있다.

이 소매업의 거인들은 소비자지상주의의 가장 큰 딜레마인 "필요하지 않은 물건을 사도록 사람들을 어떻게 설득해야 하는가?"라는 문제를 해결해낸 공로자이기도 하다. 산업혁명을 통해 대량생산 시대가 시작되면서 이전에는 상상도 못할 만큼 많은(시장에 필요한 것보다 훨씬 많은) 상품이 만들어졌다. 경제를 움직이는 엔진을 계속 돌리기 위해 제조업자들은 생산품에 대한 수요를 인위적으로 증가시킬 방법이 필요했다. 그래서 탄생한 것이 바로 광고다.

존 워너메이커는 1875년, 버려진 철도 정거장을 개조하여 필라델피아에 최초로 백화점을 개장한 인물로, 산업 경제가 계속 번창하려면 생산 속도에 맞추어 생산품이 소비되어야 한다는 사실을 깨달았다. 즉, 사람들이 필요한 것보다 더 많이, 무엇을 원할 때만이 아닌 원하지 않을 때에도 더 자주 구매하도록 만드는 것이다. 그 결과, 워너메이커에게 사업 목적은 더 이상 생산품을 만들어내는 것이 아니라 생산품에 대한 욕구를 만들어내는 것이 되었다. 광고업 창시자인 존 워너메이커에게 우리는 감사해야 한다. 그가 없었다면 눈에 거슬리는 신문 전면 광고나 "어머니의 날"과 같은 날조된 축일도 없었을 것이다. 그에 따르면 이상적인 소비 경제는 "욕망의 땅"이며 그의 백화점은 그러한 욕망이 성취되는 "상품의 정원"이었다.

1901년, 워너메이커와 동시대 인물인 마케팅 전문가 에밀리 포그 미드Emily Fogg Mead는 성공적인 사업을 하려면 "모든 사람에게 '욕망'을 퍼트리는 광고가 필요하다"고 말했다. "우리에게 중요한 것은 소비자가 지불할 수 있는 능력을 가지고 있느냐가 아니라 소비자가 원하는 능력을 가지고 있느냐." 미드는 광고가 "욕망하는 감정과 상상을 불러일으킨다"[1]고 믿었다. 다른 광고 옹호론자는 당시에 이렇게 말했다. "상상하지 않으면 필요는 생기지 않는다. 필요가 생기지 않으면 필요를 채워달라는 요구도 생기지 않는다."[2]

광고는 소비자지상주의의 대변자가 되었고, 점차 사람들은 필요하다고 생각지도 않던 상품들에 마음을 쏟기 시작했다. 광고는 상품을 구매하는 사람들에게 교묘하게 또는 공공연하게 더 많은 안락과 지위, 성공, 행복, 심지어 성관계까지 약속했다. 1897년, 한 신문 독자는 다음과 같이 말했다. "과거에 우리는 누군가가 우리에게 보라고 강요하지 않는 한 광고는 건너뛰었다. 그러나 지금은 우리가 정말 원하는 게 무엇인지 알아보기 위해 광고를 찾아본다."[3] 욕망을 만들어내는 광고의 능력에 대해 제임스 트위첼이 간명하게 설명한다. "한번 생각해 보십시오. 리스테린Listerine, 구강청정제이 나오기 전에는 대중문화 어디에서도 입 냄새를 언급한 적이 없습니다."[4]

〈뉴욕타임즈〉에 따르면 미국인은 날마다 욕망을 자극하는 3,500개의 광고물에 노출되어 있다. 이 광고들은 모두 자사 상품을 하나만 더 구입하면 만족할 것이라고 약속한다. 로드니 클랩Rodney Clapp

은 이렇게 말한다. "소비자는 탐욕으로 훈련받고 있다. 소비자는 절대 만족하지 않는다. 적어도 오래도록 만족하는 법은 없다. 사람이란 기본적으로 상품화된 물건과 체험으로 달래질 수만 있을 뿐 완전히 채워질 수는 없는 욕구들로 구성되어 있다고 소비자들은 교육받고 있다."[5]

만족을 모르는 욕망을 생산해낸 지 백 년이 지나자 탐닉의 문화가 생겨났다. 비만, 성적 방종, 치솟는 소비자 부채가 단적인 예들이다. 자제심의 부족은 늘 인류를 괴롭혀 왔지만, 이에 근거한 경제 체제가 생겨난 것은 역사상 처음 있는 일이다. 1955년에 한 경제학자는 다음과 같이 말했다. "터무니없이 높은 생산성을 지닌 경제는 소비가 우리의 생활방식이 되게 했고, 구매 행위와 재화의 사용을 종교 의식으로 바꾸어놓았으며, 소비에서 영적 만족과 자아의 만족을 찾도록 만들었다."[6]

50년이 지나 사람들이 욕망을 억제하고 필요한 것만 소비한다면 우리의 경제와 사회는 무너지게 될 형국에 이르렀다. 따라서 이러한 붕괴를 막기 위해 개인적인 욕망을 만족시키는 것은 신성불가침이 되었다. 예를 들어, 2차 세계대전 동안 정부는 전쟁에 필요한 몇몇 물자에 대해 공공 소비를 엄격하게 제한했다. 그러나 9·11 이후 미국인이 수없이 들은 소리는 욕망을 최대한 만족시키는 생활양식을 희생하는 것은 "테러리스트가 이기게 하는 것"과 마찬가지라는 것이다. 소비자지상주의에서는 욕망을 실현하는 것이 최고의 미덕이자 최후 결정권자(심지어 어디에서 예배드려야 하는가라는 문제도 결정하는)다.

전통적인 기독교와 소비자지상주의의 기본 덕목이 양립할 수 없다는 것은 명약관화하다. 성경은 끝없는 개인적 욕망의 추구가 아닌 자족과 절제를 옹호한다. 불행히도 많은 교회에서는 점차 비미국적인 가치가 되고 있는 이런 미덕들을 가르치고 모범으로 삼는 것을 우선순위로 삼고 있지 않다. 사실 많은 교회가 사람들을 문 안에 들이기 위해 상인들이 만들어낸, 욕망을 유발하는 마케팅 기술을 똑같이 사용하고 있다. 조지 바나는 1988년에 쓴 「교회 마케팅」Marketing the Church에서 욕망을 유발하는 광고의 힘을 받아들이지 못한 교회 지도자들을 꾸짖고 있다. "연구 자료와 미국 교회의 활동을 면밀하게 분석한 결과, 교회를 병들게 하는 큰 문제는 바로 시장이 주도하는 환경에서 마케팅을 올바르게 이해하지 못한 것이다."[7]

20년이 넘는 세월 동안 많은 교회 지도자가 바나의 견책에 주의를 기울인 듯하다. 오늘날에는 마케팅 전략과 광고 방법론이 미국 교회에 폭넓게 퍼져 있으니 말이다. 앞 장에서 논의했듯이 교회는 생존을 위해 다른 교회와 경쟁하고 있다. 종교 시장에서 살아남기 위해 이들은 일부 고객들에게 자신의 교회가 "적절하고" "편안하며" "신나는" 곳이라는 확신을 주어야만 하는 동시에 교회의 필요를 느끼지 못하는 사람들에게 교회에 대한 욕망을 만들어내야 한다. 그렇기 때문에 때로는 가장 기본적이면서도 억누르기 힘든 인간의 욕망에 호소하기도 한다. 인디애나 주에 있는 한 교회는 성관계에 대한 연속 설교를 선전하기 위해 남녀의 발이 엉킨 채 침대보 밖으로 나와 있는 광고판을 내걸기도 했다. 더 어린 소년, 소녀를 대상으로 한 것이기는 하지만, 우리 지역에도 그 광고판만큼이나 거슬리는 광고판이 걸려 있다. "어린아이들은 우리 교회를 좋아합니다. 재미있거든요." 존 워너메이커가 울고 갈 일이다.

네버랜드에 사로잡혀

나는 공주가 무섭다. 물론 공주의 변덕스러운 행동거지나 소름끼치는 계모, 종종 공주와 함께 나타나는 불을 뿜는 사나운 괴물을 무서워한다는 말은 아니다. 내 말은 공주들이 내 딸의 마음을 좌지우지한다는 사실이 걱정스럽다는 것이다. 공주를 볼 때마다 조의 눈이 커지고 시선은 고정된다. 마치 보이지 않는 요정이 딸아이의 귀에 대고 마법 주문을 속삭이는 듯하다. 그러면 조는 나를 보며 이렇게 말한다. "아빠, 저거 사도 돼?" 지금 말하는 사람은 조가 아니라 순간적으로 딸아이를 사로잡은 디즈니 악령이 분명하다.

2000년, 디즈니의 소비재 부서의 새로운 회장으로 전 나이키사의 중역이 중용되면서 디즈니의 "공주" 브랜드가 태어났다. 그는 디즈니의 모든 여주인공을 하나의 브랜드로 묶으라고 조치했다. 백설공주, 신데렐라, 잠자는 숲속의 공주, 벨, 재스민, 아리엘은 수십억 달러를 벌어들이는 마케팅의 드림팀이 되었다. 이들은 DVD에서 반창고에 이르기까지 모든 곳에 출현하고 있다. 디즈니는 내 딸아이가 세상에 나온 직후부터 함께했다. 병원 기저귀에는 디즈니 공주가 그려져 있었고, 그때부터 디즈니 공주들은 오래오래 행복하게 내 딸아이의 삶에서 한자리를 차지하게 되었다.

그러나 디즈니는 더 이상 소녀들만이 만화 영화의 공주들과 행복해하는 것에 만족하지 않는다. 〈뉴스위크〉지의 한 기사는 "디즈니가 현 추세를 유지한다면, 다음에는 성인 여성들도 40억 달러에 이르는 디즈니의 왕좌 앞에 무릎을 꿇게 될 것이다"[8]라고 보도했다. 이들은 공주 비자카드, 공주 시트와 수건, 공주 파자마, 심지어 수천 달러의 공주 웨딩드레스에 이르기까지 성인을 겨냥한 새로운 상품을 구성하여 내놓고 있다. 디즈니 의류 계열사 회장은 다음과 같이 말했다. "우리는 여성들이 날마다 조금이라도 공주의 삶을 누리게 해주고 싶습니다."[9]

〈미녀와 야수〉Beauty and the Beast에서 벨이 입은 노란색 드레스 같은 웨딩드레스를 입고 결혼하려는 여성이 실제로 있겠느냐고 반문하는 사람이 있을지도 모른다. 그 질문에는 성인이 어린아이처럼 생각하고 구매하도록 설계된 소비문화가 답해 줄 것이다. 성숙과 합리성은 욕망에 기초한 경제 체제의 적이다. 벤자민 바버가 말했듯이 "소비자 중심 자본주의를 유지하려면, 아이들을 소비자로 만들어야 하며 동시에 소비자를 아이들로 만들어야 한다."[10]

디즈니는 이 공식의 두 측면을 모두 실행하고 있다. 먼저, 자사의 공주 브랜드 상품을 아이들에게 판촉해서 아이들이 부모에게 사달라고 조르게 한다. 이후에 이 소녀 세대가 영속적으로 미숙한 상태를 벗어나지 못하게 만들어서 결국 나이를 먹어서도 계속해서 공주를 형상화한 상품을 사도록 하는 것이다. 디즈니는 욕망을 촉발하는 광고에 가장 약한 아이들이 가정에서 소비를 결정하게 만들며 성인이 계속해서 아이처럼 행동하기를 원한다. 가장 이상적인 소비자는 엄마 뱃속에서 무덤 속까지 어린아이로 남아 있는 사람이다.

물론 디즈니만이 성인이 되는 것을 늦추거나 심지어 막으려고 하는 유일한 기업은 아니다. 많은 기업에서 활용하는 마케팅 기법은 대부분 합리적으로 사고하기보다는 즉각적인 욕구를 충족하도록 부추긴다. 기업은 성인이 물품을 살 때 진지하게 고민하는 대신 정서를 자극하여 즉각적인 욕망을 만족시키는 데 그들의 소득을 사용하길 원한다. 우리는 어린아이 같은 행위에 찬사를 보내는 요란한 소비문화에서 살고 있다. 작가 J. M. 배리Barrie는 고전이 된 「피터 팬」을 이렇게 시작한다. "모든 아이는 자란다, 한 아이만 빼고." 우리의 소비문화에 연료를 공급하는 힘은 그가 틀렸다고 증명하기 위해 열심히 노력한다. 조셉 엡스타인Joseph Epstein에 따르면 오늘날 점점 더 많은 어른이 "말라빠진 시리얼을 먹으며, 엄청나게 텔레비전을 보고, 섹스 상대를 만들기만 바라는, 고등학교 수준의 사고방식에 갇혀 있다." 그리고 일반적으로 그들은 "영원히 사춘기에 머무르며, 마음대로 행동하고, 책임감이 없으며, 삶이라는 쉽지 않은 과업이 주는 실질적인 부담감을 피하려고 한다."[11]

책임감은 회피하고 욕망만 충족하려는 경향이 심화되면서, 어린이 같은 어른들이 30대가 되어도 부모와 함께 사는 경우가 많아지고, 1980년 이후로는 남녀 모두 평균 결혼 연령이 꾸준히 상승하며, 성형 수술을 받는 환자의 연령은 급속히 낮아지고 있음을 통계수치가 보여준다. 우리는 또한 영원한 젊음을 과학적으로 정당화해 주는 새로운 의학의 장이 열리고 있음을 본다. 약 12,000명에 이르는 의사와 과학자로 구성된 미국 노화 방지 의학 학회The American Academy of Anti-Aging Medicine는 "노화는 자연적이며 피할 수 없다"[12]라는 사실을 부인한다. 잘 어울리게도, 이 단체는 2008년 컨퍼런스를 월트 디즈니 월드에서 개최했다.

「아직도 가야 할 길」(열음사)의 저자 M. 스캇 펙Scott Peck과 같은 정신과 의사들은 성숙이란 욕구 충족을 늦출 수 있는 능력이라고 규정한다. 그는 다음과 같이 쓴다. "욕구 충족을 늦추는 것은 먼저 고통을 맞닥뜨려 경험하고 이겨내어 기쁨을 증진시키는 방식으로 삶의 고통과 기쁨을 조정하는 과정이다. 이것만이 삶을 살아가는 가장 제대로 된 방법이다."[13] 오늘날 소비문화에 의해 저해당하고 있는 능력, 즉 이성적으로 결정하고 욕구 충족을 늦추어 미래의 이익을 최대화하는 능력을 갖추는 것이야말로 그가 모든 이에게 처방하는 최선의 길이다. 그러나 많은 사람이 이 여행에 나서지 못하고 있다. 대신에 그들은 언제까지나 네버랜드에 머물려고 한다. 그 결과 우리 가정과 사회의 건강은 심각하게 나빠지고, 기업만이 돈을 벌어들이고 있다.

미국 기독교가 욕망에 호소하고 그 욕망을 충족시켜주는 소비자 지상주의의 방법론을 어느 정도까지 받아들였는지를 생각한다면, 우리는 미국 교회에 명백하게 드러나는 영적인 미숙 상태가 놀랍지 않을 것이다. 교회에 소비자 중심적인 방법을 도입하여 영적으로 성숙한 그리스도인을 만들 수 있다는 믿음은 마치 계란에서 강아지가 나오리라 기대하는 것과 마찬가지다.

40년 넘게 목회를 하고 수많은 책을 쓴 고든 맥도날드^{Gordon MacDonald}는 그의 온라인 칼럼에서 교회에 유아적(미성숙한) 그리스도인이 넘쳐나는 이유를 고찰하고 있다. 사용할 수 있는 자원은 넘쳐나는데, 닮고 싶거나 기리고 싶은 성숙한 하나님의 사람이 더 많아지지 않는 이유는 무엇인가? "최근 우리의 [복음주의적] 전통에는 '유아기'에 있는 사람들을 재촉하여 성숙한 그리스도인으로 이끄는 방법이 부족하다." 맥도날드도 결코 뚜렷한 이유를 제시하지는 않는다. 다만 궁금해할 뿐이다. "무엇이 잘못되었는가? 은혜가 되지 않는 설교? 깊이가 없는 책들? 하나님 없이 스스로 문제를 해결하는 식의 신앙을 지나치게 강조한 것? 도대체 무엇이 문제인가?"[14] 아마도 교회 대내외적으로 만연한 소비자 중심적 가치가 그 대답이 아닐까? 우리의 설교와 책, 사역의 유일한 토대인 이 가치는 본질적으로 어떤 식으로든 미숙을 권장하고 성숙에 반대하도록 만들어졌다.

성경과 전통은 그리스도의 형상으로 성장하는 것, 즉 영적 성숙이란 늘 우리가 원하는 식으로 이루어지지는 않는다고 말한다. 이는 즉각적인 욕구 충족을 추구하는 상품이 아니다. 사도 바울은 그리스도를 추구하는 것을 경주에서 경쟁하는 것에 비교했다. 이것은 "절제"와 "복종"(고전 9:24-27)에 초점을 맞춘 노력을 말한다. 그리고 베드로는 우리의 신앙에 "절제"와 "인내"(벧후 1:5-10)를 더하고 이를 힘써 행하라고 명했다. 전통적으로 그리스도인의 삶은 개인의 욕망을 버리고, 영적 멘토나 공동체에 순종하며, 십자가를 지고 자신을 부인하는 법을 배운다는 특징이 있다. 목회자는 신자를 세우고 바로잡는 훈련을 통해 그들을 인도한다. 아마도 욕망에 따라 움직인다면 우리는 이 훈련에 절대 참여하지 않을 것이다. 우리의 소비문화에서 이러한 가치들은 지지받지 못하며, 편안하게 신앙생활을 하려는 교회 쇼핑객에게도 전혀 인기가 없다. 그러나 자기 의지를 내려놓고 자신을 부인한다면, 그리스도인은 단지 자신이 **원하는 것**이 아닌 그리스도 안에서 성숙해지는 데 자신에게 **필요한 것**을 얻을 수 있다.

진흙 파이 만들기

비행기가 터미널로 이동하면서 기내 기압도 낮아졌다. 후터분한 바깥 공기가 더러운 젖은 양말처럼 내 얼굴에 와 닿았다. 아내가 얼굴을 찌푸렸다. "무슨 냄새죠?"

"인도에 오신 것을 환영합니다." 나는 아내 아만다에게 말했다. 가난에 찌든 10억의 인구가 다닥다닥 붙어 살면서 풍기는 이 냄새에 언젠가는 익숙해질 것이라고. 다만 실제로 보게 될 그 모습에는 절대 익숙해질 수 없을 것이라고.

그날 밤, 뭄바이의 슬럼가를 지나가는 내내 아내는 아무 말이 없었다. 그저 차창 밖에 펼쳐진 광경에 놀라워할 뿐이었다. 이전에는 단지 텔레비전에 나오는 영상이거나 잡지 속 사진일 뿐이었지만 지금은 현실인 것이다. 이 현실에서는 어린아이들이 배에 자라난 농구공만 한 종양을 어루만지며, 창문을 두드리면서 구걸한다. 나는 아내의 침묵을 이해할 수 있었다.

전에 인도를 방문했을 때, 나는 뉴델리에서 아버지와 함께 길을 걷고 있었다. 도로를 건너기 위해 차가 뜸할 순간을 기다리고 있었는데 한 꼬마가 다가왔다. 예닐곱 살쯤 되었을까, 대꼬챙이처럼 뼈만 남은 채로 넝마 같은 파란색 반바지를 걸친 남자아이였다. 다리는 철사로 된 옷걸이가 비틀려 구부러진 것처럼 뻣뻣하게 굳은 채 뒤틀려 있었다. 아이는 손과 무릎으로 어기적어기적 다니고 있었는데 부서진 포장도로를 다녀서인지 그마저도 대부분 굳은살로 덮여 있었다. 인도에서 지내는 다른 때와 마찬가지로 나는 눈을 내리깔고 그런 불행에 빠진 사람은 존재하지도 않는다는 듯이 지나가려고 했다. 그러나 이 끈질긴 소년은 나를 지나가게 내버려두지 않았다.

"1루피! 제발 1루피만 주세요!" 소리 지르는 소년을 무시한 채 우리는 계속 길을 내려가며 차가 지나가지 않을 때를 살피고 있었다. 무릎으로 다니면서도 어찌나 빠른지 이 꼬마는 어떻게든 우리를 따라다니며 앞을 막아섰다. 마침내 이 녀석이 포기하지 않으리라고 생각한 아버지는 멈춰 서서 그 소년을 바라보았다. 이 아이는 자신에게 눈을 돌렸다는 사실에 만족한 듯했다.

"원하는 게 뭐니?" 아버지가 물었다.

"1루피만 주세요, 선생님." 그 소년은 손을 입에 가져다 대고 경의를 표하듯 절을 하며 말했다. 아버지가 웃으며 말씀하셨다.

"5루피를 주면 어떻겠니?" 유순하던 아이의 표정이 곧 사나워졌다. 손을 거두더니 우리를 노려보았다. 아이는 아버지가 자신이 힘들게 따라온 것을 비웃으며 농담을 하고 있다고 생각하는 것 같았다. 어느 누구도 5루피를 거저 주지는 않을 것이기 때문이다. 소년은 발을 질질 끌고 돌아서서는 나직한 목소리로 저주하는 말을 중얼거렸다.

아버지는 호주머니를 뒤척거렸다. 동전이 짤랑거리는 소리가 들리자 소년은 고개를 돌려 뒤를 돌아봤다. 아버지는 5루피 동전을 쥐고 계셨다. 그러고서는 깜짝 놀란 소년에게 다가가 손에 동전을 쥐어주었다. 소년은 움직이기는커녕 한마디도 하지 못했다. 그저 손에 놓인 동전만 쳐다볼 뿐이었다. 우리는 소년을 지나쳐 길을 건너기 위해 계속 걸어갔다.

이윽고 소년이 다시 소리 지르기 시작했다. 그러나 이번에는 "고맙습니다! 고맙습니다! 선생님, 복 받으세요!"라고 외치고 있었다. 그러고는 다시 한 번 우리를 따라 질주해 왔다. 더 많은 돈을 달라고 하기 위해서가 아니라 아버지의 발을 만지기 위해서였다. 그는 우리 앞을 막아서서는 환성을 지르며 손을 들었다가 아버지의 신발에 절했다가 하기를 반복했다. 이 소년은 말 그대로 우리를 숭배한 것이다. 거리를 지나가는 모든 사람이 우리를 쳐다보았다.

그 모습을 보며 이런 생각이 들었다. 하나님이 바로 이렇게 우리를 바라보시지 않을까? 하나님의 도움이 절실하게 필요한 보잘것없는 피조물. 그러나 우리는 어떠한가? 우리는 진짜 필요한 것은 구하지 않는다. 하나님이 주실 수 있으며 기꺼이 주려고 하시는 것들을 바라지도 않는다. 그러고서는 훨씬 못한 것들에 만족한다. 하나님이 우리의 그릇된 욕망에 대해 인자하게 "안 된다"라고 하시며 더 좋은 것을 주실 때, 우리는 하나님을 거부한다. 뒤돌아 조용한 목소리로 하나님을 저주한다. 우리가 1루피를 원할 때 5루피를 주시는 하나님을 상상할 수 없을 뿐이다. C. S. 루이스^{Lewis}는 말한다.

> 염치가 있다면 받을 생각조차 할 수 없고 우리를 혼비백산케 하는, 복음서에 약속된 보상의 본질을 숙고해 본다면, 하나님은 우리의 욕구가 지나치게 강한 것이 아니라 오히려 매우 약하다고 여기실 것 같다. 우리는 열의가 부족한 창조물이다. 그러하기에 무한한 기쁨이 주어졌는데도 술 마시며 성교하고 야망을 채우는 바보짓으로 시간을 허비한다. 마치 아무것도 모르는 아이가 아름다운 바다에서 휴가를 보내는 것이 어떤지 상상할 수조차 없기 때문에 이를 거절하고 슬럼가에 가서 진흙 파이를 만들며 놀기 원하는 것처럼. 우리는 매우 쉽게 만족한다.[15]

소비자지상주의가 만들어낸 딜레마는 욕망을 끝없이 만들어낸다는 것이 아니다. 우리가 창조된 이유보다 훨씬 못한 욕망에 만족하도록 유혹한다는 것이다. 마케팅의 힘은 우리의 상상력을 사로잡아 우리에게 더 큰 기쁨이 존재한다는 가능성을 비웃으며 진흙 파이를 열망하도록 만든다. 우리는 무한한 만족보다는 즉각적인 만족을 열망하도록 다시 프로그램되었다.

한번은 예수님이 길을 가실 때 불구인 가련한 거지가 다가왔다.

그러나 이 사람은 넝마가 된 짧은 바지에 대꼬챙이처럼 깡마른 소년이 아니라 세상적인 안락함을 모두 누리고 있는 부유한 젊은 남자다. 그의 가난은 영적인 것이다. 그가 예수님께 물었다. "내가 무엇을 하여야 영생을 얻으리이까?" 그는 예수님이 자신이 거행할 의식이나 준수할 법규를 말씀하시리라 기대하고 있었다. 그러나 예수님은 그에게 더 중요한 것을 요구하셨다. 바로 관계다.

"네게 있는 것을 다 팔아 가난한 자들에게 주라." 예수께서 말씀하셨다. "그리고 와서 나를 따르라"(막 10:21). 이 대답을 들었을 때 그는 매우 슬퍼하며 떠나갔다. 엄청난 부자인 그는 세상적인 부에 대한 열망을 포기하고 한량없이 귀중한 그리스도의 보물을 받아들이지 못한 것이다. 우리는 지나치게 많이 바라는 것이 아니라 너무 적게 바란다.

근심하는 자 같으나 항상 기뻐하고

1885년 3월, 아버지가 돌아가신 직후 고흐는 아직 아버지의 체취가 남아 있는 성경책을 펼쳐놓은 채로 그렸다. 이 육중한 책 뒤로 분명하게 아버지의 죽음을 암시하는 꺼질 듯한 초가 서 있다. 성경책 앞에는 닳아 헤진 노란 표지의 작은 프랑스 소설책이 놓여 있다. 이 소설책은 뒤에 놓인 거룩한 책의 위엄에 압도당한 것처럼 보인다(그림8).

많은 미술사학자들은 이 그림이 고흐가 자신과 아버지의 차이를 표현한 것이며, 권위주의적 종교의 고루한 방식과 자유로운 근대성의 새로운 방식 사이의 차이를 그려낸 것이라고 평가해 왔다. 고흐의 아버지는 목사로서 새로운 사상을 굉장히 경계했으며, 프랑스 소설에 대한 고흐의 애착을 공공연하게 비난했다. 그러나 이러한 해석은 그림의 미묘한 분위기를 잘못 받아들인 것은 물론, 제도권 교회에 대해 점차 커지는 회의주의에도 고흐가 성경을 얼마나 깊이 경외했는지를 망각한 것이다. 수년 뒤 고흐의 친구는 "그 네덜란드 친구의 머릿속은 성경으로 불타올랐다"고 증언했다.

그림을 좀 더 자세히 보면 성경이 고난당하는 종의 사명을 묘사한 이사야 53장에 펼쳐져 있음을 알 수 있다. 이 구절은 그리스도가 출생하기 7세기 전에 기록된 예언으로 그가 겪을 극심한 고통을 암시하고 있다.

> 그는 멸시를 받아 사람들에게 버림받았으며
> 간고를 많이 겪었으며 질고를 아는 자라.
> 마치 사람들이 그에게서 얼굴을 가리는 것같이 멸시를 당하였고
> 우리도 그를 귀히 여기지 아니하였도다.
> 그는 실로 우리의 질고를 지고 우리의 슬픔을 당하였거늘
> 우리는 생각하기를 그는 징벌을 받아
> 하나님께 맞으며 고난을 당한다 하였노라.
> 그가 찔림은 우리의 허물 때문이요
> 그가 상함은 우리의 죄악 때문이라.
> 그가 징계를 받으므로 우리는 평화를 누리고

> 그가 채찍에 맞으므로 우리는 나음을 받았도다(사 53:3-5).

고흐는 또한 종이표지로 된 소설의 제목이 확실히 보이게 그렸다. 에밀 졸라의 「삶의 기쁨」 La Joie de Vivre. 표면적으로 이사야 53장에 묘사된 예수님의 고난과 「삶의 기쁨」은 완전히 대조를 이루는 것처럼 보인다. 이 때문에 많은 사람이 이 그림은 고흐가 현대성을 지지하여 아버지의 종교를 거부한 것을 나타낸다고 여겨왔다. 그러나 졸라가 쓴 소설 줄거리는 그의 진짜 의도를 잘 보여준다. 이 소설은 자신이 섬기던 사람들에게 학대당하고 배신당하며 거절당한 한 고아 소녀의 이야기다. 그런데도 여주인공은 큰 희생을 감수하면서까지 아낌없이 다른 이들을 사랑하고, 심지어는 원수의 아이의 목숨을 구해낸다.

고흐는 졸라의 소설이 이사야 53장에 반대되는 것이 아니라 오히려 이를 현대적인 방식으로 다시 이야기해 준다고 보았다. 즉, 거절당하고 멸시당하며 고난당하는 종의 현대적인 예증으로 생각한 것이다. 그러나 동시에 이 그림은 기독교 신앙의 핵심적인 역설을 찬양하고 있다. 즉, 상실을 겪음으로 하나님의 종은 더 큰 기쁨을 발견한다는 것이다. 「삶의 기쁨」 마지막 구절은 다음과 같다. "그 소녀는 모든 것을 벗어버렸다. 그러나 그의 맑은 웃음 속에는 행복이 울려 퍼졌다." 마찬가지로, 이사야 53장은 예수님의 슬픔과 고난을 생생하게 묘사한다. 그러나 고흐는 이 고통 반대편에 기쁨이 있다고 이해했다. 히브리서 기자에 따르면 이야말로 예수님이 자신의 운명을 받아들인 이유다. 그는 "그 앞에 있는 기쁨을 위하여"(히 12:2) 십자가를 참으시고 부끄러움을 개의치 않으셨다. 더 큰 즐거움이 기다리고 있음을 알았기에 고통을 참으셨다. 예수님은 욕망을 억누르면서 고통을 감내한 것이 아니라 오히려 욕망을 최대로 실현하시기 위해 고통을 인내하신 것이다. 기쁨과 뒤섞인 슬픔, 바로 이것이 고흐가 성경을 연구하면서 배우고, 프랑스 문학 작품에서 발견한, 그리고 그가 평생 동안 붙든 역설이었다.

전도사에서 면직되고 목사가 되려던 꿈을 잃어버린 뒤에 고흐는 동생에게 그 고통스러운 시절을 적어 보냈다. "새들에게 깃털을 바꾸는 털갈이 시절이 있듯이, 우리 인간에게는 역경과 불운이 닥치는 어려운 시절이 있다. 이 털갈이 시절에 누군가는 머물러 주저앉고 말지만 누군가는 새로운 모습으로 다시 태어난다."[16] 고난은 피해야 할 이상한 것이 아니라 받아들여야 할 하나님의 은혜의 한 일면이다. 변화가 일어나고 새로운 생명이 시작되는 방법이다. 즉각적인 욕망을 희생하는 것이 궁극적 욕망을 이루는 방법이다. 사도 바울은 이를 반어적으로 명확하게 표현했다. "또한 모든 것을 해로 여김은 내 주 그리스도 예수를 아는 지식이 가장 고상하기 때문이라. 내가 그를 위하여 모든 것을 잃어버리고 배설물로 여김은 그리스도를 얻고"(빌 3:8).

슬픔이 지닌 속죄의 효과와, 우리의 욕망을 유한한 것에서 무한한 것으로 옮기는 그 힘은 고흐가 1876년에 전한 영어 설교의 주제다.

슬픔은 기쁨보다 좋은 것입니다. …… 외적으로야 슬프지만 이 때문에 우리의 속마음은 더 나아지기 때문입니다. 우리는 본질적으로 슬픈 존재입니다. 그러나 예수 그리스도를 바라보는 법을 배운 자와 또 지금 배우고 있는 자에게는 늘 기뻐할 이유가 있습니다. 이런 의미에서 성 바울이 "근심하는 자 같으나 항상 기뻐하고"라고 한 것은 참 적절한 말씀입니다. 예수 그리스도를 믿는 자들에게는 희망이 깃들지 않은 죽음이나 슬픔이란 없습니다. 그렇기에 절망이란 없으며, 오직 끊임없이 다시 태어나고 어둠에서 빛으로 계속 전진할 뿐입니다.[17]

순간적인 고난이 우리를 영원한 기쁨으로 이끈다는 고흐의 믿음은 그가 생레미의 정신병원으로 보내졌을 때 시험대에 올랐다. 삶에서 정신적인 고통이 가장 컸을 그 시기에 그는 그리스도의 고난을 면밀하게 인지했다. 병원 근처의 전원을 이리저리 다닐 때마다 그는 올리브 나무숲으로 이끌렸다. 뒤틀린 가지와 울퉁불퉁한 껍질은 겟세마네 동산의 올리브나무들 사이에서 예수님이 보내셨을 고뇌에 찬 밤을 생각나게 했다. 가룟 유다가 예수님을 배신한 바로 그 밤, 그곳에서 예수님은 닥쳐올 고난에 관하여 아버지께 기도하셨다. "아버지여 만일 아버지의 뜻이거든 이 잔을 내게서 옮기시옵소서." 십자가의 고난을 비켜가는 것이 그분의 희망이었다. 예수님의 고뇌가 얼마나 심했던지 누가는 예수님의 땀이 핏방울 같았다고 말한다. 예수님의 즉각적인 요망은 고통을 피하는 것이지만 궁극적으로는 그렇지 않았다.

아버지께 잔을 옮겨달라고 요청한 후에 예수님은 이렇게 덧붙이셨다. "그러나 내 원대로 마시옵고 아버지의 원대로 되기를 원하나이다"(눅 22:42). 예수님의 가장 진실하고 깊은 열망은 아버지의 뜻이 이루어지는 것이었다. 결국 예수님은 "죽기까지 복종하셨으니 곧 십자가에 죽으셨으며", 하나님이 그를 지극히 높여 "모든 이름 위에 뛰어난 이름을 주사 하늘에 있는 자들과 땅에 있는 자들과 땅 아래 있는 자들로 모든 무릎을 예수의 이름에 꿇게"(빌 2:8-10) 하셨다. 즉각적인 욕구를 포기하여 더욱 큰 욕구를 채우셨다. 모든 것 위에 영광을 받으신 것이다. 겟세마네 동산은 고난당하는 종이 그 고난의 깊이를 보여준 장소기도 하지만 역설적으로 가장 깊은 기쁨을 보여준 곳이기도 하다.

고흐는 생레미에서 치료받는 동안 성경에 나오는 수많은 장면을 그렸지만 겟세마네의 예수님은 절대로 그리지 않았다. 한번은 그 장면을 그리려고 시도했지만 찢어버리고는 다시는 시도조차 하지 않았다. 아마도 예수님이 겟세마네에서 느낀 슬픔과 기쁨의 복잡한 상호작용이 고흐의 예술적 재능조차 무색하게 만들어버린 것이 아닐까. 1889년, 친구인 고갱과 베르나르는 자신들이 그린 〈감람산의 그리스도〉Christ in the Garden of Olives를 사진으로 찍어서 그에게 보내주었다. 고흐는 그 그림들이 "신경에 거슬린다"라고 표현했는데, 아마도 자신이 포기한 것과 같은 이유에서일 것이다. 예수님의 고난은 표현할 수 있지만 아버지의 뜻을 받아들여서 생겨난 내적 기쁨은 그려낼 수 없었다.

그 이야기의 진면모를 드러내기 위해 고흐는 겟세마네의 예수님을 그리기보다 올리브나무를 그리는 편을 택했다. 그는 "실재하는 겟세마네 동산을 직접 그리지 않고도 고뇌의 인상을 줄 수 있을 것"[18]이라고 믿었다. 대신 그는 뒤틀린 나무들에서 그리스도의 고통을 보았다. 고흐는 올리브나무들이 어렴풋이 사람의 형상을 띠도록 그려서 예수님을 직접 그려낼 때보다 더 "사람들이 생각하게 만들기"를 원했다. 이렇게 해서 나무들은 예수님의 고통을 상징하는 동시에 고흐 자신의 고통을 상징하기도 한다(그림9).

또한 전통적으로 겟세마네를 묘사한 작품과 고흐의 작품이 지닌 차이는 바로 작품에 넘쳐나는 밝음이다. 그는 어둠이 내려앉은 동산의 야경을 그린 것이 아니라 작렬하는 황금빛 태양을 그렸다. 다른 많은 작품처럼 이 작품에서도 고흐가 거룩한 사랑을 그릴 때 표현하는 노란색이 두드러진다. 고통에 몸부림치는 나무들이 하나님의 무한한 사랑을 향하여 가지를 내뻗고 있다. 이는 아버지의 성경책과 졸라의 소설을 다시 형상화한 것이며 작가의 영혼 안에 격동하는 느낌을 그려낸 것이다. "내가 종종 극심한 고통에 빠져드는 것은 사실이다." 그는 기록한다. "그러나 여전히 내 안에는 더없이 맑고 조화로운 음악이 흘러나온다."[19] 우리는 근심하는 자 같으나 항상 기뻐하는 자들이라는 것, 고흐의 〈올리브나무〉Olive Trees는 이 역설을 잘 포착해냈다.

아픔을 알면 얻는 것이 있다

즉각적인 욕구를 포기하는 자기 부인은 그리스도인의 삶에 반드시 필요한 조건이다. 디트리히 본회퍼Dietrich Bonhoeffer가 간명하게 말한 것처럼, "그리스도는 사람을 부르시고 와서 죽으라고 명하신다."[20] 그러나 소비자 중심 기독교의 복음에는 이러한 초대가 없다. 기쁨과 새로운 삶, 더 만족스러운 결혼생활, 더 순종적인 자녀, 더 균형 잡힌 삶을 제공하고, 미래에 대한 걱정을 덜어주겠다고 약속하지만, 어디에도 이러한 약속에 죽음이라는 대가가 따른다고 가르치지 않는다. 사실 어느 누구도 우리에게 자기를 부인하라고 말하지 않는다. 이는 소비자지상주의의 토대인 개인 욕망의 신성화와는 전혀 어울리지 않는 가치이기 때문이다.

소비자지상주의에 완전히 물든 사람에게 예수님 수준의 개인적인 희생을 요구하는 하나님은 자비로운 분으로 보일 수가 없다. 오히려 제임스 본드James Bond의 영화에 나오는 골드핑거Goldfinger처럼 우리를 탁자에 묶고 레이저 광선을 쏴서 몸을 절단하려는 괴상한 악당처럼 보일 것이다. 007은 초조하게 말한다. "원하는 게 뭐냐?" 즐거워진 골드핑거는 대답한다. "원하는 건 없다, 미스터 본드. 나는 네가 죽기를 바랄 뿐이다."

예수님은 협상에 관심이 없으시다. 그분은 죽음, 즉 순간적인 욕구를 포기할 때만이 우리가 더 큰 기쁨을 누릴 수 있다는 것을 아신다. 예수님은 하늘나라를 밭에 감추인 보화에 비유하시며(마 13장) 이 점을 보여주셨다. 우연히 보화를 발견한 한 남자는 그 보화를 숨겨둔 채 돌아가서 기쁘게 자기 소유를 다 팔아 그 밭을 산다. 예수님은 우리에게 어리석게 행동하거나 우리의 욕구를 포기하라고 하시는 것이 아니다. 정반대를 요구하신다. 합리적인 사람이라면 덜 가치 있는 것을 내버리고 더 가치 있는 것을 얻으려고 할 것이다. 예수님은 우리에게 아름다운 바다에서 보낼 휴양을 제시하신다. 그것을 누리기 위해 우리는 슬럼가에서 만들고 있는 진흙 파이를 버려야 한다.

그러나 세상의 힘과 권력, 권위가 우리의 상상력을 얽매어서 밭의 보화가 실제로 존재하지 않는 것처럼 보이게 만들 때, 우리는 어떻게 해야 하는가? 잘못된 욕망을 장려하고 우리의 욕구가 채워질 수 없는 것과 지속될 수 없는 기쁨으로 향하도록 설계된 사회에서 어떻게 우리의 진정한 욕구를 고양시키는 법을 배우겠는가?

영적 변화와 마찬가지로 예수님을 따를 때 우리의 욕구는 변화한다. 나는 그 답이 한마디로 고난이라고 생각한다. 고통은 두 가지로 나타난다. 하나는 우리가 선택하지 않은 고난으로 신약 성서에서 종종 "시험"trial이라고 언급되며, 다른 하나는 우리가 선택하는 고난으로 "훈련"discipline이라고 부른다.

야고보 사도는 고흐가 그림에서 자주 보인 역설로 그의 편지를 시작한다. "내 형제들아 너희가 여러 가지 시험을 당하거든 온전히 기쁘게 여기라"(약 1:2). 이때 시험은 우리가 선택하지 않았지만 우리에게 닥치는 고통스러운 상황을 말한다. 기뻐하라는 야고보 사도의 요청은 안락함과 즉각적인 욕구 충족을 주장하는 문화에서는 상식에 맞지 않는다. 그러나 감추인 보화를 발견한 사람처럼 더 넓은 안목을 지닌 이들에게는 참으로 합당하다. 달라스 윌라드는 다음과 같이 썼다.

> 모든 존재가 겪는 "시험"을 우리가 체험하는 장으로 받아들이고 우리와 함께하시는 하나님의 통치하심을 실제적인 현실로 깨닫는 것은 예수님의 "마음"에 이르기까지 성장하는 데 가장 중요하다. 우리는 시험을 피하려는 태도를 가져서는 안 된다. 또한 우리는 무슨 일이 일어났을 때, "파멸했다"거나 "세상은 끝났다"라고 해서도 안 된다.[21]

"모든 존재가 겪는 시험"이란 영적 성숙을 위한 거룩한 교육과정이다. 이것은 하나님이 사용하시는 레이저 광선으로, 잘못된 욕망에 물든 우리의 옛 자아를 죽이고 영속하는 기쁨에 집중하는 새로운 욕망을 지닌 새로운 자아로 부활케 한다.

우리는 주어진 고난의 잔을 받아들이는 것을 넘어, 더 나아가 영적 훈련의 형태를 띤 고난을 조금씩 삼키도록 요청된다. 훈련이란 우리의 기본적인 욕구와 충돌하는 체계화된 활동이다. 정의하자면, 그것은 우리가 본능적으로 하고 싶어하는 것들이 아니다. 어떤 훈련이든 우리의 본성에 자연스러운 일이 되는 순간, 그것은 더 이상 훈련이 아니기 때문이다. 예를 들면, 초등학생 시절 나는 읽기를 매우 힘들어했다. 그래서 숙제도 하기 싫었다. 그보다는 매일 오후마다 트랜스포머 만화만 보고 싶어했다. 나에게 읽기는 훈련이었다.

그러나 인내하며 숙제를 하고 만화 영화를 보고 싶은 즉각적인 욕구를 미루는 고난을 받아들였기 때문에 읽기는 더 이상 내게 훈련이 아니었다. 나는 이제 힘들이지 않고 자연스럽게 읽을 수 있다. 심지어 글 읽기를 즐긴다. 훈련은 즉각적인 욕구를 충족시키고자 하는 유혹을 극복하는 법을 가르쳐서 더 높은 수준의 욕구를 이룰 수 있게 해준다.

40일 동안 광야에서 금식하시는 동안 돌로 떡을 만들라는 유혹을 받으셨을 때 예수님은 이 진실을 명확하게 말씀하셨다. "사람이 떡으로만 살 것이 아니요 하나님의 입으로부터 나오는 모든 말씀으로 살 것이라"(마 4:4). 훈련은 우리의 즉각적인 "필요 욕구"가 가장 중요한 것은 아니라는 사실을 깨우쳐준다. 우리는 기본적인 욕구를 넘어서는 존재며, 우리의 삶은 욕구를 충족시켜서 유지되는 것이 아니다. 광고업자들이 말하는 것에도 불구하고 우리는 음식, 잠, 안락함, 성, 권력, 지위, 아름다움의 욕구가 채워지기 때문에 살 수 있는 것이 아니다. 살아가는 것이 하나님의 뜻이기에 살아간다. 예수님이 그러하셨듯이, 그리스도인의 가장 큰 열망은 하나님 뜻에 순종하는 것이 되어야 한다. "나의 원대로 마시옵고 아버지의 원대로 하옵소서." 금식은 우리의 필요 욕구를 넘어 우리에게 실제 필요한 것이 무엇인지 알 수 있도록 단련시킨다. 금식은 덧없는 즉각적인 욕망에서 우리의 시선을 돌려 영원한 내적 욕망을 바라보게 해준다.

음식을 먹지 않는 전통적인 방식을 포함해서 다양한 방법으로 금식을 실천할 수 있다. 날마다 욕망을 유발하는 3,500개의 광고 폭격이 쏟아지는 디지털 시대를 살아가는 그리스도인에게 적실한 새로운 훈련 형태가 있다. 바로 미디어 금식이다. 플러그를 뽑고 정해 놓은 시간만큼 미디어에서 벗어날 때 얻는 유익은 셀 수 없이 많지만 간단하게 두 가지만 언급하려고 한다. 첫째, 미디어 금식은 우리 영혼에 해독제로 작용한다. 기억하라. 지난 세기 동안 소비자지상주의의 목적은 전 인류에게 욕망을 퍼뜨리는 것이었으며, 이 사명은 미디어를 통해 성취되어왔다. 텔레비전, 라디오, 컴퓨터의 전원을 끈다면 우리로 하여금 끊임없이 더 많이 사고 욕망하도록 만드는 독이 흘러들어오는 것을 막을 수 있다.

둘째, 아마도 이것이 더 중요할 텐데, 미디어 금식은 삶 속에서 우리가 오래전에 처음으로 발견한 감추인 보화를 다시 찾아보게 하는 기회를 제공한다. 단지 멍하게 하루 종일 쳐다보던 화면을 껐을 뿐인데, 하나님과 교제할 수 있는 시간과 정신적 여유가 얼마나 많이 생겨나는지 보라. 채워질 수 없는 것들을 욕망하게 만드는 마케팅 담당자들에게 놀아나는 대신 우리는 다음과 같이 말씀하신 한 분 하나님을 통해 우리의 상상을 일깨워 더 높은 기쁨으로 나아갈 수 있다.

오호라 너희 모든 목마른 자들아 물로 나아오라. 돈 없는 자도 오라.
너희는 와서 사먹되 돈 없이, 값 없이 와서 포도주와 젖을 사라.
너희가 어찌하여 양식이 아닌 것을 위하여 은을 달아 주며
배부르게 하지 못할 것을 위하여 수고하느냐?

> 내게 듣고 들을지어다. 그리하면 너희가 좋은 것을 먹을 것이며
> 너희 자신들이 기름진 것으로 즐거움을 얻으리라.
> 너희는 귀를 기울이고 내게로 나아와 들으라.
> 그리하면 너희의 영혼이 살리라(사 55:1-3).

상황에서 오는 시험이든 선택에 따른 훈련이든 간에 우리는 그리스도와 함께 고난 받으라는 부르심을 피할 수 없다. 우리는 일시적인 십자가의 고통을 감내하셔서 가장 깊은 소망을 만족시키시고 영원한 기쁨을 추구하신 고난 받는 종의 발걸음을 따르도록 초청받았다. 소비자지상주의 세력들은 우리로 하여금 욕망을 충족시키고 고통을 경감시켜주겠다고 약속하는 모든 상품을 열심히 뒤쫓게 만든다. 그렇게 해서 우리를 영원히 네버랜드에 가두어두려고 하지만, 그리스도는 이와 정반대되는 길로 우리를 초청하신다. 복음은 우리에게 십자가를 짊어지고 고통의 역설을 받아들이라고 부른다. 그 십자가의 무거운 나무 아래에서 우리는 가장 큰 열망의 대상을 발견한다. 바로 하나님 그분을.

7장
많은 이들을 위한 피난처

진실하고 참된 사랑은 축복이다. 비록 때때로 다가오는 고난의 때를 막아주지는 못한다 할지라도.
빈센트 반 고흐

배를 버리라

내 딸은 내가 슈퍼맨이라고 생각한다. 은유적으로 말하는 것이 아니다. 내 아이는 말 그대로 내가 철로 만들어진 사람이라고 믿는다. 아이는 이미 유치원에 있는 친구들에게 그다지 큰 비밀이 아닌 내 정체를 말하고 다녔다. 겉모습으로만 본다면 나는 "클락 켄트"보다는 "클락 막대기"에 더 적합한 체구에 대머리인데도 전혀 의심하지 않는다. 조는 아빠가 무엇이든 할 수 있다고 믿는다. 어느 날 교회에서 나와 다른 차를 타고 동시에 출발했는데 내가 집에 더 일찍 도착해 있자, 아이는 그날부터 그런 생각을 갖게 되었다. "아빠, 집에 어떻게 이렇게 빨리 왔어?" 딸아이가 물었다. 나는 셔츠의 단추를 끌러 속에 입은 슈퍼맨 옷을 보여주었다. "와!" 아이 눈이 접시만큼 커졌다. 나는 굳이 아이의 생각을 바꾸고 싶지는 않다. 어차피 시간이 진실을 밝혀줄 테니까.

자신의 아버지가 거의 무한한 능력을 가지고 있다고 믿는 때가 있던 아이가 많을 것이다. 내가 아버지에 대해서 그렇게 생각해 본 적이 있었는지 떠올리려 해도 기억이 나지는 않지만 말이다. 아버지가 놀라운 능력을 가지고 있지 않다는 말이 아니라, 아이일 때에도 아버지의 능력이 어느 정도 유한하다는 것을 알았다는 말일 뿐이다. 아버지가 의사였기 때문에 식당이라든지 비행기에서 심장마비를 일으킨 환자에게 응급조치를 취하기 위해 달려가시던 모습을 본 기억이 두세 번 있다. 그러나 가정 문제에 있어서는 크립토나이트Kryptonite 앞의 슈퍼맨처럼 그 힘이 다 빠져버리는 것 같았다. 공정하게 말하자면, 아버지는 자신에게 있는 능력을 써서 나름대로 노력하시기는 했다. 물이 새는 파이프는 섬유 유리 깁스로 고정해서 감싸버리셨고, 부서진 진공청소기 손잡이에는 부목을 대셨으며, 집 안에 시든 식물들에는 링거를 꽂아 화학비료를 투여하셨다.

아버지의 능력에 대해서 조금밖에 말하지 않았지만 이쯤 되면 내가 열세 살이 된 어느 날 아버지가 미시간 호수로 항해술 수업을 받으러 가자고 했을 때 내가 그다지 기뻐하지 않은 이유를 이해하리라 생각한다. 아버지는 사흘간 강사와 함께하는 항해술 수업에 나와 우리 형, 사촌 둘까지 예약해 놓으셨다. 시카고의 벨몬트항에 도착해 보니 아버지의 자신감은 식스 플래그(Six Flags, 미국의 놀이동산_옮긴이)에서 통나무배를 타본 경험이 전부인 사람에게서는 나올 수 없는 허세였다는 것이 드러났다. 그러나 강의 첫 이틀은 수평으로 놓인 돛대를 왜 "붐"(돛의 아래 활대와 쿵 부딪히는 소리 모두 "boom"이라 한다_옮긴이)이라고 부르는지 형이 알게 된 것 말고는 비교적 순조롭게 지나갔다.

사흘째 되는 날 마지막 시간, 강사는 우리가 치를 최종 시험을 자세히 설명해 주었다. 우리는 돛배를 타고 혼잡한 항구를 떠나 광활한 미시간 호수를 항해한 뒤에 다시 돌아와야 했다. 단, 우리끼리. 강사는 호숫가에 머무르며 우리가 어떻게 하는지 지켜본다고 했다. 강사가 "우리끼리"라고 말하는 순간, 나는 절대로 아버지가 지휘하는 배에 타는 일은 없으리라고 다짐했다. 이는 아버지가 우리에게 747 비행기를 운전하도록 하는 것과 다를 게 없었다. 아버지의 설득과 형과 사촌들이 겁쟁이라고 놀리는 소리에도, 나는 추호도 그 배에 오를 생각이 없었다. 아버지와 일행은 망설임 없이(비록 우리 형이 구명조끼를 몇 번이고 확인하는 것을 보았지만) 우르르 배에 들어갔다. 나는 부두에 남아 강사 옆에 서서 출항을 준비하는 모습을 지켜보았다.

동료 선원들을 배신한 내 결정이 얼마나 탁월했는지는 곧 입증되었다. 마치 물에 뜨는 핀볼 게임의 공처럼 작은 돛배가 벨몬트항 여기저기를 부닥치며 돌아다니자 강사는 아연실색했다. 마치 자기력이라도 있는 양 그 돛배는 부두, 부표, 배 가릴 것 없이 물에 떠 있는 모든 물체에 끌려가는 것처럼 보였다. 이런 아수라장에도 아버지는 자신이 항구에 초래한 대혼란이 아주 통상적인 일이라는 듯이 키를 잡고 서서 그의 선원들에게 차분하게 지시를 내리고 있었다. 다른 배들은 충분한 거리를 두느라 법석을 떨었고, 부두에 묶여 있는 배들은 아버지의 풍력 추진 어뢰에 자신들의 수상 투자물이 폭파되지 않도록 측면에 범퍼를 덧대고 있었다.

육지에서는 구경꾼이 하나둘 모여들었다. 처음에는 항구에서 고함소리가 나니까 무슨 일인지 궁금해서 모여든 것이다. "누가 다쳤나?" "사고 났어?" 전혀 아니다. 그 고함소리는 바로 물 위를 떠다니는 자존심과 같은 자신의 배를 지키기 위해 배 주인들이 아버지에게 악을 쓰는 소리였다. 구경꾼들은 바보들의 배를 가리키며 웃어대기 시작했다. 나도 그 돛배에 타고 있는 멍청이들이 누구인지 모르는 체하며 다른 사람들과 함께 손가락질하며 웃었다. 그리고 그 순간, 내가 그 배에 타지 않았다는 사실에 매우 감사했다(열세 살 먹은 아이가 몹시 당황하면 그런 식으로 반응하는 법이다). 그러나 가족을 버렸다는 일말의 수치스러움도 있었다. 호숫가에 있는 동안 안전하고 편했지만 한편으로는 외로웠다.

아버지와 선원들은 끝내 항구를 빠져나가지 못했다. 끝내 더 큰 피해가 생기기 전에 강사가 개입하기로 결심하고 이들을 구조했기 때문이다. 저주받은 여행으로 녹초가 되어 배에서 내리는 형과 사촌에게 나는 "내가 뭐랬어?"라고 말하며 만족해했다. 그러나 이들은 다른 종류의(실패하긴 했지만 어려움을 함께했다는 그런 종류의) 만족을 누리는 것 같았다.

결정, 결정

우리는 공동체에 대해 매우 변덕스럽게 군다. 모든 일이 잘 되어갈 때에는 공동체라는 배에 뛰어들어 함께 즐기고자 한다. 그러나 공동체가 희생과 인내, 힘든 일을 요청하면 얼른 해안으로 나가서 배에 남은 얼빠진 사람들을 모른다는 듯이 행동한다. 즉각적인 욕구 충족을 강조하고 인간의 선천적인 이기주의와 결합된 소비문화가 들어오면서 우리는 대부분 교회에도 이런 방식으로 접근한다. 우리는 어느 곳이 가장 편안한 환경을 제공하는지 계산해서 공동체를 결정하며, 그 편안함이 지속되는 동안만 그곳에 헌신한다. 이러한 가치 기준에 비추어 우리는 어느 배에 승선할지, 어느 배를 해안에서 바라보며 비웃는 것이 나을지 결정한다. 바로 이것이 소비사회에 존재하는 긴장관계다. 선택과 헌신, 편안함과 공동체 사이의 긴장인 것이다.

우리 교회 성도이던 그렉과 마가렛을 만나기 위해 스타벅스에 도착했을 때 나는 우선 계산대로 가서 음료를 주문했다. 벽에 걸린 메뉴는 비교적 간단해 보이지만 사실은 기만적이다. 커피를 주문할 때 단지 보통 커피인지 카페인을 제거한 커피인지, 크림을 넣는지 설탕을 넣는지만 결정하면 되는 시절이 있었다. 그러나 오늘날 스타벅스는 실제로 20,000종류에 달하는 음료를 판매한다. 비록 나처럼 차만 마시는 사람에게는 경우의 수가 확 줄어들기는 하지만 말이다. 나는 고르고 골라 "큰 사이즈의 탈지脫脂 얼그레이 티 미스토"tall Earl Grey nonfat tea misto를 주문했다.

선택한 음료를 마시며 그렉과 마가렛은 우리 교회를 떠나 가까운 도시의 다른 교회로 옮긴 이유를 설명하였다. 새로운 교회는 토요일과 주일에 예배를 여러 번 드리기 때문에 그들의 바쁜 일정에 맞추어 예배를 고를 수 있었던 것이다(우리 교회는 예배를 딱 세 번 드리는데 모두 주일 아침이다). 학생부에도 예배 준비 모임이 여러 개 있어서 딸이 봉사할 수 있다고 했다(우리 교회 학생부에는 예배 준비 모임이 딱 하나 있다). 또한 그 교회는 우리 교회보다 "훨씬 크기" 때문에 그렉과 마가렛은 더 많은 것을 얻을 수 있다고 했다. 그들의 필요를 완벽하게 채워줄 강좌와 소모임도 있었다. 몇 년 전, 교회 구성원이 되기로 공개적으로 서약했지만 우리 교회에 대한 이들의 서약은 끝나고 말았다. 더 편안한 배가 항구에 들어온 것이다. 더 많은 선택권을 제공하는 배가 말이다!

소비자지상주의의 핵심적인 특징은 선택의 자유다. 개인의 특정한 욕구에 맞춘 상품을 만들어내는 주문생산은 사업체로 하여금 소비자에게 선택의 폭을 점점 증가시키고 있다. 이러한 추세를 가장 잘 드러내는 상품이 바로 아이팟이다. 이제는 노래 한 곡을 듣기 위해서 앨범 전체를 사지 않아도 된다. 소비자는 그 자리에서 수백만 곡의 노래를 들을 수 있으며 하나하나 원하는 대로 내려 받아 나만의 앨범을 만들 수도 있다. 소비자는 원하는 것을 정확히 선택하고 원하지 않는 것은 삭제한다.

여기에는 단지 편리함보다는 선택에 더 많은 의미가 있다. 3장에서 논의했듯이 소비사회에서 사람들은 구입한 상품을 통해 자신의 정체성을 형성하고 표출한다. 더 많은 선택권을 부여받은 소비자일수록 자신의 독특한 정체성을 더 잘 형성할 수 있다. 소비자가 취향에 맞게 신발을 만들 수 있게 해주는 나이키 온라인 매장을 생각해 보라. 이름도 어찌나 딱 맞는지, "나이키아이디"NIKE iD다. 웹사이트에는 다음과 같이 쓰여 있다. "나이키아이디는 당신의 개성을 반영합니다. Nike.com + 당신의 개성 = 주문생산." 스타벅스 역시 주문생산이 정체성을 형성하는 방식인 것처럼 광고한다. 스타벅스 매장에서 "마시고 싶은 대로 만드세요"라고 적힌 소책자를 보면 소비자의 취향에 맞는 음료를 어떻게 주문하면 되는지 가르쳐주는 듯하다. 그러나 이 책자는 더 나아가 고객들이 자신이 가장 좋아하는 음료의 레시피(정체성)가 인쇄된 티셔츠를 주문하도록 권유한다.

겉으로 봐서는 전혀 해될 것이 없어 보이는 이러한 예들이 오늘날 만연하는 가치 기준들을 강화하고 있다. "모든 세계가 우리의 욕망에 맞추어줄 것이다. 우리가 바라는 바로 그것을 충족시켜주지 않는다면 받아들이지 말라." 오래전에 헨리 포드는 사람들이 무슨 색상을 원하든 상관없이 검정 색상의 모델티Model T 자동차만 시판하겠다고 했다. 그러나 오늘날 나이키아이디 홈페이지는 이렇게 선언한다. "전시되어 있는 상품을 그대로 고르거나, 메뉴에 있는 것을 그대로 주문하는 시대는 끝났다." 개성만이 새로운 시대의 표준이다.

우리가 거듭 살펴보았듯이 소비자지상주의의 가치는 언제나 교회 안으로 스며들어온다. 선택에 대한 요구도 마찬가지다. 예를 들어 캘리포니아의 한 대형 교회는 북미 교회에서 선풍적인 인기를 얻고 있는, "비디오 베뉴"video venues라는 새로운 유행을 만들어냈다. 주일에 교회에 들어서면 가족들은 각기 자신의 개인적인 취향에 맞추어 가장 편안한 분위기에서 예배를 드리기 위해 예배 환경을 선택해 흩어진다. 할머니는 전통적인 예배에서 찬송가를 부르고, 엄마와 아빠는 예배 카페에서 우아하게 커피와 베이글을 맛보며 예배를 드린다. 10대 자녀들은 귀먹을 각오를 하고 록음악 예배에 참석한다. 예배자는 더 이상 자신이 좋아하지 않는 음악이나 기도, 사람들을 참지 않아도 된다. 가족의 가치와 성도의 연합이라는 가치는 개인적인 선택이라는 소비자지상주의의 주문呪文 소리에 완전히 묻혀버렸다. 주문생산은 공동체를 밀어내고 예배의 핵심 가치가 되었다.

한 기자는 이렇게 보도했다. "이 교회에 영감을 준 것은 선택의 자유와 다양성을 보장하는 미국의 쇼핑몰이다."[1] 비디오 메뉴를 도입한 교회의 목사는 말한다. "저는 소비자가 지닌 사고방식에 매우 친숙하며, 그 사고방식을 이용해 사람들에게 더 쉽게 다가가고 있습니다."[2] 그러나 그는 또한 개인적인 선택의 가치를 강조하면 동질적인 성도만 모이게 된다는 사실도 인식하고 있다. "모든 사람에게 다양한 요소가 뒤섞인 한 예배에만 참여하도록 요구하는 대신, 우리는 차이를 인정하고 존중하여 동질적인 특정 회중을 대상으로 예배 환경을 다양하게 제공합니다. 현재 우리 교회 성도는 주말마다 예배 형식과 시간대, 장소에 따라 마련된 열여덟 개의 예배 가운데 하나를 선택할 수 있습니다."[3]

소비자지상주의의 가치를 도입한 교회가 동질성이라는 모습을 보이는 것은 당연하다. 선택권이 주어질 때, 사람들은 대부분 자신의 개성이나 가치관, 삶의 수준, 인종과 잘 맞는 공동체를 선택하기 마련이다. 속된 말로 끼리끼리 노는 것이다. 교회 컨설턴트 윈 안

Win Arn은 "자신과 동일한 사람들이 모일 때 교회는 성장하며, 최고로 성장할 수 있다. [그리고 덧붙이자면] 사람들은 목회자도 자신과 '같은 수준'이기를 바란다. 수준이 지나치게 높거나 낮지 않고 지나치게 앞서거나 뒤쳐지지 않는 그러한 목회자 말이다"라고 말한다.[4] 본질적으로 사람들은 편안한 교회를 선택한다. 그 편안함이란 회중석과 설교단이 "꼭 나와 같은" 사람들로 채워져 있을 때 생겨난다. 이러한 원칙은 교회 지도자 두 세대를 거치며 다음과 같이 성문화되었다. "동질집단 교회성장 원칙"Homogeneous Church Growth Principle.

그렉과 마가렛은 비교적 우리 교회에서 편안해했다. 그들은 **많은** 사람과 관계를 맺고 있었으며 우리 교회 음악을 **대체로** 좋아했다. 그러나 더 큰 교회가 나타나 그들 가족의 다양한 관심사를 만족시켜줄 더 많은 선택지를 제공하면서 그들의 개성과 더 잘 맞는 공동체를 선택할 수 있는 기회가 생기자 그들은 배에서 뛰어내렸다. 더 동질적이고 특화된 영적 체험을 주문할 수 있게 되자 그들은 우리 공동체에서 체험한 모든 것을 버렸다. 선택이 헌신을 능가하며, 편안함이 공동체보다 우선한다.

식사 예절

뉴욕과 할리우드, 라스베이거스가 하나로 통합된 거대 도시를 상상해 보라. 바로 그 모습이 역사가들이 생각하는 고대 그리스의 고린도다. 고린도는 뉴욕처럼 상업 중심지였고, 할리우드처럼 문화 중심지였으며, 라스베이거스처럼 부도덕함의 중심지였다. 고린도는 그

명성과 무역로 상의 중요한 위치 때문에 로마 제국 전체에서 다양한 사람들을 끌어들이는 중심도시가 되었다. 상류층은 상업으로 얻은 부로 사치스러운 삶을 누렸지만, 하류층은 노예제와 가난의 굴레에 묶여 고통받았다. 사도 바울은 이러한 환경에 교회를 세운 것이다.

그리스도를 따르는 자들이 모여 고린도에 이룬 고투하는 이 공동체는 한 가지 고질적인 문제에 시달렸다. 바로 당시 문화의 가치들을 무비판적으로 교회 안에 들여놓은 것이다. 그리스 철학이 그랬듯이 고린도의 악명 높은 음란함이 교회 안으로 들어왔고, 인종적·경제적으로 도시가 분열되는 양상도 그대로 유입되었다. 자신이 개척한 교회에 부도덕과 분열이 있다는 이야기를 들은 바울은 격노했으며 마음이 아팠다. 고린도에 있는 그의 자녀들은 세상 문화의 가치 때문에 그리스도의 가치를 버린 것이다. 고린도전서는 신랄하게 질책하고 회개를 촉구하는 내용으로 가득 차 있다. 바울은 그들에게 하나님이 보시기에 세상의 지혜는 어리석음을 알리며 즉시 음란에서 벗어나라고 명령한다. 그러나 바울이 가장 강하고 격렬하게 비난한 것은 고린도인의 교리나 음란함이 아닌 식사 예절이다.

초기 그리스도인은 집에서 함께 식사하며 성찬식을 행했다. 당시에는 오늘날 우리가 주일마다 모이는 곳과 같은 교회 건물이나 성당이 없었기 때문이다. 여기에서 문제가 생겨났다. 로마 세계에서 주일은 휴일이 아니다. 따라서 일에 얽매이지 않거나 아예 일을 하지 않는 부유한 성도는 일찍 모일 수 있었지만, 고린도 교회의 가난한 성도는 사정이 달랐다. 노동자와 하인, 노예와 같은 가난한 성도는 저녁 늦게 도착해서 보통은 부유한 사람들이 이미 다 먹고 남긴 포도주와 별 볼일 없는 음식이 놓인 상을 받기 일쑤였다. 가난한 그리스도인에게는 주워 먹을 정도의 음식만 남는 셈이다.

이러한 배려 없는 행동을 전해들은 바울은 격노에 차서 회신한다. "그런즉 너희가 함께 모여서 주의 만찬을 먹을 수 없으니 이는 먹을 때에 각각 자기의 만찬을 먼저 갖다 먹으므로 어떤 사람은 시장하고 어떤 사람은 취함이라. 너희가 먹고 마실 것이 없느냐 너희가 하나님의 교회를 업신여기고 빈궁한 자들을 부끄럽게 하느냐?"(고전 11:20-22)

고린도인들은 그들의 행동이 부적절하다고 생각하지 않았다. 고린도에서는 원래 가난한 자와 부유한 자가 음식을 함께 먹지 않기 때문이다. 그들은 같은 식탁에 앉지도 않았다. 이러한 문화가 교회로 고스란히 흘러들어오면서 사실상 교회는 둘(부유한 자를 위한 모임과 가난한 자를 위한 모임)로 나뉘었다. 하나님 백성의 연합을 보여주기 위해 의도된 성찬식이 세상의 분열상을 그대로 반영한 것이다.

부유한 자는 부유한 자와 먹고 가난한 자는 가난한 자와 함께 먹는 **동질성**은 고린도에서 편안하고 평범하게 받아들여지는 관습이다. 고린도 그리스도인은 이와 다르게 살아가는 것은 상상조차 하지 못했다. 그러나 바울은 달랐다. 공동체를 바라보는 그의 관점은 그 당시 보편적인 가치들로 이루어지지 않았다. 바울은 반문화적이고 과격한 사상을 옹호했다. 바로 사회의 분열을 뛰어넘는 연합이라는 가치다.

고린도인처럼 우리 마음도 이 시대 문화의 보편적인 방법론에 사로잡히는 경우가 많다. 선택하고자 하는 소비자의 요구 때문에 만들어지는 이러한 동질성은 교회를 분열시킨다. 교회는 우리 문화의 사회적 분열에 도전하기보다 순응한다. 소비자지상주의 교회는 문화, 인종, 경제에 따라 분열하는 벽을 뛰어넘어 연합을 요구하신 예수님과 사도들의 급진적인 생각을 옹호하기보다는 오히려 분열의 벽을 열광적으로 지지한다. 1세기 바울은 고린도인이 그리스도의 식탁에서 연합하지 못하는 부끄러운 모습을 강하게 비난했다. 그러나 고린도인이 20세기 후에 살았다면 비슷한 사람들끼리 모임을 잘 형성했으며 시간을 유동성 있게 잘 사용한다고 칭송받을 것이다. 역설적이게도, 대부분의 다른 기관들은 이 특성을 버렸지만, 교회만은 실용적이지만 잘못된 "인종 분리 평등정책"separate but equal을 강하게 지지하고 있다.

우리가 이러한 태도를 갖게 된 이유는 명백하다. 소비자지상주의 기독교의 관심은 하나님 나라의 반문화적인 가치를 반영하여 사람들을 변화시키는 것에 있지 않고, 종종 출석과 헌금으로 측정되는 사람들의 만족도에 달려 있기 때문이다. 만족하지 못한 소비자처럼, 만족하지 못하는 교회 구성원이 있다면 다른 곳에서 만족을 찾으면 된다. 한 목회자는 이렇게 열변을 토했다. "모든 요소가 뒤섞인 예배를 드릴 때 나타나는 문제는 오직 일부 사람만이 일부 시간에만 행복하다는 것입니다. 그러나 당신의 교회가 동질성을 지닌 예배를 다양하게 갖추고 있다면 이렇게 이야기할 수 있습니다. '이 예배가 좋지 않다면 다른 예배에 참여해 보세요!"[5]

노란 집

다른 많은 작가처럼 고흐도 자신이 오해받고 있다고 느꼈다. 그가 함께한 공동체마다 모두 끝내 그의 열정을 받아들이지 못하는 것처럼 보였다. 학교, 교회, 심지어 가족에게도 그랬다. 그러나 고흐는 그의 열정이 완전히 공유되지는 않더라도 그러한 열정을 표현할 수 있고 용기를 얻을 수 있는 공동체를 바랐다.

고흐는 파리에서 동생과 함께 지낸 1886년에서 1888년까지 그러한 공동체를 살짝 맛볼 수 있었다. 그림 중개상인 테오 반 고흐Theo van Gogh는 고흐의 그림을 인정한 고흐의 몇 안 되는 혈육이다. 파리의 예술계에 연줄이 많은 테오 덕분에 고흐는 앙리 드 툴루즈 로트레크Henri de Toulouse-Lautrec, 에밀 베르나르Emil Bernard, 폴 고갱Paul Gauguin과 같은 신진 작가들과 친분을 쌓을 수 있었다. 비교적 덜 알려진 이 젊은 작가들은 새로운 미술 양식을 실험하며 그들의 작품으로 주류 예술에 반기를 들고자 했다. 고흐는 이것을 좋아했다. 그들에게 배우면서 고흐의 표현 양식도 성숙해져갔고 네덜란드 시절의 세련되지 않은 초상화 양식에서 벗어났다. 고흐가 비주류 예술가들이 "함께 생활하며 그림을 그리는 곳, 즉 저마다 표현 양식은 다르지만 같은 목표를 공유하고, 생각을 나누며, 다른 사람의 작품에 의견을 제시하는"[6] 장소인 스튜디오의 개념을 처음으로 생각한 곳이 바로 파리다.

테오의 재정 후원으로 고흐는 파리를 떠나 프랑스 남부 아를의 어느 광장에 위치한 빈 집을 임대했다. 방은 네 개지만 비어 있을 만했다. 요리를 할 수 있는 가스도 없고 화장실은 옆집에 있는 등 상태가 매우 좋지 않았지만 가격은 적절했다. 열정으로 가득 찬 고흐는 몇 안 되는 소지품과 물감을 챙겨 이 집으로 이주했다. 곳곳이 파손되어 있었지만 곧 이 집이 자신의 "남쪽 스튜디오"를 위한 전초기지가 될 가능성이 있음을 알았다. 그는 종교적인 관점에서 이 집을 바라보았으며, 그와 함께 살게 될 예술가들을 "예술의 사도들"이라고 불렀다. 심지어 집에 의자도 열두 개를 비치했다. 적절하게도, 고흐의 집은 그의 작품 속에서 신성과 사랑을 상징하는 빛나는 노란색이었다. 그가 늘 "노란 집"이라고 부른 이곳은 고흐에게 화합과 공동체, 사명을 상징했다(그림10).

테오는 고갱의 작품을 중개했는데, 하루는 그에게 비용을 지불하겠으니 아를에 가서 고흐와 함께 스튜디오를 시작해 보지 않겠느냐고 제의했다. 고갱이 함께할 수도 있다는 이야기에 고흐는 들뜨기 시작했다. 외로움에 몸부림치던 그는 스튜디오를 막 시작하려는 순간에 동료까지 생긴다고 생각하자 흥분되었다. 그는 테오에게 다음과 같이 썼다. "만약에 고갱이 우리와 함께하게 된다면 우리는 새로운 시대를 여는 매우 위대한 일을 시작하게 될 거야."[7] 예술가 공동체라는 낭만적인 이상향이 그를 사로잡았다. 그는 선교사적 열정을 보이며 스튜디오에 대해 이야기했다. 그곳은 이리저리 옮겨 다니는 작가들이 영감을 떠올릴 수 있는 장소, 고갱이 대수도원장으로 있는 수도원, 즉 "살아 있는 힘"이 될 것이다. 남쪽 스튜디오를 통해 고흐는 세상을 깨우는 새로운 회화학파가 생겨날 것이라 믿었다.

이러한 외적인 사명 말고도 고흐는 노란 집이 자신처럼 전통적이지 않다는 낙인이 찍혀 소외당하는 진보적인 예술가들을 치유하는 장소가 되리라 생각했다. 고갱이 도착하기 전에 그에게 보낸 편지에 고흐는 이렇게 쓰고 있다. "나는 작업을 하면서도 줄곧 스튜디오를 세울 계획을 염두에 두고 있습니다. 우리는 늘 이 스튜디오에서 지내겠죠. 그러나 이곳은 친구들이 세상과 맞서는 게 몹시 견디기 힘든 때에는 언제든지 찾아올 수 있는 안식처와 피난처가 되어야 합니다." 고흐가 다른 이들을 치유하는 이 공동체에 자신의 필요를 투영시켰다는 점은 명백해 보인다. 그럼에도 그는 노란 집이 "많은 이를 위한 피난처"[8]가 되는 큰 소망을 품고 있었다.

1888년 10월 20일, 고갱이 아를에 도착했다. 두 사람은 노란 집에서, 아를의 카페와 거리에서, 주변 시골에서 그림을 그리며 지냈다. 이들은 종종 그림 양식을 두고 언쟁을 벌였는데, 과격하고 교만한 고갱에게 고흐는 곧잘 주눅이 들었다. 그럴 때면 그는 갑자기 변덕스럽게 행동하는 것으로 대응했다. 고흐가 품은 소망, 즉 예술가들이 함께 조화를 이루며 살아가는 전원적인 환상은 문제와 반목이 끊이지 않는 리얼리티 텔레비전 프로그램에 가까워 보였다.

몇 주 지나지 않아 고갱은 더 이상 이런 식으로 생활할 수 없다는 결론을 내렸다. 그는 테오에게 편지를 보냈다. "고흐와 나는 절대로 아무 문제없이 함께 살 수 있는 사람들이 아니라네. 우리는 성격이 너무 맞지 않아. 그리고 둘 다 작품 활동을 위해 조용한 시간이 필요하다네. 그는 내가 정말 존경할 만큼 훌륭한 재능을 가지고 있어. 그렇기 때문에 떠나는 것이 더욱 유감스럽기는 하지만 서로를 위해 이렇게 해야만 한다고 생각하네."[9] 고흐는 고갱이 떠나려고 한다는 것을 어렴풋이 알아차렸다. 버림당하고 다시 외롭게 살아야 한다는 부담감은 부서지기 쉬운 그의 영혼이 받아들이기에 몹시 가혹했다. 12월 23일 밤, 이 두 친구는 카페에서 말다툼을 했고 고갱은 고흐에게 노란 집에 가지 않겠다고 하고는 호텔로 향했다. 망연자실한 고흐는 노란 집으로 돌아가 면도칼로 귀의 일부를 잘랐다.

다음 날 아침, 경찰이 피바다 가운데 쓰러져 있는 고흐를 발견했다. 아를의 병원에서 깨어난 그는 자신에게 일어난 일에 충격을 받기는 했지만 아무것도 기억하지 못했다. 고갱을 잃으리라는 감정적 압박, 그가 품은 이상적인 공동체와 암울한 현실의 괴리 때문에 고흐는 처음으로 정신이상 증세를 보였다(전기 작가들은 고흐가 정신분열증 또는 조울병을 앓고 있었다고 주장했는데, 불행히도 이 주장은 널리 받아들여졌다. 그러나 이후 의학 전문가와 마찬가지로 고흐를 진료한 주치의는 그의 병을 일종의 정신운동간질로 진단했다. 고흐는 정신이상자가 아니다. 순간적으로 뇌 일부가 발작하여 스스로 귀를 절단하고 의식을 잃었다는 증거가 있다).

예술가들의 공동체에서 살겠다는 고흐의 꿈은 물거품이 되었다. 정신질환이라는 진단을 받은 그는 다른 종류의 공동체로 보내졌다.

바로 생레미에 위치한 정신병원이다. 이러한 예는 매우 극단적이기는 하지만, 고흐를 괴롭힌 딜레마는 우리에게도 똑같이 다가온다. 그는 공동체에서 더 많은 것을 이루고 배울 수 있으리라고 생각했다. 외롭고 무시당한 자들이 서로 수용해 주고 격려해 준다면 공동체는 치유의 휴식처가 될 수 있다고 믿었다. 그러나 이상은 언제나 현실보다 아름다운 법이다. 현실에서는 사람들과 같이 지내기가 쉽지 않으며, 현실적인 문제로 논쟁이 생기기 마련이다. 이것이 공동체가 지니는 딜레마다. 우리는 공동체를 원하고 필요로 하지만, 그것을 이루기에는 스스로가 몹시 부족하다.

이상과 현실의 괴리는 언제나 존재한다. 아마도 그것이 오늘날 그토록 많은 사람이 공동체를 완전히 떠나버리는 이유일 것이다. 그들은 그를 따르는 자들을 두고 다음과 같이 기도하신 예수님의 마음을 망각하고 있다. "아버지여, 아버지께서 내 안에, 내가 아버지 안에 있는 것같이 그들도 다 하나가 되어 우리 안에 있게 하사 세상으로 아버지께서 나를 보내신 것을 믿게 하옵소서"(요 17:21). 예수님은 우리가 하나 되기를 원하셨다. 또한 바울은 말했다. "너희는 유대인이나 헬라인이나 종이나 자유인이나 남자나 여자나 다 그리스도 예수 안에서 하나이니라"(갈 3:28). 그러나 사람들은 이 말을 감상적이며 실질적이지 않은 말로 취급해 버린다. 그렇게 되면 우리 마음은 공허해지고 그 틈새로 인습적인 소비문화의 생각이 쇄도하게 된다. 비록 흠이 있을 수 있지만, 분열된 세상에서 치유하는 피난처 역할을 감당할 실질적인 그리스도의 공동체를 형성하는 일에

도전하기보다는 개인적인 편안함에 기초한 동질적인 모임을 선호한다. 그렇기에 고흐의 텅 빈 노란 집처럼, 교회는 우리에게 끊임없이 공동체가 가치 있는 꿈이 될 수 있다는 사실을 상기시켜주고 있다. 그러나 우리가 힘을 다하지 않았기 때문에 시도도 해보지 못한 채 실패한 꿈이 되어버렸다.

부적합자들의 섬

"주일 아침 열한 시는 미국에서 가장 인종 차별이 심한 시간이다." 나는 마틴 루터 킹Martin Luther King Jr. 목사의 도발적인 말로 성경공부 강좌를 시작했다. 교외에 거주하는 백인들로 이루어진 수업에서 나는 이 말을 어떻게 생각하는지 묻고 대답을 기다렸다.

무척 긴장되었다. 신학대학원 실습 과정으로 교회에 나가서 처음 가르치는 날이기 때문이다. 나는 이 사람들과 일면식도 없고 검증받지도 않은 선생이었다. 설상가상으로 앉아 있는 사람들은 나보다 나이가 족히 두 배는 많아 보였다. 목사님은 나에게 6주 동안 고린도전서를 가르치라고 말씀하셨는데 다름 아닌 "인생의 황금기를 사는 사람들"Primetimer을 대상으로 하는 수업이었다. 내가 수업을 하기 20년 전에나 어울릴 법한 이름이다.

고린도전서 1장 내용으로 바로 들어가기 전에 나는 화이트보드에 내 이름을 적고 간단하게 소개를 시작했다. 그 교실에는 자녀를 모두 출가시킨 부모가 많았다. "몇 살이세요?" 앞줄에 앉은 여성이 물었다.

"스물다섯입니다." 나는 대답했다.

"제 딸도 그 또랜데. 결혼은 하셨어요?"

"네, 결혼했습니다." 그 여성은 실망한 듯이 보였다.

"스카이Skye라는 이름은 무슨 뜻이죠?" 다른 여성이 정중하면서도 아주 궁금하다는 듯 물었다. 이 질문은 매우 많이 받아왔기 때문에 나도 늘 하던 대로 대답했다.

"스카이는 별명입니다. 본래 이름은 아카쉬Akash고요. 힌디어인데 영어로 하늘sky이라는 뜻입니다."

"오, 인도 사람이군요." 누군가 결론을 내렸다.

"뭐, 아버지가 인도 출신이시기는 한데, 어머니는 영국계 미국인이시죠. 제 중간이름은 찰스인데 외할아버지 이름입니다." 나는 더 자세히 설명해 주었다. 수업에 앉아 있던 많은 사람이 점잖게 고개를 끄덕였다. 마치 식당 종업원이 "오늘의 특별 요리"를 열심히 소개했지만 별로 주문하고 싶어하지 않는 손님의 표정과 똑같았다.

어쨌든 이렇게 내 족보를 소개하면서 수업을 시작했다. 고린도전서는 바울이 교회에 존재하는 분열을 이야기하는 것으로 시작한다. 그 주제를 우리에게 적용하기 위해 마틴 루터 킹의 말을 인용한 것이다(더 정확히 하자면, 빌리 그레이엄Billy Graham 목사가 오래전에 〈리더스 다이제스트〉Reader's Digest 기사에서 자신의 친구인 마틴 루터 킹 목사의 말을 인용한 것을 내가 또 인용한 것이지만). " '주일 아침 열한 시는 미국에서 가장 인종 차별이 심한 시간이다.' 이 말을 어떻게 생각하십니까?" 나는 물었다.

뒷줄에 앉아 있던 한 남성이 마침내 이 어색하고도 긴 침묵을 깨뜨렸다. "저는 그 말이 전적으로 사실이라고 생각합니다. 그 말이 사실일 뿐 아니라 그것이 옳다고 생각합니다."

순간 내 귀를 의심했다. '이 사람, 지금 교회에서 보이는 인종 차별이 옳다고 한 건가?' 등골이 오싹했다. 이중 초점 안경을 낀 눈들이 모두 나를 주시하고 있었다. 무엇을 어찌해야 할지 몰랐다. 나를 그 자리에서 구해 줄 다른 학생은 없는지 훑어보았다. 그러나 구원자는 없었다. 그때 어디선가 배운 요령이 하나 생각났다. 무슨 대답을 할지 모르겠으면 질문의 뜻을 정확히 물어 시간을 끌라.

"좋습니다. 무슨 의미인지 좀 설명해 주시겠어요?"

"그러니까, 제가 성경을 읽어본 바로는 말입니다," 그가 대답하기 시작했다. "우리는 모두 하늘의 하나님 보좌에서 결국 갈라지게 되거든요. 각 나라와 족속으로 말입니다. 그렇죠? 그렇다면 이 땅에서도 그러지 말라는 법이 있습니까?"

내 계획은 실패했다. 나는 여전히 할 말을 잃었으며 사실 좀 전보다 더 충격을 받았다. 나는 이 사람이 계시록을 완전히 잘못 이해해서나, 인종차별 대우가 철폐된 지 40년이 지난 지금도 이러한 인종차별주의자가 남북 분계선에서 북쪽으로 650킬로미터나 떨어진 곳에 존재한다는 사실 때문에 충격을 받은 것이 아니다. 분명히 2분 전에 내가 혼혈이라는 것을 밝혔는데도 이렇게 말한다는 사실에 경악해서 말이 나오지 않았다. 두려움과 분노가 내 안에서 요동쳤다. 그때 분노가 나를 압도했다면 그 남자에게 신랄한 질문을 쏟아댔을 것이다. '그렇다면 나는 하나님 보좌에서 어디에 서게 되는 겁니까? 어느 족속에 속하게 되는 거죠? 나 같은 사람을 위한 특별 장소라도 있다는 겁니까? 천국 문밖에 부적합자를 위한 섬이라도 따로 있다는 말인가요? 뭐, 잡종들을 위한 연옥 같은 곳이라도 있다는 겁니까?'

그러나 그날은 분노보다 두려움이 더 컸다. 나는 침묵을 지킨 채, 강의 노트를 훌훌 넘기며 수업을 진행했다. 강의 시간 후반부에 소그룹으로 모여 이야기를 나누고 있는 동안 나는 어떻게 하면 남은 5주 동안 이 반을 맡지 않을 수 있을지 골몰히 생각하고 있었다. '이 상황을 목사님께 말씀드리면 분명히 이해해 주시겠지. 이런 상황에서 내가 계속 가르칠 수 있으리라고는 생각하지 않으실 거야. 내 가치를 더 공유할 수 있는 사람들과 함께해야 해. 아니면 적어도 그런 가치에 마음을 여는 사람들이어야지. 내가 저 뒷줄에 앉은 불 코너(Bull Conner[1897-1973], 미국 민권 운동 시기에 소방호수, 경찰견, 탱크까지 이용해서 시위를 억제하도록 지시한 경찰 책임자_옮긴이) 같은 사람이랑 뭘 할 수 있겠어? 5주 동안 저 사람과 계속 말다툼을 할 수는 없지. 빠져 나갈 방법을 세워야 해. 이 모임은 벌써부터 암담하군.'

월요일에 담임목사를 만났다. 나는 내 걱정거리를 설명했고 목사님은 열심히 내 말을 들어주었다. 나는 명확하게 반을 옮겨 달라고 부탁드리지는 않았다. 다만 내 이야기를 들으시면 목사님이 알아서 조정해 주리라 믿었다.

"지금 고린도전서를 가르치고 있지?" 목사님이 물으셨다.

"예." 내가 말했다.

"교회 안의 연합?"

"그렇습니다."

"그렇다면, 자네가 가르치는 것을 직접 실천할 수 있는 훌륭한 기회인 것 같기도 한데." 목사님은 불 코너의 배경을 설명해 주셨다(물론 "불"은 내가 그 인종주의자에게 붙인 별명이지, 실제 이름은 아니다). "그는 자네와 전혀 다른 시절에 자네와는 가치관이 전혀 다른 곳에서 자라난 사람일세. 자네는 계속해서 그 반을 가르치면서 그 사람의 생각에 도전하고, 그러면서도 공동체를 이룰 방법을 찾아야만 하네."

물론 목사님 말씀이 옳다. 나는 나에게 맞는, 더 편안한 곳으로 피해야 한다는 생각에 마음을 뺏긴 나머지 내 안의 위선을 보지 못한 것이다. 헨리 나우웬은 이렇게 말했다. "공동체란 당신이 가장 함께하고 싶지 않은 사람과 늘 함께 살아가는 곳이다." 좋아하지 않는 사람이 있다고 해서 배를 버린다면 우리는 또한 공동체를 버리는 것이다. 내 편안함을 위해서 그 수업을 그만둔다면 나는 고린도전서를 가르칠 자격이 없다는 생각이 들었다. 나는 공동체의 울타리 안에서 불 코너와 대면해야만 했다.

수업을 계속하는 동안 나는 불의 사고방식에 도전했고 최선을 다해 그의 관점을 경청했다. 그러나 내가 결국 알게 된 것은 하나님이 배제된 그의 가치관이나 내 가치관이 서로 다를 바가 없다는 점이다. 물론 그는 인식하지 못했겠지만, 그 사람을 통해서 나는 공동체를 바라보는 내 관점이 안락함을 기대하는 소비자주의를 따라 얼마나 왜곡되었는지를 알게 되었다. 마치 인종 차별을 옹호하는 그의 문화적 배경 때문에 공동체를 바라보는 불의 시선이 왜곡되었듯이 말이다. 우리는 모두 같은 병에 전염되어 있었다. 단지 증세만 달랐을 뿐이다. 수업 내내 필요했던 인내의 경험이 내 안의 진실을 일깨워주었다. 그 고린도전서 수업이 불에게도 자신의 진실을 깨닫도록 도움이 되었기를 바랄 뿐이다. 그리스도인 공동체의 본질에 대해 쓰면서 나우웬은 말한다.

공동체란 구성원들이 서로 공존할 수 있는지와 전혀 관련이 없다. 교육 배경, 심리적 기질, 사회적 신분이 비슷하다면 우리를 한자리에 모이게 할 수는 있지만 절대 그런 요소가 공동체의 토대는 될 수 없다. 공동체는 우리를 한자리에 부르신 하나님께 기초를 두는 것이지 사람들이 서로에 대해 갖는 매력에 기초한 것이 아니기 때문이다. 자신의 이익을 보호하고, 자신의 지위를 변호하며, 자신의 대의를 주창하는 모임이 많이 있지만 그것들 가운데 어느 것도 그리스도인의 공동체는 아니다. 두려움의 벽을 헐고 하나님께 새로운 자리를 만들어드리는 대신 이들은 실제로 존재하든 상상 속에 존재하든 간에 모든 침입자를 막기 위해 스스로를 가두어버린다. 공동체의 신비함이란 바로 서로 어떤 면에서 다르든 모두 품어주며, 그들로 하여금 그리스도의 형제자매로, 하늘에 계신 아버지의 아들딸로 함께 살도록 하는 데에 있는 것이다.[10]

하늘나라의 전채前菜

인종 차별에 대해 불이 지닌 성경적 이해는 완전히 잘못된 것이다. 그는 요한계시록 7장 9절을 오시는 하나님 나라에 차별이 있으리라는 뜻으로 잘못 읽었다. 그러나 그가 옳게 이해한 부분도 있다. 불은 오늘날 교회가 미래를 미리 보여줄 수 있어야 한다는 점을 적절하게 인식하고 있었기 때문이다. 그렇지만 사도 요한이 기록한 환상은 동질성을 지닌 수많은 공동체가 개별적으로 하나님의 보좌를 둘러싸고 있다는 말이 아니다. 오히려 세상의 분열을 뛰어넘는 하나의 공동체를 이루는 화합과 통합의 환상인 것이다.

> 이 일 후에 내가 보니 각 나라와 족속과 백성과 방언에서 아무도 능히 셀 수 없는 큰 무리가 나와 흰 옷을 입고 손에 종려가지를 들고 보좌 앞과 어린양 앞에 서서(계 7:9).

세상적인 분열을 뛰어넘는 이러한 화합의 환상은 소비자지상주의 기독교에서는 잊힌 것이 되었다. 대신에 소비자지상주의 기독교는 동질성이라는 실용적인 환상을 채택했다. 문화적 장벽을 넘어선 공동체를 이루는 일은 매우 어려우며, 대부분 편안함을 추구하는 교회 쇼핑객들에게는 호소력도 없다. 그들이 가진 편안함이라는 가치에 도전하지 않고 더 나아가 그들의 독특한 취향에 맞춘 체험을 주문 생산할 수 있는 그런 교회를 만드는 것이 까다로운 고객들을 사로잡을 수 있는 더 쉬운 방법이다. 또한 다양성과 공동체의 가치를 대놓고 부인할 그리스도인은 드물겠지만 그들에게 대부분 이러한 가치는 교회를 결정하는 핵심 요소가 될 만큼 높은 위치를 차지하고 있지는 않다.

소비자지상주의는 우리로 하여금 완전히 개인적인 것에 집중하도록 하기 때문에 우리는 복음이 지닌 공동체적이며 사회적인 특징을 놓쳐버렸다. 우리는 그리스도가 십자가를 통해서 하신 일 가운데 하나가 단지 개인과 하나님 사이를 화해시킨 것뿐만 아니라 관계가 멀어진 사람들이 서로 화해하도록 하는 것임을 잊고 있다. 에베소서 2장에서 바울은 하나님과 화해하게 될 때 사람들도 화해하게 된다고 말한다. 그리스도의 목적은 "이 둘로 자기 안에서 한 새 사람을 지어 화평하게 하시고 또 십자가로 이 둘을 한 몸으로 하나님과 화목하게 하려 하심"(엡 2:15-16)이다. 바울은 또한 당시의 보편적인 사회적 범주도 깨뜨려버렸다. "거기에는 헬라인이나 유대인이나 할례파나 무할례파나 야만인이나 스구디아인이나 종이나 자유인이 차별이 있을 수 없나니 오직 그리스도는 만유시요 만유 안에 계시니라"(골 3:11).

바울은 사회적 범주를 무시하고 십자가를 통한 화합을 굳게 믿은 사람이기에 고린도인들에게 분노할 수밖에 없었다. 식사할 때 연합보다는 동질성을 중시한 고린도인들의 태도는 식사의 의미를 정면으로 무시한 것이고, 더 나아가 그리스도의 십자가를 반박한 것이다. 그들의 모임은 하나님 나라의 거룩한 연합보다는 고린도의 타락한 분열을 반영한 것일 뿐이다.

그리스도의 화목하게 하시는 사역의 공동체적인 측면에서 그리스도인의 상상력을 일깨우려면 우리는 식탁이 지닌 상징적 힘을 회복해야 한다. 그리스도의 식탁은 우리의 소비자 중심적인 경향에 맞서고 이를 파괴한다. 그리스도의 식탁은 편안한 공동체에 대한 우리의 욕구를 의미 없게 만들며 동질성의 원칙을 타파해 버린다. 우리가 그리스도의 식탁에 주인이 아닌 손님으로 나아가기 때문이다. 우리는 누구를 초대할지 결정할 자격도, 능력도 없다. 대신에 우리는 예수님의 찢기신 살과 흘리신 피로 구속받은 다른 상처받은 영혼들과 함께 앉도록 요청받고 그 요청에 순종할 뿐이다. 그분의 식탁은 많은 사람을 위한 피난처며, 견디기 힘든 시절에 은혜를 맛볼 수 있는 자리다. 그렇지만 우리는 분명 그 식탁에서 정말 함께하고 싶지 않은 사람을 만나게 될 것이다. 우리는 바로 그 사람을 사랑하도록 부름 받았다. 그 식탁에서 우리는 떡과 포도주뿐 아니라 우리 옆에 자리를 차지한 형제자매를 통해서도 살아 계신 그리스도를 만날 것이다. C. S. 루이스는 말했다.

> 이웃은 축복받은 성체 다음으로 우리가 인식할 수 있는 가장 거룩한 대상이다. 만약 그 이웃이 그리스도인이라면 그는 성체만큼이나 거룩하다. 그들 가운데 그리스도, 영광 받으신 그분 자신께서 완전히 가려진 채 계시기 때문입니다.[11]

고린도인들이 그들에게 익숙한 방식으로 성찬식에 참여한 것을 꾸짖은 후에 바울은 그들에게 식탁에 나오기 전에 스스로를 신중히 살펴보고, 먹으러 모일 때에는 다른 이들을 기다리라고 강청했다. 바울은 부유한 자든 가난한 자든 모두가 합석하여 그 식탁이 그리스도 몸을 드러내는 전조적prophetic 상징이 되기를 바랐다. 그는 신자의 모임이 고린도 문화가 아닌 하나님 나라를 반영하길 원했다. 바로 식탁의 전조적인 힘이 우리의 상상력을 움직여 다가올 하나님 나라의 실재만을 바라보게 하며 오늘날 문화에 맞서 살 수 있게 한다. 폴 브래드쇼Paul Bradshaw는 초대 그리스도인들이 함께한 식탁의 전조적 목적을 다음과 같이 기록했다.

> 이 식사는 그들이 하나님과 화목하게 되었으며, 언젠가는 하나님 나라에서 같이 축제를 벌일 선민이 되었음을 상징한다. 또한 그들이 식탁에서 서로 누리며 체험하는 깊은 교제는 그들이 하나님과 영원히 누리게 될 연합을 미리 맛보고 앞서 목격하는 것이다. 따라서 모든 식사는 미래의 전조적인 상징이며, 현재에서 그 미래로 들어서는 방법이기도 했다.[12]

성찬식은 다가올 하나님 나라에서 우리가 체험할 완전한 연합과 치유를 미리 맛보는 전채라고 할 수 있다.

아주 힘든 갈등을 겪고 난 뒤 교회에서 드린 성찬 예배가 기억난다. 당시 우리의 관계는 많이 무너져 있었다. 다양한 가치와 시각 때문에 공동체를 이룬다는 것이 쉽지 않았다. 주일, 식탁 앞에 모인 우리는 식탁에 놓인 빵에서 한 조각을 떼어내어 예배당을 지나 다른 사람, 이번 갈등 때문에 소원해진 다른 누군가와 나누기로 했다. 그 목적은 우리의 다름을 해소하고자 하는 것이 아니라 오히려 우리는 다르지만 그리스도 안에서 연합해야 함을 인정하는 것이다. 이것은 다른 사람들에게 헌신하겠다는 징표다. 이렇게 하기 위해서는 자신에게 상처를 준 누군가에게 나아가는 용기가 필요하지만 그 빵을 받는 겸손함도 필요하다. 불편하지 않았느냐고? 당연히 불편했다. 회복이 있었느냐고? 힘 있는 회복이 일어났다. 교회 곳곳에 스며들어 편안함과 동질성을 요구하는 소비자 중심적인 가치가 십자가에 못 박혔으며, 다 함께 사는 새로운 방식을 꿈꾸기 시작했다. 그날, 하나님 나라가 조금 더 가까이 임한 것 같았다. 그 순간 교회는 분열된 세상에서 피난처가 되었다.

8장
식탁에 둘러서서

잊지 말자. …… 우리 삶은 순례자의 여행이며, 우리는 이 땅에서 이방인임을. 그러나 우리에게는 한 분 하나님 아버지가 계셔 이방인 된 우리를 지켜주심을, 또한 우리는 모두 형제라는 것을.
빈센트 반 고흐

외로이 함께

칠면조, 으깬 감자와 고기국물, 크랜베리 소스. 이 맛있는 것들이 내 플라스틱 식판에 고스란히 쌓여 있다는 것만으로도 눈치 챌 수 있겠지만, 내 정신은 다른 데에 팔려 있었다. 식당에 아이라고는 나밖에 없었기 때문에 식판을 들고 급히 걸어가면서 나는 다른 사람들과 부딪히지 않는 데만 정신을 쏟고 있었다. 교외에서 태어나 자랐기 때문에 낯선 이들을 보면 먼저 의심부터 하고 보는 습관이 있는데 이날은 특히 더 했다. 내 주위는 골골해 보이는 외래환자, 병원 직원, 그리고 코트와 스웨터를 몇 겹씩 껴입고 밥을 먹을 때도 모자를 벗지 않는 노숙자로 넘쳐나고 있었기 때문이다.

나는 마침내 계산대 끝에 있는 계산원에게 다가가 뒷사람에게 안 보이도록 주의하면서 엄마가 준 1달러 뭉치를 호주머니에서 꺼냈다. "애야, 오늘은 돈을 내지 않아도 된단다." 계산원이 말해 주었다.

"왜요?" 나는 물었다.

"오늘은 추수감사절이거든. 그래서 오늘 저녁은 공짜란다."

호박파이와 다른 음식들을 들고 멀리 외따로 떨어진 식탁으로 걸어가는 동안 어떻게 오늘이 추수감사절인 것을 까먹었는지 의아했다. 물론 열 살 먹은 소년은 성탄절, 생일, 방학식이 가까워질 때 달력을 흘끔 쳐다보는 것 말고는 날짜를 따지지 않아도 되는 특권이 있다. 그러나 나에게는 추수감사절을 잊은 이유가 하나 더 있다.

몇 주 전 외할아버지가 위독하셔서 엄마는 학교에 다니고 있던 4학년생인 나를 데리고 북부 미시간으로 향했다. 우리는 날마다 조금씩 모텔에서 모텔로 눈에 파묻힌 도로를 따라 겨우 병원에 도착했다. 엄마와 외할머니는 외할아버지(우리는 "다다"라고 불렀다)와 함께 계셨지만, 나는 주로 병원 어딘가에서 혼자 시간을 보냈다. 사실은 할아버지가 나를 겁주어서 쫓아내셨기 때문이다.

할아버지는 항상 오페라를 하는 듯 우렁찬 목소리에 노르웨이인의 피가 흐르는 당당한 체구를 가진 분이다. 게다가 2차 세계대전 시절 포탄이 날아다니는 유럽의 전쟁터에서 벌어진 환상적인 이야기의 주인공이기 때문에 내 상상 속에서는 신화적인 인물이었다. 그렇기 때문에 이도 하나둘 빠지고 눈도 보이지 않는 채로 병원 침대에서 쇠약해지시는 할아버지의 모습을 바라볼수록 나는 점점 더 두려워졌다. 다다가 죽음을 쫓아버리지 못한다면 누가 그렇게 할 수 있을까?

식당에서 추수감사절 저녁을 받으며 나는 매우 슬퍼졌다. 운 기억은 없는데, 그것은 아마 내가 기억하고 싶지 않아서일 것이다. 추수감사절은 항상 풍성한 축제였다. 부모님 집에서 이모, 삼촌, 사촌, 그리고 개까지 풍성한 음식으로 가득한 식탁 주위에 앉아서 벌이는 그런 축제. 그러나 당시 나는 비닐로 덮인 의자에 혼자 앉아 병원 형광등 아래에서 풍성하기는커녕 먹을 만한 음식을 애써 찾아야 하는 내 접시를 바라보고 있었다. 아무도 추수감사절을 혼자 지내서는 안 되는데 말이다.

물론 나는 완전히 혼자는 아니었다. 내 주변은 온통 사람들뿐이었다. 그러나 때로 가장 최악의 외로움이란 사람들 속에 파묻혀 있을 때 생겨나는 법이다. 나는 골골해 보이는 외래환자, 병원 직원, 그리고 옷으로 고치를 이룬 노숙자들과 그해 추수감사절 저녁을 함께했다. 서로 말 한마디 하지 않았고 가끔 우연히 시선이 마주칠 뿐이었다. 그러나 우리는 모두 다른 곳에서 멋있는 추수감사절을 보내고 싶은 바람을 가졌다는 점에서 하나로 연결되어 있었다. 우리는 모두 외로이 함께 했다.

20년이 지난 지금 이 장면을 돌이켜 보면, 다시 돌아가 열 살 먹은 나 자신에게 말해 주고 싶다. 두려워하지 말라고, 누구에게라도 말을 걸어 보라고, 그리고 감사 기도를 드리는 다른 외로운 영혼들의 식탁에 함께하라고. 그랬다면 나는 어떤 이야기를 들을 수 있었을까? 어떤 아름다운 것들을 배울 수 있었을까? 나는 그들에게 어떤 축복을 빌어줄 수 있었을까? 누군가가 이 초라한 손님들을 모아 마음이 상한 자들이 함께하는 공동체로 바꾸어놓을 용기를 가졌다면 어떤 거룩한 빛이 이 병원 식당을 비추었을까? 그러나 아무도 용기를 내지 않았다. 위층 병원 침대에 놓인 쇠약해진 육체들처럼, 우리는 자신의 고통 말고는 다른 어느 누구의 고통도 알지 못한 채 침묵 속에서 음식을 먹을 뿐이었다.

감자 먹는 사람들

고흐의 초기 작품인 〈감자 먹는 사람들〉은 어느 농부의 가족이 식탁 주위에 모여 있는 모습을 묘사한 그림이다(그림11). 그림 전체에 넘쳐나는 어두운 색조와 흙내를 풍기는 듯한 인물들은 다분히 의도적이다. 고흐는 농부들이 마치 그들이 먹고 있는 더럽고 먼지투성이인 감자처럼 보이길 원했다. 또한 비율상 거의 원숭이처럼 보일 정도로 손가락 관절을 과장했다. 땅에서 감자를 캐낸 바로 그 손이 그릇에서 감자를 집고 있는 것을 보이고자 한 것이 틀림없다. 농부들의 얼굴은 바깥일에 시달려 지친 기색이 역력하다. 그들은 한 식탁에 둘러앉아 있지만 서로 관심이 없는 것처럼 보인다. 마치 생존을 위한 노동에 몹시 지쳐 서로 교제할 수도 없는 것처럼.

〈감자 먹는 사람들〉은 고흐가 좋아한 그림 가운데 하나다. 음울하고 비참한 이 장면에도 고흐는 농부들의 존재 가운데 발견한 존엄성을 담아내길 원했다. 이 음산한 작품 안에서도 고흐는 희망을 그린 것이다. 식탁 위에 외로이 걸려 있는 등불 하나, 그 등불의 노란 불빛이 거룩한 사랑으로 농부들의 얼굴을 비추고 있다. 이 그림은 오래된 축복 기도문을 떠올리게 한다.

여호와는 네게 복을 주시고 너를 지키시기를 원하며

여호와는 그의 얼굴을 네게 비추사 은혜 베푸시기를 원하며

여호와는 그 얼굴을 네게로 향하여 드사 평강 주시기를 원하노라(민 6:24-26).

고흐는 성당이나 교회가 아닌 가정, 그것도 식탁 주위에, 평범한 사람들 사이에, 게다가 삶의 가장 일상적인 순간에 그리스도가 임재하심을 보여준다. 등불과 더불어 식탁 위에 놓인 작고 둥근 감자들은 빵 조각을 닮았다. 등불에 가장 가까이 있는 남자는 옆에 있는 여자에게 잔을 건네고 있다. 고흐는 빈약한 저녁 식탁 주위에 둘러앉은 외로운 사람들의 평범한 모임을 거룩한 모임으로 변모시킨다. 이 순간, 성찬식이 지니는 중요성과 치유 능력이 그 자리에 가득하다. 그러나 이 신성한 식사는 교회에서 베푸는 것도, 성직자들이 제공하는 것도 아니다. 고흐는 가난한 자들이 교회에서 환영받지 못할지라도 그리스도는 그들과 함께한다고 선언한다.

제도권 교회에 대한 고흐의 경멸이 커지는 만큼 평범한 사람들이 지니는 존엄성과 중요성에 대한 그의 믿음은 강해져만 갔다. "한 노인이 불가에 앉아 있는 모습이든, 농부들이 들판에서 땅을 파고 씨를 뿌리며 추수를 하는 모습이든, 간단하게 소박한 식사를 하는 모습이든, 고흐가 그린 농부의 그림들은 종종 신비한 특징, 즉 거룩한 임재의 의식으로 물들어 있다."[1] 〈별이 빛나는 밤〉에서는 고흐가 거룩한 사랑을 나타내고자 사용한 황금색의 빛줄기가 하늘에서 내

리지만 교회 건물 안에서는 보이지 않는다. 대신 그는 상상 속에 존재하는 마을의 집들에 이 거룩한 색상을 허락한다. 각 집은 하나님의 임재에서 오는 생명을 주는 따뜻함으로 빛나고 있다. 고흐는 상대적으로 호화스러운 교회 건물이 아닌 변변찮은 작은 집들에 하늘의 빛이 머물러 있게 해서 우리가 하나님의 빛 가운데 보배를 가지게 되었다는 사도 바울의 믿음을 생생하게 그려낸다. "우리가 이 보배를 질그릇에 가졌으니 이는 심히 큰 능력은 하나님께 있고 우리에게 있지 아니함을 알게 하려 함이라"(고후 4:7).

〈감자 먹는 사람들〉이 19세기에 그려졌다고는 하지만 우리가 상상력을 발휘하여 방 안 실내장식과 농부들의 옷차림에 변화만 준다면 이 그림은 현대의 가정을 묘사하고 있다고 봐도 무방하다. 오늘날 각 사람은 고군분투하고 있지만, 멍하게 허공을 바라볼 뿐 주위에 있는 사람들과 함께하지 못하고 있다. 〈감자 먹는 사람들〉처럼 우리의 현대 소비문화는 우리 삶을 (소로Thoreau의 친숙한 용어를 빌리자면) 조용한 절망quiet desperation의 삶으로 만들어버린다. 다른 이와 함께하는 바로 그 순간에도 외롭다는 역설을 우리는 알고 있다. 그러나 만약 우리가 고흐의 메시지를 여전히 믿는다면 희망은 있다. 우리는 가정에서, 식탁 주위에서, 외롭고 상처 입은 자들의 모임에서 그리스도의 사랑으로 치유되는 능력을 경험할 수 있을 것이다.

고독한 감금

나는 교외에서 성장했는데 이는 내가 다른 사람들과 관계 맺는 방법에 많은 영향을 끼쳤다. 교외 거주자들은 가게에서 산 장식물들로 꾸민 겉모습 뒤로 극도의 두려움과 의심을 숨긴 채 살아가는 사람들이다. 내가 농장이나 도시에서 자랐다면 내 삶과 관계성이 어떻게 달라졌을지 종종 생각해 본다. 역사나 문학 작품을 보면 시골의 거친 삶에서 위대한 영웅이 탄생하며, 불의한 도시에서 참을성이 강하면서도 반항적인 정신을 지닌 자가 나타난다. 그렇다면 교외에서 경탄할 만한 인물이 나온 적이 있는가? "교외"burbs라는 말 자체가 도시 생활과 시골 생활의 특징을 약화시키고 뭉뚱그리기 위해 생겨난 용어다. 그러나 그러한 삶의 특징들이 없다면 경탄할 만한 인간성의 특성도 잠들어버리는 것인가? 아니면 교외 생활이 주는 편안함에 지나치게 익숙해져서 그러한 특성이 요원해지는 것인가?

 20세기 중반 도시 생활환경이 몹시 혼잡해지고 위험해지자 이에 대한 대응책으로 사람들이 교외에 거주하기 시작했다. 많은 사람이 계획에 따라 도시 밖으로 이주해 나가면서 새로운 거주지역이 속속 생겨났지만, 여전히 도시와는 차로 왕래할 수 있는 거리였다. 이 거주 양식은 도시 생활의 이점들을 포기하지 않고도 가족 구성원들이 휴양지 같은 곳에서 삶을 누릴 수 있게 해주었다. 교외는 도시의 편리함과 시골의 널찍한 공간이라는, 양쪽 세계의 가장 좋은 특징을 약속했다. 이러한 거주 양식을 가능하게 한 본질적인 가치는 안락함에 대한 욕구다. 그러나 많은 미국인이 교외에 거주하게 된 지

1세기가 지난 후에 우리는 개인적인 안락함과 진정한 공동체는 대체로 서로 조화할 수 없는 가치라는 사실을 알게 되었다. "교외라는 구조는 사람들을 그들의 집과 차에 가둬버리는 경향이 있다. 산책하고, 걷고, 이웃과 어울리는 일이 심각하게 제한된다. 교외란 사유화의 첨단이며, 아마도 사유화가 초래할 치명적인 결과들의 결정판으로서 진정한 시민의 삶에 종말을 가져온다."[2]

미국에서 소비자지상주의가 득세한 시기에 교외가 등장하여 우세한 세계관으로 자리 잡은 것은 우연이 아니다. 여러 가지로 교외란 소비자지상주의가 위상적으로 표출된 것으로, 상품화라는 풍조가 건축 양식으로 드러난 것이다. 교외 거주는 삶이 분명하게 식별되는 부분들로 분리되는 것을 뜻한다. 직업 활동, 여가 활동, 산업 활동, 거주 활동이 저마다 그들의 영역에서 이루어진다. 이 영역들은 우리가 홀로 세단이나 미니밴, SUV를 운전하며 따라가는 그 길들로 연결되어 있다. 사회경제학적 영역은 이웃이 거주하는 지역과 학군지역으로 분명히 분리된다. 가족이 거주하는 영역은 울타리로 구분되어 있다. 그리고 집에서도 가족들은 텔레비전, 인터넷으로 연결된 컴퓨터, 전화기가 비치된 개인 침실이라는 영역으로 나뉜다. 교외를 만들어낸 소비자 중심 세계관이 그러하듯, 교외 거주를 통해 우리는 개인적인 소비를 추구하는 파편화되고 고립된 삶을 살게 된다.

〈프로그레시브 아키텍쳐〉Progressive Architecture 잡지의 편집자 필립 랭던Philip Langdon은 말한다. "미국인이 전반적으로 교외에 거주하게 되면서 이 나라는 개별화된 정신적 외상, 가족 갈등, 시민의식 쇠퇴와 같은 참담한 증상으로 신음하고 있다."[3] 또한 제임스 하워드 쿤스틀러James Howard Kunstler는 더 나아가 교외의 생활양식이 "사회적으로 관계를 파괴하며 영적으로는 개개인을 타락시킨다"[4]고 말한다.

    나는 인생의 대부분을 "사회적으로 관계를 파괴하며 영적으로는 개개인을 타락시키는" 교외에서 보냈지만, 내 주위에서(그리고 내 안에서) 작동하는 비인간적인 가치들에 눈을 뜨게 된 계기는 다름 아닌 주택 구매 과정에서다. 6개월이 넘도록 우리는 족히 몇 백 가구를 돌아다녀야만 했다. 다른 사람들의 집 안을 살펴보며 받은 충격들이 점차 가시면서(솔직히 아무도 엥겔베르트 훔페르딩크Engelbert Humperdinck, 독일 작곡가 사원으로 사용되던 집을 구매하고 싶지는 않을 것이다), 교외 주택들이 공통적으로 지닌 특징이 눈에 들어오기 시작했다. 예를 들어 주택은 대부분 공공장소나 차도, 보도에서 되도록 멀리 위치해 있다. 길 쪽으로 난 방은 대부분 우리가 잘 사용하지 않는 공간, 즉 일정한 양식을 따라 설계된 응접실이나 식당으로 사용된다. 그리고 실제적인 생활이 이루어지는 부엌과 거실은 뒤쪽으로 숨어 있다. 야외에서 벌이는 여가활동도 울타리가 둘러진 집 뒤 공간으로 한정되어 있다. 교외에 위치한 가옥 형태의 모든 요소는 지나가는 사람들에게 "나를 혼자 있게 내버려두세요!"라고 외치고 있다.

    존 카바노프John Kavanaugh는 그의 저서 「소비문화에서 예수를 따르다」Following Christ in a Consumer Culture에서 철저하게 고립된 우리의 생활양식은 우리의 정체성이 외적인 소유에 근거한 결과라고 말한다. 우리는 소비자지상주의 때문에 삶의 외양과 유행에 병적으로 집착하며, 시간이 갈수록 내적인 삶을 살찌우는 능력을 상실한다. 카바노프는 우리 자신을 소유물에서 구분해 주는 의미 있는 내적 삶이 없다면, 의미 있는 관계들을 맺는 데 필요한 능력도 잃어버릴 것이라고 말한다. "우리는 다른 사람들과 관계 맺는 능력이 약화되었다는 결론에 이르렀습니다. 자아라고 부르는 공허한 요새가 만들어진 이후부터 우리는 스스로를 다른 사람들에게 어떻게 맡겨야 할지를 망각해버렸습니다. 또한 알지 못하는 것은 사랑할 수 없다고 생각하게 된 이후부터 우리는 다른 사람들의 사랑을 어떻게 받아들이는지도 잊고 말았습니다."[5]

다른 사람들과 의미 있는 관계를 맺는 능력을 상실하면서 완벽하게 형성된 소비자들이 자아성취를 위해 찾아 나설 수 있는 유일한 길은 소비뿐이다. 소비자는 하나님, 결혼생활, 공동체와 같이 관계를 맺게 하는 어떤 체제 안에서 정체성을 형성하기보다는 자아를 규정하기 위해 상품화된 재화와 체험으로 눈을 돌린다. 이들은 자신이 구매한 상품과 밖으로 드러내는 브랜드를 통해서 자아 정체성을 형성한다.

여기에 소비자로 살아가는 삶의 두 본성이 나타난다. 다른 사람들과 의미 있는 관계를 맺는 능력을 상실한 것과 상품을 통해 정체성을 형성하는 것이다. 이 본성들 때문에 우리는 낯선 사람을 보면 두려움에 가득 찬 눈으로 의심한다. 소비문화에서 문을 두드리는 사람이 관심을 가지는 것은 "나 자신"이 아니다. 나는 인격이 아니라 단지 소유물과 기호嗜好의 조합일 뿐이기 때문이다. 나는 큰 사이즈의 탈지 얼 그레이 티 미스토며, 아이팟 나노iPod nano에 있는 곡 목록이고, 주문 생산된 나이키 신발일 뿐이다. "쇼핑한다, 고로 나는 존재한다"라고 적힌 범퍼 스티커는 신랄하지만 진실을 말하고 있다.

소유품이나 기호에서 진정한 자아를 구분해내지 못한다면, 전화기가 울리는 소리, 문을 두드리는 소리, 문자 도착 소리는 인간과 인간을 이어주는 반가운 소리가 될 수 없다. 오히려 단지 "나"의 상품화된 요소를 빼앗기 위해 사적인 영역을 침범하는 시도일 뿐이다. 우리는 본능적으로 우리가 만나는 낯선 사람은 모두 숨은 의도를 가지고 접근한다고 생각한다. 이 사회에서는 다른 사람이 우리에게 진심으로 관심을 갖는다는 것 자체가 있을 수 없는 일이 되어버렸다. 오늘날 정체성이 상품화되고 이에 따라 개인이 비인간화되면서 우리는 고립과 집단 외로움이라는 상태에 빠져버렸다.

블로그blog와 소셜 네트워킹 웹사이트social networking website의 성행은 이러한 경향에 역행하는 것처럼 보인다. 그러나 주의 깊게 관찰해 보면 실제로는 정반대임을 알 수 있다. 「기계에 대항하여: 전자 대중 시대에 인간으로 존재하기」 Against the Machine: Being Human in the Age of the Electronic Mob의 저자 리 시겔Lee Siegel은 우리가 온라인에서 상호관계를 맺는 것은 실제 인물이 아니라 "유령"이라고 말한다.

온라인 매체에서 우리는 실제 모습을 버리고 우리가 원하는 누구라도 될 수 있으며, 사람들이 나를 그렇게 여기길 원하는 모습의 누군가가 될 수 있다. 또한 인터넷상에서는 자신의 정체를 숨길 수 있기 때문에 평소에 친절하기 그지없는 사람들도 서로를 잔인하게 물고 뜯는 "흉악한 익명의 다수"로 타락할 수 있다. 대표적인 예로 마이스페이스^{MySpace}에서 조시라는 소년에게 놀림 받은 열세 살 소녀가 자살한 사건이 있다. 나중에서야 조시는 실제 인물이 아니라 이웃집 아이들이 만들어낸 가상 인물로 밝혀졌다.

나를 포함해서 많은 사람이 전 세계 사람들과 연락하는 도구로 소셜 네트워킹 사이트를 이용하고 있으며, 이러한 사이트들은 믿을 수 없을 정도로 놀라운 역할을 하고 있다. 날마다 25만 명에 이르는 가입자가 생겨날 정도로 많은 젊은이가 거의 모든 개인적인 대화 통로로 이를 사용하고 있다. 그러나 이러한 사이트들은 실제 사람들과 건강한 관계를 맺게 해주기보다는 피상적인 정체성들로 맺어진 가짜 관계만 양성해낼 뿐이다. 페이스북^{Facebook}은 개인의 나이, 성별, 종교, 성적 지향과 같은 인구통계학적 세부사항을 넘어 주로 소비자로서의 기호, 즉 좋아하는 음악, 영화, 책, 텔레비전 프로그램으로 사용자의 정체성을 드러낸다. 우리는 주의를 기울여서 또는 아무 생각 없이 선택한 여러 내용과 사진을 조합하여 디지털 시대의 외모라고 할 수 있는 "자기소개란"^{profile}을 다른 사람들에게 보여준다. 그리고 사이트상의 누군가와 "친구 되기"^{friending}를 해서 실제로 관계에 헌신하지는 않지만 우리의 유령이 어떠한 소비자 정체성을 지니고 있는지 볼 수 있도록 허락해 준다.

소셜 네트워킹 사이트의 매력은 실제 인간관계에서 발생하는 감정적인 투자 없이도 동시에 수백 명의 "친구"를 만들 수 있다는 점이다. 결과적으로 이러한 사이트에 의존하여 인간관계의 대부분을 형성하게 되면 우리 영혼이 느끼는 고통스러운 외로움은 악화될 뿐이다. 소비자지상주의가 초래하는 비인간화의 효과가 위상적으로 표출된 것이 교외라면, 디지털 시대에 맞춰 표출된 양식은 페이스북이라고 할 수 있다.

만물의 찌꺼기

1세기 유대 지역에서 세리를 좋아하는 사람은 아무도 없었다. 물론 언제 그들이 사랑받은 적이 있겠냐만 말이다. 유대는 로마 제국의 통치 아래 있었고 로마인은 그 지역의 유대인을 고용하여 자신들 대신 세금을 징수하게 했다. 당시 세리들은 원래 징수해야 할 금액보다 많은 금액을 거둬들여 차액을 착복하는 방식으로 자신의 배를 불렸다. 이것이 바로 마태의 직업이다. 그는 유대의 비토 꼬르네오네(Vito Corleone, 영화 〈대부〉 주인공 이름_옮긴이)다. 마치 우리 가게에 들어와서 돈을 내놓으라고 요구하지만 거절할 수 없는 그런 깡패 말이다. 만약 돈을 주면 우리를 내버려두겠지만 그렇지 않으면 나중에 그의 "친구들"을 보낼 것이다.

마태의 불미스러운 평판에도 예수님은 이 불한당에게 자신을 따르라고 초청하셨다. 그러자 마태는 예수님을 집으로 초대하여 식사를 대접하였다. 이야기에 따르면 더 많은 세리와 "죄인"이 예수님과 함께 먹기 위해 모여들었다. 이 저녁 모임을 속속들이 묘사한 마가는 세리와 죄인 역시 예수님의 추종자였음을 보여준다. 이 도둑과 반역자 무리는 예수님께 끌린 것처럼 보인다. 그들은 예수님과 함께하고 싶을 만큼 그분이 마음에 들었다.

유대의 종교 지도자들은 이 소식에 소스라치게 놀랐다. 그들은 모든 사람이 각자의 부와 유산, 종교적 열심에 따라 적절한 위치가 결정된다고 생각했다. "의로운" 유대인이라면 누구도 세리와 어울리는 모습을 절대 보여주고 싶어하지 않았다. 마찬가지로 종교 지도자와 식탁을 함께할 수 있다고 생각하는 세리는 한 명도 없었다. 어쨌든 이렇게 해야만 사회가 안정적으로 유지되므로, 이러한 규범을 무시하는 이들은 상응하는 대가를 치러야 했다. 그런데 사회에서 추방당한 버러지 같은 이들이 예수님과 함께하려고 하다니. 사회 규범이 무시되고 안락한 자리에서 이탈하게 되든 말든, 그들은 예수님의 식탁에 함께하고 싶어했다. 도대체 왜? 아무짝에도 쓸모없는 이 사람들은 무엇을 보고 나사렛의 랍비에게 그토록 매력을 느낀 걸까?

마태와 그 친구들의 삶이 드러내는 겉모습을 본 모든 문화는 선언한다. "너희는 부적합하다. 너희는 너희 백성과 전통을 배신했다." 그들은 존경받는 유대인 집단에 속할 수도, 하나님을 예배하는 성전에 나아갈 수도 없었다. 그러나 예수님은 그들이 받는 평판을 인정하지 않았다. 그들이 자신에게 다가오기 전까지는 그들의 삶을 가려내시지 않았다. 그분은 자신에게 "친구 요청"을 보내온 자들을 선별하시지 않았다. 세리와 죄인, 강도와 창녀와 함께 식사를 나누기 전까지 그들이 변화되어야 하며 그들의 가치를 증명해야 한다고 생각하시지 않았다. 그분은 랍비이자 의로운 율법 교사지만, 다른 사람들을 받아들이기 전에 그 사람들이 자신처럼 변하길 기대하시지 않았다. 예수님의 열린 자세, 이해하며 판단하지 않는 모습이 마태와 같은 사람들에게 굉장히 매력적으로 느껴졌다.

교외에 위치한 집과 달리 하나님 나라로 향하는 문에는 안에서 밖을 내다보는 구멍이 없다. 우리의 페이스북 자기소개란과 다르게 하나님 나라에는 여과기가 없다. 그리고 우리의 소비자지상주의 교회와 달리 하나님 나라는 특별히 목표로 삼는 대상 계층이 없다.

예수님은 하나님 나라에서 누가 환대받는지 말씀하셨다. "심령이 가난한 자는 복이 있나니 천국이 그들의 것임이요"(마 5:3). 나는 달라스 윌라드가 이 구절을 번역한 방식이 마음에 든다. "영적으로 무無인 자들(영적으로 파산하고 빼앗기고 부족한 자들, 영적인 거지들, '종교'라는 실오라기를 전혀 걸치지 않은 자들)은 복이 있나니 이들에게 하나님 나라가 임할 것이다."[8] 예수님은 도덕적으로, 영적으로, 사회적으로 모든 것을 잃은 이들을 긍정하고 받아주셨다. 그들 또한 예수의 진실한 우정을 알고 그 식탁에 앉았을 것이다. 그리고 그들은 축복받았다. 하나님의 받아주심과 우정에서 얻을 수 있는 가장 좋은 것을 얻었기 때문이다. 예수님은 그분의 나라가 자기 삶을 스스로 다 꾸려가는 자, 안정적인 직업과 행복한 가정, 퇴직 연금까지 다 준비되어 있는 자들을 위한 것이 아니라고 선언하신다. 하나님 나라는 죄인, 알코올 중독자, 간음한 자, 배신자, 도적을 위한 것이다.

당시 대부분의 종교 지도자와 다르게 예수님은 마태와 그의 친구들을 분류하시지 않았다. 그들을 세상의 인구통계학적인 기준에 따라 피하거나 상대하지 않아야 할 자들로 여기지 않으셨다. 예수님께 그들은 세상이 낙인찍어버린 것처럼 단순히 세리, 부유한 건달, 정치적 반역자, 부도덕한 불한당일 뿐인 존재가 아니었다. 나름대로 독자성을 지닌 인간이었다. 아마도 상처를 받았거나 지금도 마음이 아픈 사람들이며, 대부분은 상상할 수도 없을 만큼 큰 괴로움을 안고 있는 존재였다. 예수님은 마태와 그 친구들과 함께 그들의 가장 일상적 행위인 **식사**에 함께하여 그들에게 존엄성을 주셨다. 식탁에서 예수님은 그들의 삶에 붙은 행색과 꼬리표를 넘어 그들의 진정한 실체를 마주하셨다. 식탁에서 그들 가운데 거룩한 사역을 행하셨다.

몇 년 전에 나는 마이크Mike 목사를 만났다. 그는 덴버에 있는 "만물의 찌꺼기"라는 교회에서 목회를 하고 있다. (이 이름은 고린도전서 4장에서 사도 바울이 스스로를 묘사할 때 쓴 용어로 그 뒤로 몇몇 그리스도인이 사용했다.) 마이크를 처음 만났을 때 나는 어떤 사람들이 교회에 나오는지 물었다. "우리 교회는 우측 뇌를 사용하는 이들을 위한 교회입니다. 좌측 뇌를 사용하는 자들은 아닙니다." 그 교회는 노숙자, 도망자, 머물 곳을 찾는 10대, 예술가, 전통적인 교회에 발붙일 곳이 없는 이들이 모여 예배를 드린다. 마이크는 만물의 찌꺼기로 취급받는 자라 할지라도 교회 문에 들어서는 순간부터 그들은 결코 만물의 찌꺼기로 취급받지 않는다고 말한다.

   마이크의 공동체는 예수님이 찌꺼기를 거르는 여과기를 가지고 있지 않았음을 알고 있다. 예수님은 오히려 찌꺼기의 왕이시다. 만물의 찌꺼기는 예수님을 찾았고 예수님은 기꺼이 그들을 모아 새로운 제자 공동체를 만드셨다. 이 공동체는 행색으로 사람을 판단하고 분류하거나 꼬리표를 붙이지 않았다. 유대 전역에서 예수를 따르기 위해 모인 이 오합지졸 군대는 모든 사회학적 구분을 거부하고 초월하였다. 그리고 예수님은 이 가지각색의 무리를 모아 문화의 꼬리표와 분류를 거절하는 공동체로 만드셨다. 예수님은 구분이 없고, 장벽이 없으며, 내다보는 구멍이 없는 하나님 나라를 꿈꾸셨다. 하나님 나라는 잊힌 자, 억장이 무너진 자, 아픔을 겪는 자가 있는 모습 그대로 환영받는 곳이다. 초대받은 모든 사람이 식탁에 편히 앉아 주인에게 시중을 받는 곳이다. 마태와 같은 사람들을 환영하는 것을 시작으로 예수님은 거룩한 환대가 넘치는 하나님 나라의 문을 여셨다.

터키에서의 저녁식사

우리는 숨어 있는 바울의 집을 찾기 위해 타르수스Tarsus, 성경 지명 "다소" 골목을 몇 시간째 헤매고 있었다. 물론 모든 여행안내서에는 사도의 옛날 집이 있던 장소라고 추측되는 "성 바울의 우물"의 위치가 분명하게 나타나 있었지만 복잡하게 엉켜 있는 길들 때문에 찾기가 쉽지 않았다. 나는 학부 학생 몇 명과 함께 터키를 여행하고 있었다. 우리는 타르수스에서 40킬로미터 정도 떨어진 아다나Adana의 한 대학 근처에서 머물렀다. 바울의 집을 찾아가는 이날의 여정은 성경적으로나 역사적으로나 매우 기대가 되었다.

어둠이 깔릴 무렵, 우리는 마침내 신약의 많은 부분을 썼으며 유럽으로 복음을 전하여 세계사의 흐름을 바꾼 사람의 집을 아주 우연히 찾아냈다. 그러나 그곳은 사도 바울의 명성에 걸맞지 않을 정도로 초라했다. 쇠로 된 울타리 뒤로 몇몇 둥근 돌들만 굴러다닐 뿐이었다. 엎친 데 덮친 격으로 고대 로마의 문화유산을 간직하고 있는 근처 고대 박물관은 이미 문이 닫혀 있었다. 게다가 해가 지면서 온도도 급격히 떨어졌다. 우리는 길가에 한데 모여 어떻게 해야 할지 이야기를 나누었다. 춥고, 배고프고, 낙심했다.

바로 그때, 소녀 둘이 우리에게 다가왔다. 터키의 다른 사람들처럼, 이 아이들도 가는 곳마다 농구공을 가지고 다니는 키가 큰 흑인 학생에게 관심을 보였다. 이 학생은 사람들이 자신을 마이클 조단으로 착각하는 것을 아주 좋아했다. 두 소녀는 자매였는데 한 명은 열 살, 다른 한 명은 여섯 살쯤 되어 보였다. 올리브색 피부에, 머리는 검고, 눈은 암청회색으로 반짝반짝 빛나는, 동화 속 주인공처럼 예쁜 아이들이었다. 큰 아이가 영어로 이야기했는데 실제 미국인과 영어로 말을 한다는 사실에 즐거워하는 것 같았다. 우리가 성 바울의 집과 박물관을 보러 왔다고 하자 그 아이는 우리에게 기다리라고 하고서는 동생과 함께 어디론가 바삐 달려갔다.

잠시 뒤, 아이들이 돌아왔다. 그런데 둘만 온 것이 아니었다. 부모님, 사촌, 이모, 삼촌, 이웃들까지 몰려 왔는데 그중 한 명이 우연히도 박물관 직원이었다. 그는 박물관 문을 열어주었고, 우리가 박물관을 독점으로 견학할 동안 그 일가 사람들이 호위해 주었다. 두 소녀와 가족이 보여준 따뜻함과 친절에 입이 딱 벌어졌다. 몇몇 학생은 이 터키인들이 보상을 바라고 있는 것은 아닌지 의심할 정도였다. 그러나 우리의 견학이 무사히 끝나면서 이러한 걱정은 기우로 판명되었다.

밖으로 나온 우리는 다시 한 번 가족에게 감사의 뜻을 전했다. 우리는 케밥 같은 간단한 먹을거리를 길거리에서 사먹고 최대한 빨리 버스 정류장으로 갈 계획이었다. 그러나 이 가족은 우리의 계획을 듣고서는 자신들의 집에서 식사를 하고 가라고 강요하기 시작했다. 우리는 엉터리 터키어로 정중하게 사양했지만 그들은 들은 척도 하지 않고 계속 우리를 데려가려 했다. 한 소녀가 내 손을 잡고 싱긋 웃더니 나를 이끌고 내려갔다.

꿈같은 일이었다. 내 앞에는 흑인 학생이 헤드폰을 쓰고 농구공으로 묘기를 부리며 걷고 있었다. 우뚝 솟아 있는 그 친구 옆으로 소녀들의 할아버지로 보이는 하얗고 긴 콧수염을 기른 분이 헐렁한 리넨 바지를 입고 샌들 차림으로 함께 걷고 있었다. '미국에서는 있을 수 없는 일이야. 길에서 만난 낯선 외국인을 열 명이나 집으로 초대하는 사람들이 있다니.' 나는 혼란스러우면서도 즐거웠다. 그들의 집에 도착했을 때 우리는 평범한 아파트를 보고 이 가족이 특별히 부유한 가정이 아니라는 사실을 알아차렸다. 그들은 절대 순간적인 기분으로 미국인 열 명을 대접할 만큼 충분히 넉넉한 형편이 아니었던 것이다.

여자들이 부엌으로 사라지면서 우리는 저녁식사 자리에 앉았다. 아이들은 여전히 3D 입체영상처럼 보이는 미국인들에게 빠져 있었고, 카메라며 CD플레이어며 옷가지를 하나하나 살펴보았다. 그러나 남자들은 열 명이나 되는 외국인 대학생들이 집에 와 있어도 아랑곳하지 않고 텔레비전에서 중계하는 축구경기를 보며 소리를 질러댔다. 이때 음식이 나왔다. 양고기 케밥과 평평하게 펴진 빵, 단 음식 약간, 올리브, 차와 비스킷 등이었다. 온종일 타르수스 거리를 헤집고 다닌 터라 몹시 시장했기 때문에 정말 감사하게 음식을 받아먹었다. 이 축제를 즐기는 와중에 불현듯 우리만 밥을 먹고 있다는 사실을 알게 되었다. 퍼뜩 깨달은 사실. '아, 이 가족이 먹을 저녁을 우리가 먹고 있구나.'

터키의 무슬림 가정과 함께한 그 식사자리에서 나는 우리가 받아들여지고 환영받고 있다는 것을 느꼈다. 아니, 환영 그 이상이었다. 그들에게 섬김을 받고 있었다. 그들의 땅에서 우리는 완전히 낯선 외국인이지만 그들은 우리를 안아주고 살펴주며 집이라는 영광스러운 장소까지 허락해 주었다. 바로 이것이야말로 성경에서는 읽었지만 미국에서 전혀 경험해 보지 못한 그리스도적인 환대다. 타르수스의 식탁에서, 우리에게 이방인을 환대하라고 명령한 사도의 고향에서(롬 12:13) 나는 그리스도의 나라를 엿보았다. 그 나라는 모든 사람이 하나님의 권속으로 환영받고 자리를 받는 곳이다.

규칙53조, 당신은 어디에?

호텔과 식당이 환대라는 것을 산업화하고 주도하기 전, 환대는 삶의 방식이었다. 타르수스에서 경험한 배려는 내게 낯설지만 중동 지역에서는 수천 년 동안 이어져온 풍습이다. 사실 환대의 풍습은 그리스도인, 유대인, 무슬림 모두 구약시대 족장이자 유목민이던 아브라함에게 전수받은 것이다.

아브라함은 평소처럼 점심 후에 낮잠을 자던 도중 이상한 광경을 보았다(창 18장). 그의 장막으로 세 사람이 걸어오고 있는 것이다. 한낮의 더위에 밖에서 돌아다니는 자체가 이상한 일이기에 아브라함은 이 사람들이 거처할 곳이 없는 여행객이라고 생각했다. 그는 그들을 맞으러 뛰어나갔고, 땅에 절하며 "주"(위엄 있는 사람을 부르는 호칭)라고 공손하게 불렀다. 아브라함은 세 사람에게 집으로 들어와 잠시 쉬었다 가라고 간청했으며 그들의 더러운 발을 닦아주고서는 아내에게 떡을 만들도록 하고 자신은 가장 좋은 송아지를 잡아 식사를 대접하였다. 그들이 식사하는 동안 아브라함은 그들의 필요를 살피기 위해 곁에 서 있었다. 그가 대접한 대상이 이방인들이 아닌 하나님 자신이라는 사실을 나중에 알았을 때 아브라함은 얼마나 놀랐을까!

고대 중동의 모진 땅을 여행하는 사람들은 그들을 환대해 주는 손길에 의지해야만 살아남을 수 있었다. 오늘날에도 유목민인 베두인족은 환대의 문화로 사막의 가혹함을 견뎌낸다. 그들이 생각하는 환대의 개념이란 심오할 정도로 단순하다. "먼저 대접하고 나중에 물으라." 여행객을 돌보는 것은 그 사람의 신분이 아니라 오직 그의 필요에 달린 일이다. 아브라함이 그의 장막으로 이방인들에게 맞아들이는 모습은 베두인의 환대 개념보다 한 걸음 더 나아간 것이다. 방문객이 자신과 사회적 지위가 같은 인물일 경우, 주인은 단지 일어나기만 하면 된다. 그러나 아브라함은 이방인들을 환영하기 위해 밖으로 나가서(그들이 더 우월한 지위를 가졌다고 생각한 것이다) 땅에 엎드려 "주"라고 불렀다. 여행객의 신분은 의식하지 않은 채 아브라함은 그 자신이 종을 거느린 매우 부유한 사람이면서도 스스로를 그들의 "종"이라고 일컫는다.

아브라함은 아무 질문도 하지 않았다. 어떠한 대가도 기대하지 않았다. 자신이 베푼 환대에 어떠한 조건도 달지 않았다. 단지 완전히 이방인인 그들을 환영하고 그에게 있는 가장 좋은 음식과 수고, 배려를 받을 만하다고 여겨 공경했을 뿐이다. 이 세 사람이 다 먹고 휴식을 취할 때에야 아브라함은 그들과 대화하면서 그들의 거룩한 신분을 알게 되었다.

아브라함의 예를 따라 성경은 계속해서 하나님의 사람은 이방인에게 희생적인 환대를 베풀어야 한다고 명령한다. 하나님은 그분의 백성에게 이방 나그네를 압제하거나 학대하지 말며(출 22:21) 그들에게 음식을 베풀고(레 19:10) 그들을 너희가 낳은 자같이 여기며 자기같이 사랑하라고(레 19:34) 하셨다. 신약에서도 세 사도가 반복해서 환대의 중요성을 기록했다(롬 12:13, 히 13:2, 벧전 4:9, 요삼 5, 딤전 3:2, 딛 1:8). 환대를 말 그대로 번역하자면 "이방인을 향한 사랑"

이 될 것이다. 그러나 환대의 중요성을 거룩한 명령으로까지 격상시키신 분은 바로 예수님이다. 예수님은 사람들에게 그들을 기다리고 있는 심판을 가르치면서 말씀하신다.

> 그때에 임금이 그 오른편에 있는 자들에게 이르시되 내 아버지께 복 받을 자들이여 나아와 창세로부터 너희를 위하여 예비된 나라를 상속받으라. 내가 주릴 때에 너희가 먹을 것을 주었고 목마를 때에 마시게 하였고 나그네 되었을 때에 영접하였고 …… 내가 진실로 너희에게 이르노니 너희가 여기 내 형제 중에 지극히 작은 자 하나에게 한 것이 곧 내게 한 것이니라 하시고(마 25:34-36, 40).

후대에 수도원 운동에 참여한 그리스도인들은 이 환대의 성서적 윤리를 베네딕트회의 규칙53조로 성문화하였다. "눈에 들어온 모든 손님은 그리스도처럼 환영받아야 한다. 그리스도 자신께서 훗날 '내가 이방인일 때 네가 나를 환대하였다'라고 말씀하실 것이기 때문이다." 수도원장은 손님을 개인적으로 환영하고 그 발을 씻어주어야만 했다. 비록 금식을 하는 기간이라고 하더라도 원장은 손님과 함께 먹기 위해서 금식을 잠시 중단해야 했다. 진심에서 우러나오는 가장 따뜻한 환대를 마친 후에야 원장은 이방인과 대화하며 그의 신원과 내력을 듣고 기독교 공동체의 일상적인 삶으로 초대할 수 있었다.

환대는 손님의 바람과 기대에 맞추어 자신의 모습을 바꾸는 것이 아니라 양손을 벌리고 그를 자신의 삶과 공동체의 실재 속으로 맞아들여 손님을 사랑하고 손님에게 경의를 표하는 것이다. 그러나 이 시대 소비문화에서 이러한 견해는 급격하게 바뀌었다. 오늘날, 환대의 목적은 손님에게 되도록 최고의 감동을 제공하는 것이다. 그 감동이 허위일지라도 말이다. 우리는 손님이 우리를 있는 그대로가 아닌, 우리가 바라는 모습대로 봐주기를 원한다. 우리의 목표는 상품화된 물건과 체험으로 이루어진 우리 삶의 가식적인 부분에 그들의 관심을 고정시키는 것이다.

교회 또한 이방인을 사랑하라는 전통적인 언어를 파기하고 새로운 용어를 선호하게 되었다. 우리는 이것을 "구도자에 민감하다"seeker sensitive라고 부른다. 이러한 새로운 사고방식은 환대에 대한 유서 깊은 베두인의 정의("먼저 대접하고 나중에 물으라")에도 영향을 끼쳐 결국 그 의미를 전복시켜버렸다. 이제 교회는 목표로 삼은 손님에 대해 되도록 모든 것을 알아내어 그에 따라 이미 결정되어 있는 통계 수치를 참고하여 그들을 대접하는 방식을 취한다. 우리 앞에 서 있는 피와 살을 지닌 인간을 사랑하기보다는 인구통계학적인 조사를 통해 미리 결정된 허구적인 인물을 상정하여 그들이 매력적으로 받아들일 체험을 만들어내려고 궁리하는 것이다.

이러한 경향을 잘 보여준 책이 바로 1993년에 출간된 「친구의 회심」(두란노)이다. 리 스트로벨이 쓴 이 책을 시작으로 구도자 방법론seeker methodology이 대중화되었다. 이 책에 등장하는 해리와 메리는 실제인물이 아니라 교회가 유인하고 싶은 전형적인 대상으로, 전문직에 종사하고 교외에 거주하는 중산층 백인이며 교회 생활을 해

본 적이 없는 사람들을 말한다. 이 책은 다섯 장에 걸쳐 해리와 메리가 교회에 원하는 것을 말하고 있다. "나에게 공간을 주시오"Space, "창조성을 주시오"Creativity, "좋은 것을 주시오"Something Good, "관계할 것을 주시오"Something I Can Relate To, "마음에서 우러나오는 것을 주시오"Something from the Heart.7 각 장 제목만 봐도 구도자 방법론이 소비문화에 기원을 두었음을 알 수 있다. 이 책은 결국 이방인을 사랑할 수 있도록 그리스도인을 준비시키는 것이 아니라 교회 쇼핑객에게 종교적 상품과 서비스를 제공할 수 있도록 기관을 준비시키는 데 집중하고 있다.

구도자에 대한 민감함은 이방인을 사랑해야 하는 그리스도인의 책임을 기관에 이전하는 좋은 시도지만 그 과정에서 중요한 것이 실종되었다. 기관은 사랑할 수 없으며 환대를 베풀 수 없다는 사실을 망각한 것이다. 기관이 가장 잘할 수 있는 것은 기껏해야 해리와 메리 같은 허구적 인물에게 집중하여 효과적으로 마케팅하는 것뿐이다. 그러나 이렇게 하면 교회 구성원들이 사랑해야 한다는 책임감을 느끼지 못한다. 이미 검증받은 설교와 음악, 편의시설이 그 일을 대신하기 때문이다. 이렇게 해서 개인은 바리새인처럼 동질성이라는 편안한 은둔처에 머물게 된다. 이러한 교회에서는 하나님이 이방인의 모습으로 우리와 함께 계시더라도 그가 등록 카드를 적지 않는 한 우리는 그에 대해 전혀 알 수가 없다.

이러한 이미지 조작, 목표 마케팅, 환대의 역할을 기관에 하청하는 것과 같은 현대적인 방법은 예수님이 원하시는 것이 아니다. 그분은 인구 조사에 따라 접근 대상을 결정하시지 않았다. 순간마다 그분 앞에 서 있는 자들을 누구든지 사랑하셨다. 성전에 나오지 않는 해리와 메리를 따라다니신 것이 아니라 계층, 인종, 성별, 지역을 구분하지 않고 모든 사람과 관계를 맺으셨다. 예수님은 우리에게 눈앞에 있는 실제 인간들과 관계하는 방법, 소비자지상주의의 비인간적인 방법과는 전혀 다른 새로운 방법을 보여주셨다.

예수님 안에서 우리는 자신의 삶을 채운 외적인 상품들로 정체성을 구성하지 않은 한 인간을 보게 된다. 오히려 그분의 정체성은 세례시 하늘에서 선포한 정체성, 아버지께 받은 변하지 않는 자기인식에 뿌리를 내리고 있다. "이는 내 사랑하는 아들이라." 이렇게 규정된 자의식을 지니신 예수님은 두려움 없이 그분이 만나는 모든 사람과 관계를 맺을 수 있었다. 예수님은 그분 자신을 바꾸지 않고도 그들을 있는 그대로 받아들이실 수 있었다.

예수님은 죄인, 창녀, 세리, 도적, 범죄자 모두를 매혹시키고 환영하셨지만 그분 스스로 죄인, 창녀, 세리, 도적, 범죄자가 되지는 않으셨다. 사람들의 욕구에 영합하려 하지도, 그들에게 인정받기를 바라시지도 않았다. 사실 예수님은 다른 사람들이 자신을 좋게만 보는 것을 거절하셨기 때문에 때로 제자들이 난처해지기도 했다. 그분의 가르침과 기적에 이끌려온 사람들에게 예수님은 그분의 험악한 삶의 실재를 상기시키셨다. 예수님은 자신을 따르려는 한 사람에게 이렇게 말씀하셨다. "여우도 굴이 있고 공중의 새도 거처가 있으되 인자는 머리 둘 곳이 없다"(마 8:20). 또한 거대한 군중에게 둘러싸였을 때, 예수님은 자신의 피를 마시고 자신의 살을 먹으라는 파격적이고 거북한 발언을 하셨다. 결국 제자들 가운데 많은 수가 떠나갔다(요 6:66). 그분은 의도적으로 대중적이지 않은 사상을 가르치셔서 무리를 덜어내신 것처럼 보인다. 예수님은 더욱 가치 있는 것을 고취하기 위해서 가치 없는 삶의 요소를 숨기시지 않았다. 자신의 정체성이라는 진리에 맞추어 살아가셨기 때문에 예수님은 다른 이들의 진실한 정체성을 포용하실 수 있었다.

이방인을 사랑한 의사

마태의 집에서 만물의 찌꺼기들과 저녁을 즐기며 식탁에 둘러앉아 계실 때, 예수님은 바리새인들이 찾아온 것을 아셨다. 이미지 조작의 선수이자 사회적 인구통계학의 달인인 이 종교 지도자들은 집 대문 틈으로 안뜰에서 벌어지는 축제를 자세히 엿보았다. 그들이 본 광경을 상상해 보라. 사치스러운 집, 음식과 음료수로 가득한 커다란 식탁, 춤추고 담배 피우며 흥겨워하는 인간쓰레기들. 그야말로 좋은 술이 넘칠 때 사람들이 보이는 모습이었다. 그리고 이 환락의 중심에 이름난 랍비 예수님이 식탁에 앉아 연회를 즐기고 있었다.

바리새인들은 분개했다. 예수의 제자 가운데 하나를 문으로 불러 분노한 목소리로 묻는다. "어찌하여 너희 선생은 세리와 '죄인들'과 함께 잡수시느냐?"(마 9:11) 그러나 대답한 사람은 제자가 아니다. 예수님은 이 질문에 스스로 대답할 가치가 있다고 생각하셨다. "건강한 자에게는 의사가 쓸데없고 병든 자에게라야 쓸데 있느니라"(마

9:12). 바리새인들은 랍비가 죄인들 사이에서 스스로를 더럽히는 모습을 보았다. 예수님은 자신의 대답에 바리새인들이 눈을 열어 무언가 다른 것을 보길 원하셨다. 죄인 사이에 함께하는 랍비가 아니라 아픈 자들을 고치는 의사를. 어쨌든 마태와 그 친구들과 단지 식사를 함께하신 것만으로도 예수님은 치유의 역사를 일으키셨으니까.

영어 단어 **환대**hospitality는 **병원**hospital과 라틴어 어원이 같다. 병원이란 문자적으로 "이방인을 위한 집"을 뜻한다. 물론, 지금은 치료하는 장소라는 의미를 갖게 되었지만 말이다. 단순히 같은 어원을 지닌 것 이상으로 환영받는 것과 치료받는 것은 서로 깊은 관계가 있다.

소비자로서 형성된 기만적인 실체 뒤에 숨어 있는 우리의 진정한 실체가 있는 그대로 사랑받고 받아들여진다면, 그리고 조건 없이 다른 사람의 삶으로 초대받고 환영받을 수 있게 된다면, 우리 영혼은 치유될 것이다. 세상적인 사랑은 항상 조건적이다. 우리가 접하는 모든 문화와 광고는 우리가 중요하게 여겨지고 인정받는 일은 우리가 무엇을 이루었는지, 우리가 무엇을 가졌는지, 우리가 어떻게 보이는지, 우리가 어떻게 일을 해내는지에 달려 있다고 말한다. 우리는 사람을 받아들일 때 늘 조건을 따지며, 다른 사람의 기준에 부합하지 않아서 거절당한 상처를 누구나 가지고 있다. 그 상처가 부모님, 배우자, 공동체, 교회에서 입은 것이라면 얼마나 끔찍한가? 거절은 언제나 상처를 남긴다. 눈에 보이지는 않지만 우리 영혼에 흠집을 남겨 그 흉터를 평생 가져가야 하는 상처 말이다.

알렉산드리아의 필로Philo of Alexandria는 이렇게 말했다. "누구를 만나든지 친절하십시오. 그 사람은 큰 전쟁을 치르고 있기 때문입니다." 우리는 모두 사랑받기 위해, 우리 자신이 중요하고 인정받을 사람이라는 것을 증명하기 위해 처절한 전쟁을 치르고 있다. 어떤 사람들은 상처를 치료하기 위해 계속해서 새로운 관계를 찾는 방식으로 전투를 벌이지만 호전되지 않는다. 또 어떤 이들은 더 크고 좋은 성공이라는 토큰을 사는 방식으로 전쟁을 치른다. 남자들은 종종 성취를 통하여 인정받고 싶어한다. 그러나 그들이 집을 비우면 의도하지 않았어도 그들의 아내와 자식이 상처를 받게 되고, 이 악순환은 계속된다. 이 전쟁에 극도로 지쳐버린 사람들은 마약이나 술, 음식, 섹스처럼 그 고통을 순간적으로 잊게 해줄 다른 기쁨을 찾아 전장을 떠난다. 이런 방식으로 그들의 파괴된 영혼은 육체에 뚜렷이 흔적을 남긴다.

그러나 환대, 진정한 환대는 이러한 상처에 치유의 향유가 될 수 있다. 우리가 바라는 바는 있는 그대로 받아들여지고 사랑받는 것, 바로 그것이 아니던가? 어떤 가식이나 거짓 없이 다른 사람의 삶에 환영받는 것이야말로 우리가 진정 원하는 바가 아닌가? 이러한 영혼의 치유는 목표 마케팅이나 기호도 조사와 같은 방식으로는 절대 이루어지지 않는다. 그러한 방식은 소비자지상주의의 가식을 강화할 뿐이다. 또한 누가 교회 내 유사한 동일 집단에 적합한지를 간접적으로 알게 하는 교회도 영적인 병원의 역할을 할 수는 없다. 오히려 치유하는 환대는 개인적이고 인간적이며, 교회 성장 전략의 효력을 넘어선다. 이러한 치유는 그리스도만이, 그리고 성령으로 가득한 공동체만이 할 수 있다.

예수님은 눈이 멀지도, 무지하지도 않으셨다. 그분은 마태의 집에 함께한 이들이 도덕적이지 않다는 것을 알고 계셨다. 그들이 저지른 악행을 어느 바리새인보다 잘 아셨다. 그렇지만 그럼에도 그들을 사랑하고 받아주셨다. 예수님은 전쟁터에서 상처 입은 이 영혼들에게 피난처가 되셨다. 그것이 하나님의 사랑이다. 하나님의 사랑은 눈멀지 않았다. 우리를 있는 그대로 보신다. 그분은 우리가 소비한 갭 청바지와 비싼 라떼의 산더미 아래 파묻힌 우리의 무너진 정체성을 파내시고 그 역겨운 상태를 보시면서 이렇게 말씀하신다. "내 아이야, 이리 오려무나. 앉아서 먹으려무나. 너를 위해 이 자리를 마련해 두었단다." 이제 그리스도의 따뜻한 불빛이 치유의 식탁에 모인 이들의 얼굴을 비춘다. 그때 우리는 처음으로 진실한 우리 모습을 서로 바라보게 된다. 이들은 꼬리표가 아니다. 범주도 아니다. 인구통계학도 아니다. 두렵게도 그리고 놀랍게도 이들은 하나님의 형상으로 만들어진 사람들이다.

우리의 집은 병원이 되어야 한다. 하늘의 빛을 내뿜는 치유의 피난처가 되어야 한다. 우리의 식탁은 무너진 영혼들이 다시 완전하게 회복되는 장소가 되어야 한다. 또한 우리의 교회는 사람들이 인정받기 위해 치르는 전쟁에서 쉼을 얻는 장소, 그들은 그들이 소유한 상품일 뿐이라는 거짓말에서 해방되는 장소가 되어야 한다. 우리가 우리의 장벽을 낮출 때, 즉 우리의 가식과 문에 달린 틈구멍을 제거

할 때, 우리는 다른 사람들과 진실로 함께할 수 있다. 그때 비로소 복음의 치유하는 능력이 그 역할을 다시 시작할 것이다.

9장
세상에 노래를 가르치다

그리스도는 하나님의 뜻을 이루기 위해 초라한 목공소에서 30년 동안 일하셨다. 하나님은 인간이 그리스도를 닮아 이 땅에서 겸손히 살아가기를 원하신다. 하늘에 닿으려 하지 말고 작은 일을 받아들이며 복음에서 배우라. 마음이 온유하고 가난한 자가 되도록.

빈센트 반 고흐

진정으로 해야 할 일

1971년 1월 18일, 빌 베이커Bill Backer가 탄 대서양 횡단 비행기가 아일랜드의 샤논공항에 착륙했을 때 승객들은 노발대발하고 있었다. 비행기의 목적지는 원래 런던 히드로공항이지만 안개가 심해서 밤늦게야 다른 곳에 착륙했기 때문이다. 게다가 승객들은 호텔방을 같이 사용하거나 밤새 공항에서 지내야 한다는 말을 들은 것이다. 시차와 피로에 지친 여행객들이 짜증을 내며 항공사 직원들과 다투는 것도 이해가 갔다.

다음 날 아침, 코카콜라사의 독창적인 광고 기획자 베이커는 뭔가 달라진 것을 느꼈다. 지난밤에 격노하던 사람들 대부분이 아침에는 매우 화기애애했다. 이들은 공항 카페에 모여 콜라를 마시며 웃고 떠들고 있었다. 순간 베이커는 깨달았다. 그는 그때를 이렇게 회상한다. "저는 그때 코카콜라가 단순한 음료수가 아님을 알게 되었습니다. 이 청량음료는 작지만 모든 사람이 공유하는 것이며, 누구나 좋아하고 잠시나마 모든 사람을 친구로 만들어줄 만큼 위대했습니다."[1]

다음 날 베이커는 런던에서 작곡가 두 명을 만나 라디오 스팟광고 노래를 하나 만들도록 했다. 그는 한 줄의 가사가 적힌 종이 냅킨을 꺼냈다. 냅킨에는 다음과 같이 적혀 있었다. "세상 사람들에게 코카콜라를 사주고 싶어. 그리고 모두 친구가 될 거야." 1971년 7월에 처음 방송된 텔레비전 광고에는 20개국에서 온 200명의 젊은이가 풀이 무성한 언덕에 서서 코카콜라 병을 들고 베이커의 노래를 부르는 장면이 연출되었다.

> 세상 사람들에게 노래를 가르치고 싶어.
> 완벽한 화음으로
> 세상 사람들에게 코카콜라를 사주고 싶어.
> 그리고 모두 친구가 될 거야.
> 그것만이 진정으로 해야 할 일

이 노래는 세계적인 인기를 끌었고 영국 음악순위 1위, 미국에서는 7위를 달성했다. 또한 이 텔레비전 광고는 지금까지도 가장 기억에 남는 광고물로 남아 있다.

1970년대에 코카콜라는 이미 국제적으로 공인된 브랜드였지만 베이커의 노래 덕분에 이 음료의 이미지는 격상되었다. 언덕에서 인종과 문화의 화합을 노래한 장면은 코카콜라가 지닌 큰 뜻을 잘 보여주었다. 소다수와 설탕, 캐러멜 색소로 이루어진 이 간단한 혼합물이 아무도 이루지 못한 세계평화의 첫걸음을 시작한 것이다. 웅장하면서도 메시야를 연상시키는 듯한 이 광고는 표면적으로는 기이해 보일지 모르지만 코카콜라사의 역사와 놀라울 정도로 일맥상통한다.

아사 캔들러Asa Candler는 1887년 한 약사에게 코카콜라 제조법을 사들인 뒤 그 다음해 코카콜라를 창업하여 공격적인 마케팅을 시작했다. 캔들러는 신앙부흥운동에 참여한 배경을 지닌 독실한 감리교도이며, 그러한 예전 경험을 바탕으로 새로운 소다 음료수 판매 전략을 세웠다. 그는 만약 코카콜라 판매원들이 오래전 남부지역을 동분서주한 순회 설교사들처럼 복음을 전파하려는 열정과 포교 전략을 지닌다면 대중이 소다 음료수를 받아들이도록 할 수 있으리라 믿었다.

캔들러는 코카콜라 판매 사원들에게 이러한 신념을 주입하기 위해 일주간의 훈련 과정을 개설했다. 한 강사는 비록 세속적 종교이기는 하지만 외판원들이 스스로를 이 종교를 들고 "외국으로 가는 선교사"로 여겨야 한다고 말하기도 했다. 훈련을 마친 뒤, 캔들러의 소다 음료수 선교사가 된 한 외판원은 코카콜라가 "갈증을 날려버리는, 하늘이 보내신 음료수이며 햇빛에 타버린 이 땅에 내린 축복"이라고 선포하며 다녔다. 또한 캔들러는 유명한 감리교 감독이던 그의 형 워렌 캔들러Warren Candler에게 부탁해 아침 판매 모임에서 기도회를 인도해 달라고 했다. 그는 일주간 훈련을 마치면 "믿는 사람들은 군병 같으니"Onward Christian Soldiers라는 찬양이 감동적으로 연주되는 가운데 훈련생들을 지휘하였다.[2]

아사 캔들러는 외판원들을 고무시키는 데에만 자신의 신앙을 이용한 것이 아니다. 뻔뻔하게도 그는 선교 사역에 편승하여 소다 음료수를 해외로 전파하였다. 워렌 캔들러 감독은 쿠바를 복음을 전할 이상적인 사역지로 여겼다. 동생의 도움으로 그는 그 섬에 감리교 선교 학교를 세웠다. 그러나 아사의 동기는 순전히 복음적이지만은 않았다. "교육으로 개척한 활로를 통해 우리 상품이 유입될 수 있으리라 확신한다"고 그는 말했다. "이렇게 해서 우리는 의무와 이익을 동시에 얻을 수 있다."[3] 아사 캔들러는 재빨리 아바나의 포도주 상인을 고용하여 쿠바의 코카콜라 도매 담당자로 세웠다.

코카콜라를 세상 끝까지 전하겠다는 캔들러의 사명은 꽤 성공했다. 1990년에 이르러, 코카콜라는 200개가 넘는 나라에서 170억 병이 소비되었고 전 세계 청소년의 80퍼센트가 코카콜라 로고를 알고 있었다. 이는 세계 종교 가운데 어떤 상징물도 이루지 못한 성과다. 더욱 주목할 것은 많은 개발도상국에서 사람들은 깨끗한 식수보다 코카콜라를 더 쉽게 접할 뿐만 아니라 가격도 더 적절하다는 점이다. 이렇게 해서 1986년 코카콜라 회장 로베르토 고이수에타가 한 예언은 실현되었다.

> 현재 미국에서 사람들은 일반 수돗물을 포함한 다른 어떤 음료보다 청량 음료를 더 많이 소비하고 있다. 우리가 이 기회를 잘 활용한다면 다음 세

기 멀지 않은 시점에 이르러 이러한 물결이 시장을 하나씩 덮칠 것이며, 마침내 청량음료, 바로 우리의 청량음료가 지구상 최고의 음료수가 될 것이다.[4]

음료수에 전능한 속성을 부여하여 코카콜라를 신격화한 아사 캔들러의 전통에서 더 나아가 고이수에타는 말한다. "10억 분 전에, 기독교가 발생했다. 10억 초 전에, 비틀즈가 음악을 영원히 바꾸어 놓았다. **그러나 10억 개의 코카콜라가 탄생한 것은 바로 어제 아침이다.**"[5]

1887년 창립된 이후 코카콜라 회사는 메시야를 기다리는 열망과 복음 전파 전략을 사용하여 지구상에서 가장 잘 알려진 브랜드가 되었다. 그리고 20세기 후반에 이르러서는 복음전도자들이 코카콜라의 방법을 따라 하기 위해 애쓰고 있다.

성장을 향한 열망

4,000여 명의 목회자가 멜 깁슨의 영화 〈패션 오브 크라이스트〉 시사회를 보려고 준비하는 동안 예배당 불이 희미해졌다. 전통적인 할리우드 방식을 거부하고 깁슨은 전국의 대형 교회들을 순회하며 자신의 영화를 교회 지도자들에게 직접 홍보하고 있었다. 음악이 흘러나오며 다음 문구가 화면에 나타났다. "2,000년 역사상 가장 뛰어난 선교 기회." 대형 교회들이 입구 앞에 휴지를 대량으로 갖추어놓은 것은 잘한 일인 듯싶다. 이 뉴스를 접한 목회자들이 기뻐서 눈물

을 흘렸을 테니 말이다. 예수님이 오신 지 2,000년이 지나고 나서야 마침내 교회는 〈스타워즈〉Star Wars처럼 보편적이고, 제임스 카메론James Cameron 감독의 〈타이타닉〉Titanic처럼 호소력 있으며, 〈해리포터〉Harry Potter처럼 시의성 있는 선교 도구를 만들어냈다. 멜 깁슨 덕분에 그리스도께서 영화관을 장악하시게 된 것이다.

멜 깁슨이 홍보를 위해 전국을 다니며 목회자들에게 호소한 내용은 간단했다. 〈패션 오브 크라이스트〉는 수백만의 사람들에게 영적으로 충격을 줄 힘이 있다. 따라서 교회가 이 영화를 홍보해준다면 반드시 그 열매를 거두게 될 것이라는 논리다. 이 전략은 깁슨이 교회에 영화를 홍보하기 위해 손잡은 "모티브 마케팅"Motive Marketing이라는 회사의 생각으로, 꽤 효과적이었다. 〈패션 오브 크라이스트〉는 6억 달러 넘게 벌어들이며 역사상 여덟 번째로 수익을 많이 올린 영화가 되었다. 이 성공의 공은 마땅히 영화 포스터를 붙이며, 영화로 설교하고, 영화관을 통째로 빌려 이웃들에게 영화를 홍보하며 다닌 목회자와 교회들에게 돌려져야 한다.

모티브 마케팅사의 사장 폴 로이어Paul Lauer는 회사가 한 일은 영화를 홍보한 것이 아니라 "교회가 그들의 목적을 더욱 잘 실현할 수 있는 도구를 제공한 것"이라고 말한다. 그러면 〈패션 오브 크라이스트〉가 2,000년 역사상 가장 뛰어난 선교 방법인가? 한 연구 조사에 따르면 많은 교회에서 그렇지 않았다. 이 영화를 관람한 뒤에 시행한 조사에 따른 결론은 다음과 같다. "놀라운 결과 가운데 하나는 …… 이 영화로 인한 실제적인 복음 전파 효과는 극히 미미하다는 것이다. …… 이 영화를 접하고 예수 그리스도를 구세주로 받아들이거나 신앙을 고백한 사람은 관람객 가운데 1,000분의 1도 안 되었다."[6]

이러한 실망스러운 결과를 본다면 2년 후 디즈니가 마찬가지 방식으로 영화를 홍보하고자 했을 때 목회자들이 그다지 호의적이지 않았으리라 생각하겠지만 결과는 반대였다. 깁슨이 돈을 갈퀴로 모으는 것을 목격한 월트 디즈니는 2006년 모티브 마케팅사와 손을 잡고 교회들을 다니며 영화 〈나니아 연대기〉Narnia를 홍보하기 시작했다. 다시 한 번 교회들은 영화관을 빌리고, 성도들은 포스터를 붙였으며, 목회자들은 〈나니아 연대기〉를 주제로 연속 설교를 했다. 디즈니는 심지어 이 영화를 설교하는 목회자에게 런던 휴가를 부상으로 수여하는 설교 대회를 열기까지 했다.

모티브 마케팅사는 교회의 성공하고자 하는 끝없는 욕구에 편승한 수많은 업체 가운데 하나일 뿐이다. 더 나아가 "킹덤 벤처스"Kingdom Ventures라는 회사는 작은 교회의 욕구를 만족시켜 크게 성장시켜주는 사업으로 돈을 벌고 있다. 행사 계획과 자금 모금에서부터 예배당을 최신 멀티미디어 기구들로 채워 넣고 경험 많은 연사와 예술 공연가를 소개하는 일에 이르기까지, 이 회사는 어떻게 해야 교회로 사람들을 이끌 수 있는지 알고 있다. 2003년 3월, 킹덤 벤처스는 285퍼센트 매출 성장을 보고하며 새로운 사업 모델을 제시했다. 즉 "교회는 물론 다른 신앙에 기초한 단체들이 성장할 수 있는 원동력이 되겠다"[7]는 것이다. 이 제안에 따르면 하나님의 영은 보조적인 역할을 할 뿐이다.

　이제 우리는 질문하지 않을 수 없다. "왜 교회는 큰 영향을 끼칠 수 있다고 약속하는 상품과 광고에 꼼짝 못하는 것인가?" 선풍적인 인기를 끌고자 하는 소비자지상주의가 아마도 그 답의 일부일 것이다. 광고업자는 온갖 미사여구와 과장법을 동원해서 상품을 홍보한다. 어느 사업체든 자신의 상품이 "가장 적절하고" "가장 신뢰할 만하며" "가장 관심을 끌고" "가장 잘 팔리길" 바란다. 이러한 문구들은 한결같이 소비자에게 다음과 같은 의미를 전달한다. "설마 수백만의 사람들이 모두 틀리지는 않겠지." 이러한 메시지는 다른 사람들에게 인정받으면서도 군중에 섞여 편하게 지내기 원하는, 불안정하면서도 파괴된 우리의 인간성에 스며든다. 결과적으로 소비문화에서 상품이 지닌 가치는 그 상품이 영향을 끼친 사람들의 수와 정확하게 비례한다. 대중적인 인기는 성공과 동의어일 뿐 아니라 정통성을 보증한다.

　광고 전문가 제임스 트위첼에 따르면 이러한 풍조 때문에 대형 교회가 성공할 수 있었다. "예전 교파들에서 가치를 증명하는 것은 성장이 아닌 안정성이었습니다."[8] 그러나 소비문화에서는 급격하게 달라졌다. 오늘날 대형 교회들은 "자신의 브랜드가 강력해지는 데 온 힘을 기울였습니다. 바로 성장입니다. 당신이 파는 상품이 **무엇이든** 상관없습니다. 당신이 그것을 팔고 있다는 것은 바로 그 상품에 대한 수요가 많다는 인식을 보여주기 때문입니다."[9] 이제 우리는 왜 교회가 반복적으로 큰 영향력을 보장하는 계획에 열광하는지 알 수 있다. 선택 받은 소수만이 복음과, 복음을 "파는" 교회를 "구입"한다면 복음과 교회는 정통성을 확보할 수 없다. 지속적인 성장과 증가하는 영향력만이 성공을 규정한다. 따라서 복음주의 교회에서 성장은 목표인 **동시에** 그들이 파는 상품 자체가 된 것이다.

팀 스티븐스와 토니 모건 목사는 이러한 신념을 자신들의 저서 「알기 쉬운 성장 전략」에서 간략하게 설명하고 있다. "클수록 좋아"Bigger Is Better라는 제목의 장에서 그들은 "교회는 늘 이전보다 커져야 한다. 교회는 반드시 지속적으로 성장해야 한다"라고 말한다. "분명 하나님은 교회의 성장을 원하신다. 이 땅에서 행하신 예수님의 사역을 생각해 보라. 그분이 어디를 가든지 그분이 하시는 말씀을 듣기 위해 많은 군중이 모여들었다."[10] 스티븐스와 모건은 예수님의 지상 사역이 소수의 추종자만 남긴 채 마감된 것을 망각한 듯하다. 몇 안 되는 추종자를 제외한 모든 사람이 예수님을 떠나거나 배신했다. 수량적인 잣대로 엄격하게 따지자면 예수님의 사역은 실패다. 그러나 그 사실은 별로 중요하지 않다. 어차피 지역 교회에서 가장 중요한 것은 교회를 둘러싼 소비자-자본가 문화처럼 새로운 시장을 개척하고 영향력을 증대하며 계속해서 성장하는 것이기 때문이다.

이러한 가치관으로 무장된 교회가 2,000년 만에 가장 큰 성장을 가져다줄 기회를 약속하는 상품에 어찌 솔깃하지 않을 수 있겠는가? 어떤 사람은 〈패션 오브 크라이스트〉의 마케팅 기법은 단지 과장된 홍보방법일 뿐이라고 생각할 수도 있지만, 많은 교회가 그렇게 생각하지 않은 것이 분명하다. 청량음료가 세계 평화를 운운하고 자동차 회사 볼보Volvo가 그 회사 차량이 "당신의 생명을 구할 뿐 아니라 당신의 영혼을 구한다"고 말한다는 사실 자체가 기이한 일이지 않은가? 그러나 코카콜라나 볼보의 영향력도 정통성의 근원이자 지상 최대 상품 앞에서는 한없이 초라해질 뿐이다. 그 상품은 바로 하나님이다. 전지전능한 분을 판매하는 우리에게 과장은 당연하고 반드시 필요하다! 결국 하나님이 **진짜** 최고다.

영향력을 끼쳐야 한다!

1990년, 24세의 컴퓨터 만화 영화 제작자 필 비셔Phil Visher는 시카고에 있는 아파트의 빈 침실에서 애완동물 프로젝트(아니, 정정하겠다), 식물 프로젝트를 손보고 있었다. 모니터에는 CG 처리된 오이가 표현력이 풍부한 눈을 반짝이며 하나뿐인 이빨로 씩 웃으며 창조자를 바라보고 있다. 바로, 기독교 아동 비디오 역사상 최고로 잘 팔린 "베지테일즈"Veggie Tales에게 필 비셔가 생기를 불어넣는 순간이었다.

토마토 밥Bob the Tomato과 오이 래리Larry the Cucumber는 비셔가 만든 기독교 만화 영화 스튜디오인 빅 아이디어 프로덕션Big Idea Production의 마스코트가 되었다. 사업이 성장하면서, 비셔는 자신이 만들어낸 캐릭터들이 들려주는 재미있는 이야기와 단순한 노래, 성경적 가르침을 통해 많은 이윤을 낼 수 있으리라는 사실을 알아차렸다. 빅 아이디어가 창립되기 전에 아이들을 대상으로 한 기존 기독교 엔터테인먼트는 끔찍할 정도로 시대에 뒤떨어져 있었다. 새롭게 등장한 뮤직비디오나 케이블 방송 프로그램과는 경쟁할 수 없을 정도였다. 그러나 컴퓨터 애니메이션은 최신 기술이었다. 베지테일즈는 아이들에게 큰 영향력을 줄 수 있는 위치를 차지한 것이다.

비셔는 "내가 이 땅에서 맡은 역할은 하나님을 위해 위대한 일을 꿈꾸는 것이다. 만약 내 꿈이 이기적이지만 않다면 하나님은 그 꿈을 모두 실현시켜주실 것이다. 내 영향력은 엄청날 것이며 세상은 변할 것이다"[11]라고 믿었다. 영향력을 끼치고자 하는 그의 복음적 열망이 마침내 사업적 수단과 맞아떨어지면서 비셔는 기꺼이 자신의 스튜디오가 이룰 BHAG(Big Hairy Audacious Goal, 1994년 미국의 대표적인 경영평론가 제임스 콜린스와 제리 포래스가 쓴 「비전을 가진 기업들의 성공적인 습관」이라는 책에서 처음 사용한 용어로 번역하자면 "크고 대담하며 도전적인 목표"라는 뜻이다_옮긴이)를 세웠다. 빅 아이디어사의 목표는 "20년 안에 가장 신뢰할 만한 가족 미디어 브랜드로 4위권 안에 드는 것"이다. 비셔가 말했듯이 그는 빅 아이디어사를 "기독교계의 디즈니"로 만들려고 했다. 목표를 이보다 낮게 세우는 것은 하나님에 대한 불명예가 될 것이기 때문이다. 그는 말한다.

> 할아버지가 존경한 그리스도인은 D. L. 무디(Moody), R. G. 르투르노(LeTourneau), 빌 브라이트(Bill Bright) 등인데 이들은 굉장히 진취적이었다. 이들은 기독교계의 록펠러(Rockefeller)다. 때로는 마더 테레사(Mother

Teresa)와 같은 부류의 그리스도인이 쓴 책도 읽었다. 그들이 쓴 책은 나를 헷갈리게 했다. 마더 테레사는 위대한 사람인 것 같지만 그의 접근 방식은 몹시 비효율적이기에 놀랄 수밖에 없었다. 그러니까 그는 말 그대로 가난한 자를 먹였다. 한 번에 한 명씩. 전 세계 곳곳에 가난한 자를 먹이는 시스템을 만들었다면 그의 영향력은 더욱 커질 수 있지 않았을까? 그는 전 세계 배고픈 자들의 레이 크록(Ray Kroc, 로날드맥도날드하우스 자선재단 설립자_옮긴이)이 될 수도 있었다. 그것이 더 낫지 않은가?[12]

비셔의 빅 아이디어사는 급격하게 성장일로를 달렸다. 빈 침실에서 탄생한 웃는 오이로 시작된 작은 회사가 1999년에 이르러 지구상 두 번째로 큰 유아비디오 회사가 되었다.

그리고 결국 거품은 터지고 말았다.

빅 아이디어사의 급격한 성장은 재정적 기반을 약화시켰다. 첫 장편 영화의 제작비가 치솟았으며, 어느 비디오 배급자가 제기한 소송도 전망이 좋지 않았다. 기독교계 디즈니를 만들어 하나님을 위해 세상에 영향을 끼치겠다던 비셔의 꿈도 사라져갔다. 회사가 직원들을 정리해고 하며 허리띠를 졸라매게 되자 비셔는 자신의 복음적 열망에 불을 지펴주던 믿음 체계를 의심하기 시작했다.

하나님은 많은 영향력을 끼치던 자리에서 적은 영향력을 끼치는 자리로 우리를 부르시지 않았다. 영향력이 모든 것이다! 당신은 교회학교에 얼마나 많은 아이를 데려오는가? 얼마나 많은 영혼을 사로잡았는가? 당신의 교회는 얼마나 큰가? 얼마나 많은 비디오와 음반, 책을 팔았는가? 당신의 노력으로 얼마나 많은 사람이 천국에 갈 것인가? 사람들에게 영향력을 끼쳐야 한다!¹³

2003년, 이 여정은 마침내 끝이 났다. 빅 아이디어 프로덕션은 파산했고 법원에 의해 경매물이 되었다. 비셔는 회사를 잃고 꿈을 잃었다. 빅 아이디어사가 없어진 뒤 그는 많은 시간을 묵상하며 기도하고 성경을 읽으며 보냈다. 무엇이 잘못되었는가? 왜 하나님은 그의 꿈을 꺾으셨는가? 이 기간 동안 그는 자기 신앙 전통의 진정성을 질문했다. "성경을 읽을수록 내가 속고 있었음을 깨달았다. 나는 복음과 개신교적 노동 윤리, 아메리칸 드림이 뒤섞인 위험한 칵테일을 마시며 자라났다. …… 내가 따르던 구원자는 알고 보니 예수와 벤 프랭클린Ben Franklin, 헨리 포드Henry Ford가 뒤섞인 인물이었다. 내가 영원하리라 여긴 가치란 내가 무엇을 성취했는지에 기반을 둔 것이었다."¹⁴

자신이 한 일들의 잔재를 살펴보면서 필 비셔가 깨달은 것은 그리스도인의 삶이란 "영향력에 관한 것이 아니라 순종에 관한 것"이라는 사실이다.

저항적인 입성

하나님은 짐을 나르는 짐승 가운데 당나귀를 특히 좋아하시는 것 같다. 예수님의 대속사역을 처음 예표하는 사건이 일어난 산으로 아브라함과 그의 아들 이삭을 싣고 간 동물은 당나귀다. 또한 길에 천사가 서 있음을 알아차리고(발람 선지자는 아무것도 보지 못했지만) 하나님의 말씀을 대언한 동물도 당나귀다. 삼손이 천 명이나 되는 적을 죽일 때 사용한 것도 당나귀 턱뼈다. 하나님은 당나귀를 쓰셔서 사람을 싣고, 사람에게 말하며, 사람을 죽이셨다. 그중에서도 하나님은 특별히 축복받은 한 새끼 당나귀를 온 열방의 기대를 저버리는 데 사용하셨다.

예수님의 생애에 벌어진 사건 가운데 사복음서에 모두 기록된 일은 그다지 많지 않다. 그중 하나가 예수님이 나귀를 타시고 영광스럽게 예루살렘에 입성하신 사건이다. 요한복음에 따르면, 예루살렘에서 동쪽으로 3킬로미터도 떨어지지 않은 작은 마을인 베다니에서 예수님이 죽은 나사로를 살리셨다는 이야기가 유대인들 사이에 빠르게 퍼져나갔다. 눈으로 목격한 자들이 그 이야기를 증명하며 돌고 도는 동안 억압받고 있는 사람들 사이에서 그 소문이 얼마나 부풀려졌을지 쉽게 상상할 수 있다. "그가 바로 하나님이 약속하신 구원자인가? 로마의 압제에서 우리를 구원하기 위해 드디어 새로운 모세가 온 것인가? 이 사람이 예루살렘에서 다윗의 보좌에 앉아 다스릴 거룩한 왕인가?"

그가 진정한 구원자라는 확증을 찾으려는 사람들은 예수님이 당시에 행하신 모든 행적을 주위 깊게 관찰하고 분석했을 것이다. 그렇기에 예수님이 아침에 베다니를 떠나 예루살렘으로 향하는 길에 오르셨을 때 모든 사람이 그를 주목했다. 이것이야말로 그들이 기다려온 증거다. 이 소식은 예루살렘에 가장 먼저 전해졌을 것이다. "베다니에서 죽은 자를 살리신 나사렛 선지자 예수가 오신다!" 도시는 유월절을 지키러 온 성례자로 가득했다. 그들은 문밖으로 쏟아져 나와 장차 그들의 왕이 되실 분을 보기 위해 길가에 늘어섰다. 이러한 관습은 고대 시대에 흔한 것이다. 왕이 전쟁에서 돌아올 때면, 전령이 미리 가서 왕이 곧 도착한다고 알렸고 신하들은 도시 문밖에 줄을 지어 서 있었다. 왕이 도착하면 큰소리로 환호하며 영광스러운 귀환을 송축하고, 왕이 왕좌가 있는 도시로 들어갈 때 같이 따라 들어갔다.

예수님이 예루살렘에 점점 가까워지자 군중은 옷을 벗어 예수님이 걸어가실 길바닥에 깔아놓으며 외쳤다. "호산나!" 히브리어로 "우리를 구원하소서!"라는 뜻이다. 이것이 마태, 마가, 누가가 기록한 장면이며, 요한복음에는 흥미로운 세부사항이 첨가되어 있다. 예수님이 지나가실 때 사람들이 종려나무 가지를 흔들었다는 점이다(그래서 이 주일을 종려주일이라고 부른다). 대수롭지 않아 보이기도 하지만, 이것이 요한이 이 장면을 어떻게 해석했는지 이해하는 데 매우 중요한 단서다.

그리스도가 오시기 약 2세기 전쯤 유대 지역은 그리스 마케도니아의 지배 아래 있었다. 그 무렵 유다 마카베오가 유대인을 선동하여 혁명을 일으켜 수천 명의 이방인을 죽이고 예루살렘 성전을 수복했다. 사람들은 이 해방을 기리기 위해 종려나무 가지를 흔들었고, 이 혁명을 기념하는 전통 축제가 바로 하누카다. 이때부터 요단

강 골짜기를 뒤덮은 종려나무 잎은 유다 왕조의 상징이 되었다. 실제로 종려나무는 오늘날 이스라엘의 1세겔짜리 동전에도 그려져 있다. 종려나무는 유대인이 국기로 삼으려고 한 상징물에 가장 근접한 것이기도 했다. 유대의 별과 줄무늬가 의미하는 바와 마찬가지로 종려나무는 국가적 자부심과 힘을 상징했다.

종려나무를 흔들며 "우리를 구원하소서!"라고 외치면서 사람들은 예수에 대한 그들의 기대감을 표출했다. 그들은 로마 제국을 멸망시키고 새로운 유대 왕국을 세울 거룩한 능력을 입은 지도자의 도래를 기리고 있었다. 그는 마카베오를 뛰어넘는, 유래 없던 해방 운동을 재현할 것이다. 예수는 죽은 자를 살릴 정도로 권능이 있는 분이니까. 사람들은 기대감에 부풀었다.

예수님의 존재로 불이 붙기 시작한 사람들의 민족적 열망이 얼마나 커졌던지 예수님을 반대하던 자들도 "모든 세상이 저를 따라갔다"라고 할 정도였다. 만약 예수님의 꿈이 군중을 끌어 모으는 것이라면 그는 이미 성공했다.

다시 당나귀 등장.

요한의 기록에 따르면 정치적 해방을 사모하여 종려나무를 흔들고 환호하는 사람들을 보신 후에 "예수는 한 어린 나귀를 보고 타셨다"(요 12:14). 사람들의 열망에 대한 그의 대답은 바로 나귀다. 이러한 행동이 의미하는 바가 군중에게 즉각적으로 다가오지는 않았다. 심지어 제자들조차 처음에는 그분의 행동을 이해하지 못했다. 나중에서야 이것이 구약의 예언을 성취하기 위한 행동임을 깨달았다. 스가라는 왕이 온순하며 겸손하게 나귀를 타고 예루살렘에 입성하실 것이라고 예언했다(슥 9:9, 요 12:14). 그분은 유다 마카베오와 같은 폭력적인 해방자가 아니었다. 예수님은 나귀를 타시면서 상징적으로 사람들의 뜻을 거절하셨다. 역사가들은 이것을 승리의 입성이라고 하지만 요한은 더 정확하게 저항적인 입성이라고 말한다.

군중의 열망에 부합하지 않기로 하신 결정 때문에 예수님 앞에는 사람들에게 모욕과 거절을 당하는 한 주가 시작되었다. 예수님은 예루살렘에 들어오셔서 성전의 사람들을 거칠게 내쫓으셨다. 로마의 침략자들이 아닌 유대 상인과 무역업자를 내치신 것이다. 도시에서 가르치면서 예수님은 종교 지도자들을 위선자요, 눈먼 인도자요, 독사요, 지옥의 자식이라고 부르셨다. 그리고 만약에 예수님께 전속된 PR 컨설턴트가 있었다면 심장마비를 일으킬 만한 말씀으로 그 주를 마무리하셨다. 바로 성전 파괴를 예언하신 것이다. 당시 사회에서 이 말이 얼마나 심각한 신성모독인지 아마 우리는 상상도 하지 못할 것이다. 도시 분위기는 극적으로 변했다. 며칠 전 "호산나!"라고 환호하며 예수님을 반기던 사람들이 이제는 "그를 못 박으라!"고 외쳤다. 금요일, 십자가에 달리셨을 때 예수님은 가장 친한 친구들에게조차 외면당했다. 대신 그분의 십자가를 진 사람은 이방인이었다.

예수님은 영향력을 따라 움직이지 않으셨다. 그분의 열망은 점점 더 많은 사람을 끌어 모으는 것이 아니었다. 사실 고난 주간의 사건들과 무리에게 가르치신 내용을 보면(요 6장) 예수님은 잘못된 이유로 그분에게 이끌린 사람들을 일부러 걸러내려고 하신다. 무리를 모으는 것과 같은 목적은 그분의 사명에 비하면 훨씬 저속한 목적일 뿐이다. 심야 텔레비전 프로그램을 보면 이마로 맥주 캔을 으그러뜨리는 남자도 사람들의 마음을 사로잡을 수 있다. 2리터짜리 다이어트 콜라와 멘토스 한 줄로도 사람들을 유인할 수 있다. 예수님께 정통성을 확보해 주는 것은 영향력이 아니다. 더 큰 것이 본질적으로 더 좋은 것은 아니다.

예수님을 움직인 것은 영향력이 아닌 순종이다. 예수님은 아버지가 명하신 모든 것을 행하심으로 힘을 얻으셨다. "나의 양식은 나를 보내신 이의 뜻을 행하며 그의 일을 온전히 이루는 이것이니라"(요 4:34). 환호하는 무리에 둘러싸여 예루살렘에 들어가는 중에도, 40일 동안 광야에서 외로이 계실 때에도 아버지께 순종하겠다는 예수님의 외곬은 결코 흔들리지 않았다. 예수님의 정통성은 자신이 영향을 끼친 군중의 규모에서 나오는 것이 아니라 하늘에서 선언하신 한 분에게서 나오는 것이다. "이는 내 사랑하는 아들이요 내 기뻐하는 자라." 그분의 정체성은 추종자가 아닌 그분의 아버지께 단단히 닻을 내리고 있었기 때문에 예수님은 사명을 담당하시면서 그 결과를 아버지께 맡기실 수 있었다.

물론 그렇다고 예수님이 자신의 사명이 끼칠 영향력을 생각하시지 않았다거나 사랑으로 모든 사람에게 다가가려는 열망이 부족하셨다는 말은 아니다. 예수님의 목적은 원대했고 심지어 그 범위는 우주적이기까지 했다. "하나님이 세상을(문자적으로 '우주') 이처럼 사랑하사 독생자를 주셨으니"(요 3:16). 그러나 그리스도께서 담당하신 위대한 사명은 그것을 수행하는 미천한 방법과 서로 대조된다. 예수님은 가장 위대한 일을 가장 겸손하게 수행하셨다. 이러한 역설 때문에 우리도 그분의 제자들과 마찬가지로 종종 착각한다. 하나님의 경륜에서는 가장 작은 것이 가장 큰 영향력을 끼친다. 대중은 종종 옳지 않다. 나귀는 종종 축복을 받는다. 그리고 거절당한 왕이 세상을 정복한다. 예루살렘에 도착하신 직후 예수님이 하신 말씀처럼 말이다. "내가 진실로 진실로 너희에게 이르노니 한 알의 밀이 땅에 떨어져 죽지 아니하면 한 알 그대로 있고 죽으면 많은 열매를 맺느니라"(요 12:24).

결과를 맡기다

화가로서 경력은 짧았지만 고흐는 씨 뿌리는 자를 적게 잡아도 서른 장이나 그렸다. 평범한 농부가 들판을 걸으며 씨를 흩뿌리는 그림을 말이다. 씨 뿌리는 자는 고흐의 세 가지 열정, 즉 자연에 대한 경의, 농부에 대한 존경, 성경을 향한 사랑이 한데 모인 대표적인 심상이다. 하나님 나라 우화를 이야기하면서 예수님이 가장 일반적으로 드신 비유가 바로 농사다. 고흐는 스물네 살 때 예수님이 막 씨가 뿌려진 들판을 걸으신 내용의 설교를 들었다. 그는 이 설교가 "나에게 깊은 영향을 끼쳤다"[15]고 말했다. 씨 뿌리는 자와 씨의 비유에 대해서도 다룬 그 설교는 고흐가 사역을 이해하는 데 큰 도움이 되었다.

고흐가 특별히 관심을 가진 것은 예수님이 하나님 나라를 씨 뿌리는 자의 수고와 땅의 생산 사이에 존재하는 신비로움에 비유한 마가복음 내용이다. "하나님의 나라는 사람이 씨를 땅에 뿌림과 같으니 그가 밤낮 자고 깨고 하는 중에 씨가 나서 자라되 어떻게 그리 되는지를 알지 못하느니라. 땅이 스스로 열매를 맺되"(막 4:26-28). 젊은 목사로서 고흐는 그가 할 일은 들판에 씨를 뿌리듯 하나님 말씀을 뿌리는 것이라고 묘사했다. 결과는 그의 능력 밖에 있다는 것을 알았다. 그가 할 일은 오직 신실하게 씨를 뿌리는 것이었다.

이러한 세 가지 사랑(자연, 농부, 성경)은 고흐의 작품세계에 씨 뿌리는 사람이 끊임없이 등장하는 이유를 설명한다. 그러나 고흐의 화풍에 영감을 준 것은 장 프랑수아 밀레의 유명한 작품이다. 밀레의 1850년 작 〈씨 뿌리는 사람〉 The Sower 은 고흐에게 지대한 영향을 끼친 기념비적 작품이다. 그는 밀레의 화풍에 완전히 매혹당해서 자신의 많은 작품에 그 그림을 모사하였다. 그러나 고흐가 그린 〈씨 뿌리는 사람〉은 밀레의 인물과 한 가지 중요한 면에서 다르다. 바로 규모다.

밀레의 작품은 1미터 남짓 되는 높이로, 씨 뿌리는 사람이 온 캔버스를 가득 채운다. 그러나 분명 밀레의 작품을 모델로 해서 고흐가 1888년에 그린 그림에서는 주인공이 캔버스를 채우고 있지도 않으며 구도를 압도하지도 않는다(그림12). 대신 고흐의 그림은 레몬빛이 도는 노란색의 작열하는 태양 광선이 하늘을 뒤덮고 있다. 그가 친구들에게 보낸 편지에서 우리는 노란빛과 태양이 하나님을 상징한다는 것을 알고 있다. 그의 〈씨 뿌리는 사람〉을 지배하고 있는 것은 들판의 천한 종이 아니라 그리스도 자신이다.

이 구도에 담긴 메시지는 고흐의 신학과 일맥상통한다. 씨 뿌리는 사람은 더 위대한 신비 안에서 작고 부차적인 역할만 담당할 뿐이다. 씨 뿌리는 사람이 땅에 씨를 뿌리면 그 씨는 싹을 틔우지만 정작 그는 어떻게 그렇게 되는지 알지 못한다. 씨 뿌리는 사람은 창조 행위에 있어서 중심인물이 아니다. 그는 식물을 자라게 하지 못한다. 모든 일을 일으키는 분은 하나님이며, 우리가 씨를 뿌리고 거두는 모든 일이 그분의 주권 아래 이루어진다. 씨 뿌리는 사람은 그가 노력한 결과에 책임을 질 수 없다. 오직 자신의 역할을 할 뿐 결과는 하나님께 넘겨드려야 한다.

이는 계속해서 더 큰 영향력을 끼치는 사역만 추구하는 소비자지상 기독교 시대에 우리가 꼭 들어야만 하는 메시지다. 고흐의 그림은 우리에게 해야 할 역할이 있지만 더 장대한 우주적인 틀에서 그 역할은 부수적일 뿐이라는 사실을 상기시켜준다. 우리의 일은 분명히 중요하지만 우리가 생각하는 만큼은 아닐 것이다. 궁극적으로 우리가 노력한 결과는 우리 손에 달려 있지 않기 때문이다. 우리는 일하고 세상은 변하지만 이러한 영적인 영향력이 정확히 어떻게 발생하는지는 신비로 남아 있다. 이러한 사실은 고흐가 아직 젊은이일 때 그에게 영향을 끼친 예수님의 비유에 잘 나타나 있다.

> 씨를 뿌리는 자가 뿌리러 나가서 뿌릴새 더러는 길 가에 떨어지매 새들이 와서 먹어버렸고 더러는 흙이 얕은 돌밭에 떨어지매 흙이 깊지 아니하므로

곧 싹이 나오나 해가 돋은 후에 타서 뿌리가 없으므로 말랐고 더러는 가시 떨기 위에 떨어지매 가시가 자라서 기운을 막았고 더러는 좋은 땅에 떨어지매 어떤 것은 백 배, 어떤 것은 육십 배, 어떤 것은 삼십 배의 결실을 하였느니라. 귀 있는 자는 들으라 하시니라(마 13:3-9).

이어서 예수님은 이 이야기를 제자들에게 해석해 주셨다. 씨는 사람들이 듣는 하나님 말씀이지만 그 씨들의 일부만이 열매를 맺는다.

고흐는 씨 뿌리는 사람을 그릴 때 이 비유를 염두에 둔 것처럼 보인다. 그가 그린 들판에는 굳이 없어도 되는 길과 "돌밭", 씨를 낚아채는 새들이 있다. 그리고 그 뒤로 태양과 가장 가까운 곳에 추수를 기다리는 잘 익은 들판이 있다. 어떤 결과가 나타날지 모르지만 씨 뿌리는 사람은 망설임이 없다. 그는 자신감 있게 앞으로 성큼성큼 걸어간다. 그의 임무는 결과에 상관없이 씨를 뿌리는 것이다.

복음서에서 예수님이 농업적인 시각에서 사역을 말씀하실 때는 주로 신비로움과 예측할 수 없는 결과라는 가르침으로 가득 차 있는데, 사도 바울은 여기에서 좀 더 나아간다. 고린도 교회에 쓴 편지에서 바울은 고린도인들을 "하나님의 밭"이라고 묘사한다. 그 도시에 복음을 처음 전한 사람으로서 바울은 자신을 씨 뿌리는 사람, 즉 "[씨를] 심은 사람"으로 묘사한다. 그리스도 안에서 동료이자 종인 아볼로는 나중에 와서 물을 주었다. "오직 하나님께서 자라나게 하셨나니 그런즉 심는 이나 물 주는 이는 아무것도 아니로되 오직 자라게 하시는 이는 하나님뿐이니라"(고전 3:6-7). 고흐의 그림처럼 바울은 하나님만이 자라게 하는 분임을 알고 있었다. 씨 뿌리는 자는 책임이 없다. 오직 하나님만이 결과에 책임을 지신다.

오늘날에는 이러한 관점이 많이 사라졌다. 우리는 결과를 하나님께 넘기기보다는 측정할 수 있는 결과물에 따라 사역의 정통성은 물론 우리 자신까지도 판단하려고 한다. 이처럼 측정할 수 있는 결과물로 가장 잘 알려진, 이른바 사역의 기본은 출석, 건물, 재정이다. 이 세 가지 요소가 증가하고 있다면 우리는 사역이 효과적이고 교회가 정통성을 지니며 공동체가 축복받았다고 여긴다. 그러나 만약 예수님과 바울, 고흐가 옳은 것이라면 어떻게 할 것인가? 우리의 수고로 인한 결과가 사실은 우리 능력의 범위를 넘어서는 것이라면? 넘치는 양적 성장이 있든 없든, 우리의 역할이란 부차적인 것일 뿐이라면? 마땅히 하나님께만 속하는 결과물에 따라 자신과 남을 판단하는 것을 멈추고, 밤낮으로 일어나 땅에 씨를 뿌리며 그것이 자라나는 것에 경탄하는 씨 뿌리는 자의 겸손을 배운다면 어떨까?

데이지 커터 원리

행사가 진행되는 방식은 참 뻔했다. 따뜻한 어느 날, 2박 3일 동안 "삶을 변화시키는 목회 체험"을 하기 위해 젊은 교회 인도자 수천 명이 한 리조트로 모여 들었다. 모두들 무료로 나누어준 간식거리를 손에 들고 호텔의 한 홀로 들어섰다. 베이스를 튕기며 "주 하나님 지으신 모든 세계"를 리믹스로 연주하고 있는 워십팀이 이미 그곳 내부 구조를 재배치한 뒤였다. 연주 후에는 보통 극장의 연사 같은 베이비 부머Baby Boomer 세대 사역 전문가나 대형 교회 목회자가 나와서 청중에게 "그리스도를 위하여 세상을 바꾸라", "복음을 들고 이 세대에 영향력을 끼치라", "교회의 부흥을 시작하라" 등을 외치며 분위기를 달아오르게 한다. 연설 내내 발표자는 청중인 새로운 교회 지도자 세대를 향해 자신들이 예견하는 운명을 유창한 언변으로 떠들 것이다. "여러분 세대는 우리 세대가 할 수 없던 일을 해낼 것입니다." "교회의 새로운 지도자들은 예전 것을 버리고 새로운 길을 개척해야 합니다." "당신이 세상을 바꾸는 세대가 될 것입니다." 이미 자신들의 분명한 운명을 확신한 이 20대들은 선택 강좌 시간이 되면 세상에 영향을 끼치는 데 필요한 기술을 습득하기 위해 흩어진다. 보통은 다른 20대의 강사에게 배우겠지만 말이다.

나는 앞에서 이러한 방식이 뻔하다고 했다. 나 역시 꽤 많은 사역 컨퍼런스에 참여했고 직접 선택 강좌를 이끌었으며 대부분의 다른 교회 지도자들처럼 요란 법석한 혁명에 대해 듣는 일에 익숙하기 때문이다. 나는 이를 데이지 커터 원리Daisy Cutter Doctrine라고 부른다. "엄청난 문화적 격변과 강력한 영향력으로 세상을 바꾸는 전략." 데이지 커터는 군의 비핵무기 가운데 가장 큰 폭탄을 일컫는 애칭이다. 레이저로 유도되는 "똑똑한"smart 폭탄이 있는 이 시대에 데이지 커터는 목표물을 파괴하기 위해서가 아니라 적을 위협하기 위해 투하된다. 정확도보다 충격을 우선으로 고려한다면 7톤에 가까운 데이지 커터보다 더 좋은 것은 없다. 마찬가지로 데이지 커터 원리란 교회 사역을 할 때 큰 영향력을 끼치고 사람들의 눈에 드러나는 것을 중요하게 여기는 방법론을 말한다.

이러한 충격요법적인 교회 사역 방식은 소비자지상주의에 물든 사람들에게 매우 호소력이 있다. 이것은 큰 영향력을 원하는 소비자지상주의에 물든 우리의 열망을 충족시켜주며 큰 것이 옳다는 의식을 강화시킨다. 우리 마음을 사로잡고 있는 유혹은 절대로 명백하게 드러나지 않지만 언제나 존재한다. 즉, 거대한 영향력을 통해 우리는 세상에 하나님의 정통성뿐 아니라 우리 스스로의 정통성도 동시에 확보하려고 한다. 특히 이것은 아직 자신의 정체성을 확립하지 못하고 스스로 부족하다고 느끼는 젊은 지도자에게 매력적인 제안이다.

이와 더불어 우리가 데이지 커터 원리에 끌리는 좀 더 그럴듯한 이유가 있다. 즉, 위대한 사명에는 논리적으로 위대한 전략이 필요한 것처럼 보인다는 점이다. 예수님은 제자들에게 거대한 사명을 주셨다. "가서 모든 민족을 제자로 삼으라"(마 28:19). 이 사명은 예수님이 그리시는 우주적인 틀에 걸맞을 만큼 위대하다. 따라서 소비자적인 의식을 가지고 있는 그리스도인이 이 거대한 임무를 수행하려고 고민하기 시작한다면 그들은 자동으로 세상에 영향력을 끼친 상품이나 기업을 떠올리고 그와 같은 방법론을 사용하고자 할 것이다. 그래서 우리는 묻는다. "어떻게 코카콜라가 세상에 영향력을 끼쳤는가?" "어떻게 디즈니가 세상에 영향력을 끼쳤는가?" "어떻게 스타벅스가 세상에 영향력을 끼쳤는가?" 그러면서 진정으로 중요한 질문은 하지 않는다. "예수님은 어떻게 세상에 영향력을 끼치셨는가?"

우리는 부당하게도 우리가 담당한 위대한 사명의 규모에 맞추어 방법의 규모를 확대해 왔다. 목적의 크기와 수단의 크기는 비례한다고 믿어왔다. 그리고 그 과정에서 우리 마음이 실제로 얼마나 소비자지상주의에 사로잡혔는지를 여실히 보여주었다. 그레고리 보이드 Gregory Boyd는 이 오류를 지적한다. "우리는 세상을 변화시키고자 한다. 그것이 우리 사명이다. 그러나 하나님 나라의 관점에서 세상을 변화하는 **방법은** 세상적인 방법과는 전혀 다르다."[16] 이것을 이해하지 못했기 때문에 기독교 역사 내내 교회는 계속해서 상처를 남겼다. 예를 들어, 유럽의 교회들은 대부분 인습적인(세속적인) 수단을 사용하여 영적 사명을 달성하고자 했다. 그 결과 복음은 칼을 통해 전해졌다. 지금 우리는 비탄한 심정으로 십자군 전쟁과 종교 재판, 미국의 원주민 살해사건들을 돌아본다. 이러한 잔혹 행위들에서 몇 세기 떨어져 있는 우리는 어떻게 사람들이 그리스도의 이름으로 그러한 일들을 행할 수 있었는지 의아해한다. 그러한 방법론이 예수님의 방법과 전혀 조화하지 않는다는 것을 어떻게 모를 수 있단 말인가? 당연히 그 당시 사람들은 전혀 몰랐다.

오늘날 우리는 우리 자신이 계몽되었다고 생각하지만, 실제로 그러한가? 우리는 더 이상 교회의 사명을 달성하기 위해 칼을 사용하지 않지만, 칼이라는 도구는 이미 문화적인 힘과 영향력을 잃어버린 지 오래다. 오늘날 교회는 기업과 사업체의 방법론을 도용하고 있지만 우리는 대부분 그러한 방법이 그리스도의 방법과 일치하는

지 의심하지 않는다. 오히려 우리도 십자군이 그랬듯이 시간이 지나 더 분명한 비전을 지닐 미래 세대에게 이러한 판단을 미루고 있는 것 같다.

보이드가 말한 것처럼, 세상의 방법은 하나님 나라의 방법과 다르다. 하나님 나라의 경륜에서는 큰 것이 큰 것을 낳지 않는다. 오히려 정반대다. 예수님의 삶과 가르침이 전하는 메시지는 대부분 작은 것이 큰 것을 낳는다고 말한다. 창조물을 구속하시려는 하나님의 계획(큰 것)은 보잘것없는 아기(작은 것)로 성육신하심으로 이루어졌다. 예수님이 언덕에 모여든 수천 명의 사람들(큰 것)에게 먹이신 것은 물고기 몇 마리와 떡 몇 개(작은 것)가 전부다. 그리스도는 모든 민족을 제자 삼기(큰 것) 원하셨지만 그 시작은 몇 명 되지 않는 어부들(작은 것)이었다. 심지어 골리앗(큰 것)도 조약돌 몇 개(작은 것)를 가진 다윗에게 쓰러졌다.

이러한 유형은 하나님 나라의 본질에 대해 예수님이 말씀하신 비유들에서도 반복된다. 예수님은 말씀하신다. "천국은 마치 사람이 자기 밭에 갖다 심은 겨자씨 한 알 같으니 이는 모든 씨보다 작은 것이로되 자란 후에는 풀보다 커서 나무가 되매 공중의 새들이 와서 그 가지에 깃들이느니라"(마 13:31-32).

이 모든 것은 직관에 반하는 하나님 나라의 본질을 확인시켜준다. 인습에 사로잡힌 자들은 하나님의 지혜를 이해할 수 없다. 더 큰 상상력을 요구하기 때문이다. 바울은 이렇게 썼다. "하나님께서 이 세상의 지혜를 미련하게 하신 것이 아니냐. …… 하나님께서 세상의

미련한 것들을 택하사 지혜 있는 자들을 부끄럽게 하려 하시고 세상의 약한 것들을 택하사 강한 것들을 부끄럽게 하려 하시며 하나님께서 세상의 천한 것들과 멸시 받는 것들과 없는 것들을 택하사 있는 것들을 폐하려 하시나니 이는 아무 육체도 하나님 앞에서 자랑하지 못하게 하려 하심이라"(고전 1:20, 27-29).

필 비셔는 데이지 커터 환상을 깬 후에야 직관에 반하는 하나님의 지혜를 깨달았다. 그는 이제 그리스도를 따르는 다른 이들에게 세상을 변화시키려면 겨자씨 접근법을 사용하라고 조언한다.

> 인기 있는 기독교 노래를 만들거나 유명한 기독교 영화를 제작하거나 성공적인 기독교 사역을 행하여서 세상을 바꾸려는 열망에 사로잡힌 모든 젊은 친구들이 그 열망을 날마다 하나님과 동행하는 데 쏟는다면 세상은 바뀔 것이다. …… 세상은 기독교 영화를 보고 하나님을 아는 것이 아니라 **그리스도인**을 보고 하나님을 알기 때문이다.[17]

겨자씨를 뿌리다

이 책은 새로운 선교 전략을 다루고 있지 않다. 새로운 교회 조직 형태나 후기 기독교 문화에 접근할 혁신적인 프로그램을 제시하지도 않는다. 혁명이나 교회에 대변혁을 가져올 거창한 방안을 소개하지도 않았다. 이 책은 처음부터 끝까지 어떠한 충격이나 경악도, 세상을 초토화시킬 전술이나 데이지 커터 원리도 담고 있지 않다. 아마도 독자들은 실망했을지도 모르겠다.

대신 나는 우리가 씨를 뿌려 소비자지상주의의 압도적인 영향력에 맞서야 한다고 말하고 싶다. 그 씨란 침묵, 기도, 사랑, 우정, 금식, 환대다. 이것들은 세상을 뒤흔들 폭탄이 아니다. 게다가 대단하지도, 대중적이지도 않다. 〈포춘〉지Fortune에서 선정한 500대 기업의 성공전략에서는 절대로 이것들을 볼 수 없다. 이것들은 아주 작은 누룩이지만 마침내 빵 덩어리 전체에 퍼질 것이다. 이것들은 아주 작고 겉으로 보기에는 대수롭지 않은 겨자씨일 뿐이지만 다 자라고 나면 정원에서 가장 큰 식물이 된다. 이것들은 시끄러운 세상에서 점차 인식하기 어려워지는 거룩한 하나님 나라의 아름다움과 경이로움에 대해 우리의 마음을 깨워주는 연습과 훈련이다.

세상이 노래하도록 가르치려면, 다른 사람들이 하나님의 사랑의 법칙대로 움직이는 대안적인 삶을 경험하도록 도우려면, **우리가 먼저** 그 곡조를 제대로 부를 수 있어야 한다. 제도나 교회, 문화를 변화시키려고 하기 전에 반드시 생각하는 방법, 인식하는 방법을 바꿔야 한다. 이 책의 전제는 세상이 우리의 음악을 듣기 전에 우리가 먼저 새로운 노래를 부를 수 있도록 그리스도인의 상상력을 모든 속박에서 해방시켜야 한다는 것이다. 이를 위해서는 타파해야 할 것과 재건할 것이 있다.

_하나님을 상품으로 바라보는 우리의 시각을 타파하고, 침묵을 통해 경이의 감각을 재건한다.
_브랜드로 이루어진 우리의 정체성을 타파하고, 사랑을 통해 신앙에 기초

한 정체성을 재건한다.
_외적인 행사를 통해 변화하려는 시도를 타파하고, 기도를 통해 내적 변화를 재건한다.
_하나님을 담는 그릇일 뿐인 기관에 대한 헌신을 타파하고, 그리스도 안에서 우리의 형제자매와의 관계를 재건한다.
_끊임없이 쾌락을 추구하는 우리의 욕망을 타파하고, 금식을 통해 고통의 구속적인 능력을 재건한다.
_분리하고자 하는 욕구를 타파하고, 십자가를 통해 모든 사람의 연합을 재건한다.
_소비자지상주의가 강요하는 개인주의를 타파하고, 환대를 통해 이방인을 향한 우리의 사랑을 재건한다.

이 모든 파괴와 건설은 우리의 상상력에서 시작한다. 이것은 우리가 우리 삶에, 그리고 삶을 나누는 공동체에 뿌려야 할 씨들이다. 물론 씨를 뿌리는 것이 예측할 수 있는 결과를 보장해 주지 않는다는 사실을 반드시 알아야 한다. 결국 우리는 단지 씨 뿌리는 사람, 농부일 뿐이다. 오직 하나님만이 자라게 하신다. 스스로 더 장대한 드라마 안에 있는 보조적인 배우일 뿐임을 자각할 때, 우리는 모든 창조물에게 빛나는 사랑과 전능한 힘을 비추시는 하나님께 우리 자신과 우리의 모든 일을 내어드리는 신앙을 찾을 수 있다. 달라스 윌라드가 말한 것처럼.

겸손한 자는 자신이 아니라 하나님께 의지한다. 그들은 스스로를 "하나님의 능하신 손 아래"(벧전 5:6) 겸손하게 내려놓는다. …… 그들은 결과를 온전히 하나님께 맡긴다. 그들은 "모든 염려를 주께 맡겨 버린다. 하나님께서 그들을 돌보시기 때문이다"(7절). …… 우리는 할 수 있는 최선을 다해 열심히 일한다. 심지어 자신을 희생하면서까지. 그러나 우리가 짐을 지는 것이 아니다. …… 예수님과 그 아버지를 사랑할 때 우리는 참으로 우리 삶을 그분께 드릴 수 있다.[18]

후기

내가 원하는 모습이 되려면 아직도 멀었다. 그러나 하나님의 도우심으로 나는 해낼 것이다. 나는 그리스도와 끊을 수 없는 연합을 누리며 그 연합을 느끼길 원할 뿐이다.
빈센트 반 고흐

이 책은 아무도 없는 교회 발코니에서 시작되었다. 나는 목회 컨퍼런스에서 도망 나왔다. 최신 기술로 가득한 쇼는 나를 숨 막히게 했기 때문에 건물에 불이라도 난 것처럼 뒤돌아보지도 않고 탈출했다. 아찔한 연단, 광선과 현란한 화면, 천장에 매달려 있는 드럼 연주자들에게서 등을 돌렸다. 밖으로 나와서야 평화를 찾았다. 지평선 너머로 하나둘 떠오르는 별들이 나를 다시 하나님께로 이끌었다.

일세기보다 더 전에 존재한 고흐처럼 나는 나를 둘러싼 창조 질서 안에서, 내 주위 사람들 사이에서(여전히 설교 전에 아이처럼 능금나무 아래 잠시 앉아 있기도 하고 유아실에 있는 아이들과 이야기를 나누기도 하면서) 하나님의 경이로움을 깨닫는다. 이곳이야말로 내가 자주 하나님을 만나는 곳이다. 하나님의 이름을 지닌 많은 기관이나 훌륭한 행사 안에 오히려 하나님이 존재하지 않으신다는 사실이 애통하다. 론 잉글리시는 소비자지상주의 기독교의 교회를 킹콩이 지붕 위에 앉아 있는 교회, 가맹점이 되어버린 맥교회McChurch

로 으스스하게 그려냈다. 소비자 중심 교회는 문화적인 시의성을 뽐내거나 흥미롭고 재미있을 수도 있지만 내게는 그렇지 않다.

밤이 깊어가는 동안 교회 발코니에서 나는 하나님께 진심을 담아 질문했다. '과연 이 모습이 예수님이 바라신 것일까요? 이 때문에 예수님이 오셔서 고난 받고 죽으신 것일까요? 예수님이 죽음과 죄악을 정복하신 이유가 진정 우리가 다중 매체를 통해 호화로운 예배를 드릴 수 있도록 하기 위해서일까요?' 발코니에서 이삼십 분 정도 머무른 것 같다. 정확하지는 않다. 침묵 속에서 시간은 다르게 움직이는 법이니까. 이 교회와 컨퍼런스를 떠날까 심각하게 생각했다. 단지 도망가고 싶었다. 그러나 묵상과 기도 속에서 한 가지 비밀을 발견하게 되었다. 그 비밀 때문에 나는 절대 떠날 수가 없었다.

나는 다시 관중석으로 돌아왔다. 장관은 계속되고 있었다. 밴드는 큰 소리를 내고 있고, 드럼 연주자는 여전히 높은 곳에 앉아 악기를 연타하고 있었다. 기계들이 내뿜는 연기사이로 광선들이 빛났다. 그런데 뭔가 달라졌다. 내가 달라진 것이다. 삼십 분 전 나를 의자에서 발코니로 몰아낸, 분노와 슬픔이 뒤섞인 감정이 사라졌다. 그 자리에서 느낀 감정을 가장 잘 표현하자면 거룩한 무관심이라고나 할까. 초연함 같은 느낌이었다. 나를 **둘러싸고** 벌어지는 일들이 내게 아무런 영향력도 **끼치지** 못한다는 사실을 깨달았다. 그 대신 마치 폭풍의 눈에 앉아 있는 것처럼 발코니에서 그리스도와 나눈 영적 교감만이 계속되었다. 토마스 켈리는 이 경험을 "동시성"이라고 했다.

정신적인 활동에서 여러 가지 일이 동시에 일어날 때 그 활동들을 정리하는 방법이 있다. 우리는 외적 문제가 요구하는 필요들을 표면적 차원에서 생각하고, 의논하고, 이해하고, 계산하고, 돌보고 있을지도 모른다. 그러나 표면적 차원을 넘어 더 깊은 차원에서 우리는 그와 동시에 기도하고, 환호하며, 찬양하고, 예배하면서 거룩한 호흡을 온화하게 받아들이고 있는 것이다.[1]

그렇지만 이것이 내 비밀은 아니었다. 거룩한 무관심이 나를 다시 회중으로 불러온 것은 아니다. 사실은 정확히 그 반대였다. 바로 영적인 삶이 지닌 또 다른 역설이다. 아무것도 중요하지 않지만 여전히 모든 것이 중요하다는 이중적인 진실 말이다. 발코니에서 나는 내게 필요한 평정을 찾았다. 하나님의 영이 속삭이시는 아름다움과 고요함을 찾았다. 내 안에 감춰진 한 가지 비밀과 만나게 되었다. 바로 나 자신이 소비자지상주의 기독교인이라는 사실이다.

관중석에서 발코니로 나를 밀어낸 그 분노와 비판은 사실 나를 향한 것이었다. 그 장면을 보고 내가 본능적으로 반응한 이유는 그 무대가 내 마음에 있는 것들을 보여주고 있었기 때문이다. 발코니에서 나는 교회의 눈에 있는 소비자지상주의의 티끌을 지적하려고 했지만, 하나님은 내 눈에 있는 소비자지상주의 들보를 보여주셨다.

솔직히 나는 이 시대에 잘 어울리는 유명한 사람이 되고 싶다. 내 꿈이 모두 실현되면서도 고통은 눈곱만큼만 겪길 바란다. 살아 있는 사람들과 엉망진창의 관계를 맺느니 관리하기 쉬운 기관들과 속 편한 관계를 맺고 싶다. 훈련이라는 힘겨운 과정을 겪기보다는 큰 행사를 통해 나를 뽐내면서 그리스도의 형상으로 변화하길 원한다. 내 신앙을 기탄없이 드러내고 싶지만, 내 마음에 있는 어둠은 보고 싶지 않다. 그리고 무엇보다 나는 통제할 수 있는 신을 원한다. 나는 하늘에서와 같이 땅에서도 내 뜻을 이루어줄 **거룩한 상품**이 필요하다.

이러한 두려운 진실이 나를 압도하면서, 나는 교회와 컨퍼런스를 떠나는 것만이 능사가 아니라는 것을 깨달았다. 회중석으로 돌아가 나 자신에 관한 진실을 직시해야 했다. 바로 그것이 이 책이 교회 안의 변화를 요구하기보다는 먼저 사람을 깨우고 변화시키는 개인적인 훈련에 집중한 이유다. 침묵, 기도, 금식, 사랑, 환대, 우정은 소비자지상주의에 사로잡힌 나를 해방시켜줄 것이다. 그리고 마음이 계몽되고 상상력이 자유로워지며 상처가 치유되는 역사가 하나하나 이루어질 때, 교회에 진정한 변화가 일어날 것이다.

우리를 사로잡은 소비자지상주의의 영향력에 대해 설교한 이후, 한 젊은이가 나를 찾아왔다. 마크는 미국인이 아니다. 몇 년 전에 이민을 온 그는 점심식사를 하면서 이야기를 나눌 수 있는지 물었다. 주말쯤 만났을 때, 그는 내게 간단한 질문을 던졌다. "어떻게 그렇게 하실 수 있죠?"

"뭘 어떻게 했다는 소리지?" 내가 물었다.

"교회 안의 문제를 보시면서도 어떻게 교회를 떠나지 않고 계실 수 있냐고요?" 그는 그가 가진 문제를 조곤조곤 설명했다. 그는 소비자지상주의 기독교를 느끼고 있었지만 내 설교를 듣기 전까지 문제가 무엇인지 정확하게 규정할 수가 없었다고 했다.

"저는 하나님을 믿습니다. 그렇지만 미국에 온 이후부터 신앙이 흔들리고 있습니다. 주위에서 보는 것은 기독교가 아니에요. 이것은 성경에서 읽은 예수님이 아닙니다. 저는 이곳에 있는 교회들을 이해할 수가 없어요. 심지어 하나님의 존재까지 의심하고 있습니다. 만약 하나님이 계시다면, 교회가 이렇게 행동하는 것을 어떻게 내버려두실 수 있죠?" 마크는 교회와 예수님을 버리기 직전이었다. 그는 그가 던진 첫 질문을 다시 던졌다. 내가 어떻게 교회에 남아 있는지 알고 싶어했다. "어떻게 그렇게 하셨어요?"

"내가 교회에 남아 있는 **이유**는 쉽게 대답할 수 있네." 나는 말했다. "교회가 소비자지상주의와 벌이고 있는 투쟁이 바로 내 싸움이기 때문이지. 내가 나 자신에게서 벗어날 수 없는 것처럼 나는 교회에서 벗어날 수 없네.

'**어떻게** 그렇게 할 수 있느냐?' 그것은 대답하기 좀 더 까다로운 질문인데, 그 질문에 대한 대답에는 약간의 상상력이 필요하거든. 바로 능금나무와 아이들, 그리고 빈센트 반 고흐에서 시작하니까 말일세."

묵상과 나눔을 돕는 질문

1장 잠들어버린 상상력

생각하기

그리스도인이 우리 문화에서 정치적·경제적 영향력을 끼쳐온 방식을 생각해 보라. 당신은 이러한 영향력이 선하게 사용되는 것을 본 적 있는가? 아니면 오용되는 것을 본 적 있는가?

당신이 사용하는 다양한 기독교적 자원(라디오, 서적, 프로그램, 교회 행사)을 생각해 보라. 이러한 자원들은 아마도 사실과 진실을 전달해 줄 것이다. 그렇다면 이것들은 당신의 상상력과는 어떤 관계를 맺고 있는가? 어떠한 세속적 자원들이 당신의 상상력을 사로잡고 있는가?

상상하기

예수님이 말씀하신 산상수훈을 진지하게 상상해 보라(마태복음 5-6장을 읽어보라). 당신은 원수를 사랑하며, 분노하지 않고, 다른 사람을 판단하지 않으며, 정욕에 사로잡히지 않고 살아갈 수 있다고 진심으로 믿는가? 만약 그렇다면 삶이 어떻게 달라지겠는가?

최근 설교나 소모임, 책에서 얻은 기독교적 교훈을 떠올려보라. 그러한 가르침은 당신의 행동이나 삶에 지속적인 영향을 끼치고 있는가?

왜 정보는 그 아무리 사실이라고 하더라도 우리의 삶을 바꾸기 어렵다고 생각하는가?

2장 침묵의 캔버스

생각하기

당신의 영적인 삶에서 침묵은 어떤 역할을 하는가? 침묵을 통해 당신은 하나님을 어떤 관점으로 바라보게 되었는가?

소비자로서 당신은 어떤 마음가짐으로 기도와 말씀에 다가가는가? 당신은 어떻게 하나님을 소외시켰는가?

상상하기

당신이 현재 직면한 문제(육체적, 정신적, 관계적, 직업적 등등)를 떠올려보라. 그러한 환경에서 하나님의 경이로움을 경험한다면 당신의 시각은 어떻게 달라지겠는가?

하나님을 만나기 위해 당신은 삶에서 침묵의 시간을 마련하고 마음을 열어야 한다. 이를 위해 당신이 할 수 있는 간단한 실천은 무엇이 있을지 상상해 보라.

3장 마음을 브랜딩하다

생각하기

최근에 상품의 질보다는 브랜드 때문에 구매한 상품을 생각해 보라. 당신은 이 브랜드의 어떤 특성을 가치 있게 여겼는가? 왜 당신의 개성을 그것과 연관시켰는가?

그리스도인으로서 당신은 마음의 변화보다는 종교 생활의 외적 요소에 얼마나 집중하고 있는가?

상상하기

기독교풍이 가미된 상품이 모두 사라진다면 어떨까? 당신이 그리스도에 속한 사람이라는 것을 다른 사람들이 어떻게 알 수 있을까? 그리스도인의 삶을 특징짓는 가치는 무엇일까?

기독교 공동체가 외적인 모습이나 꼬리표에 관심을 기울이지 않는다면 교회는 어떻게 달라지겠는가?

4장 영원의 문에서

생각하기

당신은 예배 모임이 "좋았는지 안 좋았는지"를 어떤 기준으로 평가하는가? 이 기준은 콘서트나 영화, 연극 등과 같은 비종교적 체험을 평가하는 기준과 얼마나 비슷한가?

살아오면서 가장 뜻깊은 "정상에서의" 경험을 떠올려 보라. 그곳에서 당신은 어떻게 하나님을 만났는가? 그 후에는 어떠한 일이 벌어졌는가?

상상하기

대규모 종교 집회를 금하는 지역에서 살고 있다고 상상해 보라. 이것은 당신과 하나님의 관계에 어떠한 영향을 끼칠 것인가? 그러한 환경에서 당신의 기독교 신앙은 어떻게 자라날 것인가? 그리고 어떻게 그리스도를 만날 것인가?

일상생활에서 하나님의 임재를 체험하기 위해 시작할 수 있는 방안을 한 가지만 떠올려보라.

5장 병 속의 바람

생각하기

서로 협력하는 교회를 어떻게 생각하는가? 서로 경쟁하는 교회는 어떻게 생각하는가?

진실로 전능하고 제어할 수 없는 하나님이라는 개념이 어떻게 당신을 불편하게 하는가? 하나님이 당신이 기대한 방식으로 일하시지 않은 경험을 나누어보라.

상상하기

당신의 영적 성장에 가장 큰 영향을 끼친 사람들을 떠올려보라. 그리스도의 영이 그들 안에 거하는 것을 어떻게 알 수 있었는가? 그러한 관계를 더 많이 맺기 위해 현재 당신이 기관이나 프로그램과 맺고 있는 관계를 바꿔야 한다면, 바꾸겠는가?

교회가 기관과 프로그램을 만드는 것보다 사람들 사이의 관계 양성을 더 가치 있게 여긴다면 어떨까? 교회와 그 사명이 달라진 것처럼 보일까?

6장 욕망의 땅

생각하기

당신이 만족스러워하지 못하고 있는 삶의 영역을 떠올려보라. 그 불만은 진정으로 무엇이 부족하기 때문인가 아니면 단지 당신이 원하는 것이 부족하기 때문인가? 이 차이를 어떻게 구분할 수 있는가?

스스로를 가장 제어하지 못하는 삶의 영역은 어디인가? 소비문화는 어떻게 당신이 스스로를 제어하지 못하게 만들고 그것을 강화시키는가?

상상하기

날마다 노출되는 3,500개의 광고에서 벗어난다면 당신의 삶과 영혼은 어떻게 달라질 것인가? 당신의 삶이나 정체성, 관계는 이러한 광고가 없다면 **더 악화될** 것인가?

그리스도가 그분의 걸음을 따르는 자들에게 약속하신 상과 기쁨을 떠올려보라. 이러한 상상은 현재 당신이 삶의 환경에서 겪고 있는 고통에 대한 시각을 어떻게 바꾸어주는가?

7장 많은 이들을 위한 피난처

생각하기

교회를 떠나는 적절한 이유와 부적절한 이유가 무엇이라고 생각하는가? 개인주의와 개인적인 기호가 영적 공동체를 선택하는 데 어떤 영향을 끼치는가?

공동체 일원으로 갈등이나 불편을 경험한 때를 생각해 보라. 어떻게 대응했는가? 공동체 안에서 문제를 해결했는가? 아니면 공동체를 떠나 거리를 두었는가? 당신의 반응에 영향을 끼친 가치는 무엇인가?

상상하기

240쪽의 기독교 공동체에 대한 헨리 나우웬의 설명을 떠올려보라. 그

러한 공동체 안에 함께할 때 더 힘든 점은 무엇이 있을까? 어떤 점이 가장 훌륭한 보상이 될 것인가?

당신의 삶이나 공동체에서 변방에 있는 누군가를 떠올려보라. 그리스도가 당신을 맞아주신 방법과 마찬가지로 그를 맞아들이고 그가 더욱 소속감을 느낄 수 있도록 당신이 할 수 있는 일은 무엇인가?

8장 식탁에 둘러서서

생각하기

어떤 큰 모임에 참여하고는 있지만 여전히 외로움을 느낄 때를 생각해 보라. 왜 사람들과 함께 있는 것만으로는 우리의 고독을 달랠 수 없는 것일까?

예수님 시대에 사람들을 규정하는 데 사용된 꼬리표들(바리새인, 열심당, 죄인, 의인)을 생각해 보라. 교회 안의 사람들을 포함해서 오늘날 사람들을 규정하기 위해 사용되는 꼬리표는 무엇이 있는가? 각 꼬리표에는 어떠한 판단이 함축되어 있는가?

상상하기

예수님이 마태의 집에서 세리와 죄인과 더불어 연회를 즐기고 있는 장면을 상상해 보라. 이 장면을 그대로 현대로 옮겨와 보자. 오늘날 예수님은 어떤 이들과 함께 즐기실까? 연회에서는 어떤 일이 일어날 것인가? 당신은 그러한 공동체와 함께할 것인가? 함께한다면, 그 이유는 무엇인가? 함께하지 않겠다면, 그 이유는 무엇인가?

당신이 기준에 미치지 못하기 때문에 사람이나 공동체에 거절당한 적을 회상해 보라. 당신의 영혼에 어떠한 상처를 남겼는가? 당신이 그러한 상처를 다른 누군가에게 준 적이 있다는 생각을 해보았는가? 이러한 상처들이 없다면 삶은 얼마나 달라질 것인가?

9장 세상에 노래를 가르치다

생각하기

평온을 비는 기도문은 유명하다. "하나님, 제 힘으로 할 수 없는 것은 있는 그대로 받아들일 수 있는 평온과, 제 힘으로 바꿀 수 있는 것은 바꾸는 용기를 주소서. 그리고 이 둘을 분별하는 지혜를 주소서." 혹시 지금 지고 있는 짐은 당신이 변화시킬 수 있는 범위를 넘어선 것인가? 고흐의 〈씨 뿌리는 사람〉과 예수님의 땅의 비유는 우리가 그러한 짐들을 벗어내도록 어떻게 도와주는가?

"하나님은 더 작은 일이 아니라 더 큰 일을 위해 우리를 부르셨다"라는 그리스도인의 보편적인 믿음을 생각해 보자. 성경이나 당신의 경험 가운데 더 큰 것에서 더 작은 것으로 나아가는 것이 **옳은** 것으로 밝혀진 예가 있는가?

상상하기

당신이 그리스도인으로서 더 많은 결과를 이루어야 한다고 압박받는 방식, 즉 교회나 가족, 더 큰 기독교 공동체에서 당신에게 거는 기대감을 생각해 보라. 예수님은 사람들의 기대에 어떻게 반응하셨는가?

당신 삶의 결과를 하나님께 완전히 넘겨드린다고 상상해 보라. 그러면 당신이 살아가는 방식은 어떻게 달라질 것인가? 그리스도를 더 따르고 싶어질 것인가, 덜 따르고 싶어질 것인가?

주

서문

1. 편지 164, in *The Complete Letters of Vincent van Gogh*, Robert Harrison 편집, Johanna van Gogh-Bonger 번역(New York: Bulfinch Press, 1991). 이후로 "편지"로 표기.
2. 편지 378.
3. 편지 543.
4. James Twitchell, *Shopping for God*(New York: Simon and Schuster, 2007), 20쪽.
5. Thomas R. Kelly, *A Testament of Devotion*(New York: Harper, 1941), 33쪽. 「거룩한 순종」, 생명의말씀사.

1장 잠들어버린 상상력

1. Epcot film, Walt Disney, recorded October 27, 1966.
2. Pat Williams, *How to Be Like Walt*(Deerfield Beach, Fla.: HCI Books, 2004), 292쪽.
3. P. J. O'Rourke, *Holidays in Hell*(New York: Grove Press, 2000), 184쪽.
4. Christian Booksellers Association, highlights from the 2003 CBA convention, http://www.cbaonline.org/(2006년 12월 15일 접속).

5. Stacy J. Willis, "The Passion of the Ca-Ching!", 〈Las Vegas Weekly〉, February 26, 2004.
6. George Barna, *Think Like Jesus*(Nashville: Integrity, 2003), 40쪽. 「예수님처럼 생각하라」, 사랑플러스.
7. Ronald J. Sider, "The Scandal of the Evangelical Conscience", 〈Books and Culture〉, January 1, 2005.
8. Rebecca Barnes and Lindy Lowry, "Special Report: The American Church in Crisis", 〈Outreach〉, May/June 2006.
9. Walter Brueggemann, *The Prophetic Imagination*, 2nd ed.(Minneapolis: Fortress Press, 2001), 40쪽. 「예언자적 상상력」, 복있는사람.
10. Andy Stanley, "State of the Art", 〈Leadership〉(Spring 2006).
11. Lyle E. Schaller, *The Very Large Church*(Nashville: Abingdon, 2000), 100쪽.
12. Walter Brueggemann, *Interpretation and Obedience*(Minneapolis: Fortress Press, 1991), 199쪽.
13. 편지 425.
14. 편지 B19.
15. 편지 531.
16. 편지 625.
17. Oswald Chambers, "February 10", in *My Utmost for His Highest*(Grand Rapids, Mich.: Discovery House, 1998). 「주님은 나의 최고봉」, 토기장이.
18. 편지 241.
19. Miyazaki Kentaro, "Hidden Christians in Contemporary Nagasaki", University of Wisconsin Oshkosh, http://www.uwosh.edu/faculty_staff/earns/miyazaki.html(2006년 12월 15일 접속).
20. "Japan's Crypto-Christians", 〈Time〉, January 11, 1982.
21. Brueggemann, *The Prophetic Imagination*, 1쪽. 「예언자적 상상력」,

복있는사람.

2장 침묵의 캔버스

1. Henri. J. M. Nouwen, *The Way of the Heart: Desert Spirituality and Contemporary*(New York: Harper Collins, 1981), 45쪽. 「마음의 길」, 분도출판사.
2. 같은 책, 59쪽.
3. "More People Use Christian Media Than Attend Church", 〈The Barna Update〉, March 14, 2005, Barna.org(2007년 8월 15일 접속).
4. David Van Biema, and Jeff Chu, "Does God Want You to Be Rich?", 〈Time〉, September 10, 2006.
5. Jerry Falwell, "God Is Pro-War", 〈WorldNetDaily.com〉, January 31, 2004(2007년 8월 16일 접속).
6. Tony Jones, "Youth and Religion: An Interview with Christian Smith", 2005, Youth Specialties, http://www.youthspecialties.com/articles/topics/culture/smith.php(2008년 4월 21일 접속).
7. Hannah Elliot, "Prominent Professor Accused of Fraudulently Investing Millions", 〈Associated Baptist Press〉, April 10, 2007.
8. David N. Bastian, "Reader's Forum: The Silenced Word", 〈Christianity Today〉, March 5, 2001.
9. 편지 520.
10. 편지 B7.
11. 편지 226.
12. 편지 242.
13. A. Sensier and P. Mantz, *Jean-Francois Millet: Peasant and Painter*, H. de Kay 번역(Cambridge, Mass.: J. R. Osgood, 1881), 120쪽.
14. Leopold Stokowski, Leopold Stokowski Quotes, Thinkexist.com, http://www.thinkexist.com/quotes/leopold_stokowski/(2008년 4월 21

일 접속).

15. Mary T. Clark, An Aquinas Reader(Bronx, N.Y.: Fordham University Press, 2000), 12쪽.
16. Eberhard Busch, *Karl Barth: His Life from Letters and Autobiographical Texts*(Minneapolis: Fortress Press, 1976), 489쪽.

3장 마음을 브랜딩하다

1. Damien Cave, "Air Jordans", Salon.com, August 5, 2002, http://dir.salon.com/story/ent/masterpiece/2002/08/05/air_jordan/index.html(2008년 4월 21일 접속).
2. Gary Wisby, "Police: Teen Admits Boy Was Killed for New Air Jordans", 〈Chicago Sun-Times〉, April 4, 2005.
3. Rick Telander, "Your Sneakers or Your Life", 〈Sports Illustrated〉, May 14, 1990.
4. "Study: Food in McDonald's Wrapper Tastes Better to Kids", August 6, 2007, CNN.com, http://www.cnn.com/2007/HEALTH/diet.fitness/08/06/mcdonalds.preschoolers.ap/index.html(2007년 9월 3일 접속).
5. Colin Bates, "Marketing Definitions: Brand", Building Brands, http://www.buildingbrands.com(2007년 9월 3일 접속).
6. Mercer Schudardt, "Swooshtika", 〈Regeneration Quarterly〉, July 1, 1997.
7. "Study: Food in McDonald's Wrapper Tastes Better to Kids", CNN.com, August 6, 2007.
8. Bates, "Marketing Definitions: Brand."
9. Tom Beaudoin, *Consuming Faith*(Lanham, Md.: Sheed and Ward, 2003), 9쪽.
10. Naomi Klein, *No Logo*(New York: Macmillan, 2000), 20쪽.

11. 같은 책, 21쪽.
12. Geraldine E. Willigan, "High Performance Marketing: An Interview with Nike's Phil Knight", 〈Harvard Business Review〉(July 1992), 92쪽.
13. Klein, *No Logo*, 21쪽.
14. Jean Baudrillard, *Jean Baudrillard: Selected Writings*, Mark Poster 편집, Jacques Mourrain 외 번역(Palo Alto, Calif.: Stanford University Press, 2001), 49쪽.
15. Steven Levy, "Finally, Vista Makers Its Debut, Now What?" 〈Newsweek〉, February 3, 2007.
16. Schudardt, "Swooshtika."
17. Telander, "Your Sneakers or Your Life."
18. Caroline E. Meyer, "Nurturing Brand Loyalty: With Preschool Supplies, Firms Woo Future Customers-and Current Parents", 〈Washington Post〉, October 12, 2003.
19. 클리블랜드 에반스 교수에 따르면 이 이름들은 2000년 사회보장기록에 등록된 실명이다.
20. Benjamin R. Barber, *Consumed*(New York: W. W. Norton and Co., 2007), 194쪽.
21. Pete Ward, *Liquid Church*(Peabody, Mass.: Hendrickson, 2002), 64쪽.
22. Douglas Atkin, *The Culting of Brands: When Customers Become True Believers*(New York: Portfolio, 2004), xi.
23. 같은 책, 97쪽.
24. Marry Neumeier, *The Brand Gap*(New York: AIGA, 2006), 41쪽. 「브랜드 갭」, 시공사.
25. Mark Riddle, "Rant #2- The Christian Bookstore", TheOoze.com, April 11, 2002, http://www.theooze.com/articles/article.cfm?id=300&page1(2006년 6월 6일 접속).
26. Ward, *Liquid Church*, 64쪽.

27. Rick Warren, *The Purpose Driven Church*(Grand Rapids, Mich.: Zondervan, 1995), 208쪽. 「목적이 이끄는 삶」, 디모데.
28. "Brand", http://www.lin3trinity.com/brand.html(2008년 4월 24일 접속).
29. "Fusing Faith into Fashion", http://www.lin3trinity.com/about.html(2008년 4월 24일 접속).
30. Dallas Willard, *The Divine Conspiracy*(San Francisco: HarperOne, 1998), 35-36쪽. 「하나님의 모략」, 복있는사람.
31. 그렇다, 이것들은 실제로 판매되고 있는 상품이다.
32. *First Greek Life of Pachomius 4-5.*
33. "Iraq: Beneath the Bombings, Churches Are Growing", 〈Compass Direct News〉, July 8, 2005, http://www.compassdirect.org(2007년 9월 20일 접속).
34. Albert J. Lubin, *Stranger on the Earth: A Psychological Biography of Vincent van Gogh*(Cambridge, Mass.: Da Capo Press, 1996), 109-110쪽.
35. Louis Pierard, *The Tragic Life of Vincent Van Gogh*, Hebert Garland 번역(London: J. Castle, 1925), 46쪽.
36. 편지 226.
37. 편지 227.
38. 편지 121.

4장 영원의 문에서

1. 편지 248.
2. 편지 334.
3. Joseph Pine and James H. Gilmore, *The Experience Economy: Work Is Theater and Every Business a Stage*(Cambridge, Mass.: Harvard Business School Press, 1999). 「체험의 경제학」, 21세기북스.
4. "No Experience Necessary", 〈Leadership Journal〉(July 2001). 허락을

언어 사용함.

5. Perry Noble, "The Greatest Show on Earth", Out of Ur, December 18, 2006, http://www.blog.christianitytoday.com/outofur/archives/2006/12/the_greatest_sh.html(2007년 10월 1일 접속).

6. 같은 글.

7. Tim Stevens and Tony Morgan, *Simply Strategic Growth: Attracting a Crowd to Your Church*(Loveland, Colo.: Group, 2005), 24쪽.

8. 같은 책, 37쪽.

9. 같은 책.

10. 같은 책, 38쪽.

11. Josiah C. Holland, "The Music of the Church", 〈Scribner's Monthly〉 10(1875).

12. Jeanne Halgren Kilde, *When Church Became Theater*(Oxford: Oxford University Press, 2002), 130쪽.

13. 같은 책, 215쪽.

14. 같은 책, 218쪽.

15. Bob Smietana, "High-Tech Circuit Rider", 〈Christianity Today〉, September, 2005.

16. *Exploring the Worship Spectrum*, Paul A. Basden 편집(Grand Rapids, Mich.: Zondervan, 2004).

17. Sheldon Cheney, *Men Who Walked with God*(Whitefish, Mont.: Kessinger Publishing, 1997), 303쪽.

18. Brother Lawrence, "Words of Brother Lawrence", http://www.PracticeGodsPresence.com(2007년 10월 1일 접속).

19. Robert L. Thomas and Stanley N. Gundry, *A Harmony of the Gospels: New American Standard Bible*(New York: HarperCollins, 1986), 15쪽.

20. E. Claude Gardner, "In Remembrance of Me", 〈Gospel Advocate〉,

June, 1998.
21. Gregory A. Boyd, 저자 인터뷰, 7 November 2007.
22. "Barna Reviews Top Religious Trends of 2005", 〈The Barna Update〉, December 20, 2005, Barna.org(2007년 10월 2일 접속).
23. Rick Richardson, *Experiencing Healing Prayer*(Downers Grove, Ill.: InterVarsity Press, 2005), 55쪽. 「치유기도」, 생명의말씀사.
24. Thomas a Kempis, *A Pattern for Life: Selected Writings of Thomas a Kempis*(Nashville: Upper Room Books, 1998), 52쪽.
25. 같은 책, 52-53쪽.

5장 병 속의 바람

1. "Royal Caribbean International Names Much-Anticipated Ultra Voyager", http://www.rclinvestor.com. 2004년 11월 9일 언론 홍보물.
2. Lyle E. Schaller, *From Cooperation to Competition*(Nashville: Abingdon Press, 2006), 24쪽.
3. 같은 책, 51쪽.
4. 같은 책, 38쪽.
5. 기업에게는 법적인 인격의 지위를 부여한 법체계가 아직 태어나지 않은 생명에게는 인격을 부여하지 않았다는 사실은 비극적인 모순이다.
6. Benjamin R. Barber, *Consumed*(New York: W. W. Norton and Co., 2007), 175쪽.
7. Tom Brown, "Jesus CEO," 〈Industry Week〉, March 6, 1995.
8. Dallas Willard, "Living in the Vision of God", http://www.dwillard.org/articles/artview.asp?artID=96(2007년 11월 30일 접속).
9. 편지 441.
10. 편지 531.
11. 편지 213.
12. Bill Hybels, "The Wake-Up Call of My Adult Life", from the Lead-

ership Summit, August, 2007, Reveal, http://revealnow.com/story.asp?storyid=49. Online video(2007년 10월 16일 접속).
13. Greg Hawkins, "Watch Greg Hawkins: Hear the Heart Behind REVEAL", Reveal, http://revealnow.com/story.asp?storyid=48. Online video(2007년 10월 16일 접속).
14. 같은 글.
15. Hybels, "The Wake-Up Call of My Adult Life."
16. Hawkins, "Watch Greg Hawkins: Hear the Heart Behind REVEAL."
17. Chris Armstrong, "The Future Lies in the Past", 〈Christianity Today〉, February 2008.

6장 욕망의 땅

1. Benjamin R. Barber, *Consumed*(New York: W. W. Norton and Co., 2007), 78쪽에서 인용.
2. 같은 책, 178쪽.
3. Rodney Clapp, "Why the Devil Takes VISA"에서 인용, 〈Christianity Today〉, October 7, 1996.
4. James Twitchell, *Shopping for God*(New York: Simon and Schuster, 2007), 84쪽.
5. Clapp, "Why the Devil Takes VISA."
6. John De Graaf 편집, *Take Back Your Time*(San Francisco: Berrett-Koehler, 2003), 95쪽.
7. George Barna, *Marketing the Church*(Colorado Springs: NavPress, 1988).
8. Ramin Setoodeh and Jennie Yabroff, "Princess Power", 〈Newsweek〉, November 17, 2007.
9. 같은 글.
10. Barber, *Consumed*, 20쪽.

11. Joseph Epstein, "The Perpetual Adolescent", 〈The Weekly Standard〉, vol. 9, no. 26(March 2004).
12. Susan Samuelson, "Adventures in Agelessness", 〈Newsweek〉, November 3, 2003.
13. M. Scott Peck, *The Road Less Traveled*(New York: Simon and Schuster, 1978), 19쪽. 「아직도 가야 할 길」, 율리시즈.
14. Gordon MacDonald, "So Many Infant Christians", October 1, 2007, 〈Leadership Journal〉, http://www.outofur.com(2008년 1월 3일 접속).
15. C. S. Lewis, *The Weight of Glory*(New York: HarperCollins, 2001), 26쪽. 「영광의 무게」, 홍성사.
16. 편지 133.
17. Van Gogh의 설교, 5 November 1876, 편지 87.
18. 편지 B21.
19. 편지 218.
20. Dietrich Bonhoeffer, *The Cost of Discipleship*(New York; Simon and Schuster, 1995), 44쪽.
21. Dallas Willard, *The Divine Conspiracy*(San Francisco: HarperOne, 1998), 350쪽. 「하나님의 모략」, 복있는사람.

7장 많은 이들을 위한 피난처

1. Saul Gonzales, "Cineplex Church", 〈Religion and Ethics Newsweekly〉, May, 31, 2002, no. 539.
2. 같은 글.
3. Larry Osborne, "An Army of Ones", 〈Leadership Journal〉(April 2005).
4. Rowland Croucher, "Church Growth and Pastoral Stress", John Mark Ministries, http://202.6.52.14/articles/9680.htm(2008년 1월 20일 접속).
5. Ken Dean, "Video Venues to the Rescue", 〈Church Executive〉, September, 2003.

6. Martin Gayford, *The Yellow House*(New York: Little, Brown and Co., 2006), 22쪽. 「고흐, 고갱 그리고 옐로하우스」, 안그라픽스.
7. 편지 544.
8. 편지 544a.
9. Gayford, *The Yellow House*, 247쪽에서 인용. 「고흐, 고갱 그리고 옐로하우스」, 안그라픽스.
10. Henri Nouwen, *Making All Things New*(San Francisco: HarperOne, 1981), 82쪽. 「모든 것을 새롭게」, 두란노.
11. C. S. Lewis, *The Weight of Glory*(New York: HarperCollins, 2001), 26쪽. 「영광의 무게」, 홍성사.
12. Paul Bradshaw, *Early Christian Worship*(Collegeville, Minn.: Liturgical Press, 1996), 40쪽.

8장 식탁에 둘러서서

1. Kathleen Powers Erickson, *At Eternity's Gate*(Grand Rapids, Mich.: Wm. B. Eerdmans, 1998), 86쪽.
2. Andres Duany and Elizabeth Plater-Zyberk, "The Second Coming of the American Small Town", 〈Wilson Quarterly〉(Winter 1992).
3. Philip Langdon, *A Better Place to Live: Reshaping the American Suburb*(Amherst, Mass.: University of Massachusetts Press, 1997), 1쪽.
4. James Howard Kunstler, "Home from Nowhere", 〈The Atlantic Monthly〉, September, 1996.
5. John F. Kavanaugh, *Still Following Christ in a Consumer Society*(Maryknoll, N. Y.: Orbis, 2000) 10쪽.
6. Dallas Willard, *The Divine Conspiracy*(San Francisco: HarperOne, 1998), 100쪽. 「하나님의 모략」, 복있는사람.
7. Lee Strobel, *Inside the Mind of Unchurched Harry and Mary*(Grand Rapids, Mich.: Zondervan, 1993). 「친구의 회심」, 두란노. 국내에는 11

장 "나 좀 놔두세요!", 12장 "참신한 것 좀 없나요?", 13장 "어지간해야 말이죠!", 14장 "가식은 집어치워요!", 15장 "그게 나랑 무슨 상관인가요?"로 번역 출간되었다.

9장 세상에 노래를 가르치다

1. Bill Backer, *The Care and Feeding of Ideas*(New York: Times Books/Random House, 1993).
2. Mark Pendergrast, *For God, Country, and Coca-Cola: The Definitive History of the Great American Soft Drink and the Company That Makes It*(New York: Basic Books, 2000), 92쪽. 「코카콜라의 경영 기법」, 세종대학교출판부.
3. 같은 책, 94쪽.
4. 같은 책, 367쪽.
5. 같은 책, 417쪽.
6. George Barna, "New Survey Examines the Impact of Gibson's 'Passion' Movie", Barna Group, July 10, 2004, http://www.barna.org(2008년 3월 15일 접속).
7. "Kingdom Ventures Revenues Increase by 285%—Rapidly Growing Church Development Company Reports Strong Growth in Fiscal 2002", Business Wire, May 1, 2003, http://www.allbusiness.com(2008년 3월 15일 접속).
8. James Twitchell, *Shopping for God*(New York: Simon and Schuster, 2007), 282쪽.
9. 같은 책, 234쪽.
10. Tim Stevens and Tony Morgan, *Simply Strategic Growth: Attracting a Crowd to Your Church*(Loveland, Colo.: Group, 2005), 193-194쪽.
11. Phil Vischer, *Me, Myself, and Bob*(Nashville: Thomas Nelson, 2007), 237쪽.

12. 같은 책.
13. 같은 책, 238쪽.
14. 같은 책, 237쪽.
15. 편지 101.
16. Krista Tippett, "Evangelical Politics: 3 Generations", 〈Speaking of Faith〉, April 17, 2008, http://www.speakingoffatih.publicradio.org. Radio broadcast.
17. Vischer, *Me, Myself, and Bob*, 244쪽.
18. Dallas Willard, "Living in the Vision of God", www.dwillard.org. http://dwillard.org/articles/artview.asp?artID=96(2008년 4월 19일 접속).

후기

1. Thomas R. Kelly, *A Testament of Devotion*(New York: Harper, 1941), 9쪽. 「거룩한 순종」, 생명의말씀사.

하나님을 팝니다?

초판 발행	2011년 4월 29일
초판 4쇄	2020년 11월 25일
지은이	스카이 제서니
옮긴이	이대은
발행인	김수억
발행처	죠이선교회(등록 1980. 3. 8. 제5-75호)
홈페이지	www.joybooks.co.kr
주소	130-861 서울특별시 동대문구 왕산로19바길 33
전화	(출판부) 925-0451
	(죠이선교회 본부, 학원사역부, 해외사역부) 929-3652
	(전문사역부) 921-0691
팩스	(02)923-3016
인쇄소	영진문원
판권소유	ⓒ죠이선교회
ISBN	978-89-421-0310-2 03230

책값은 뒤표지에 있습니다.
잘못된 도서는 교환하여 드립니다.
이 책의 내용을 허락 없이 옮겨 사용할 수 없습니다.